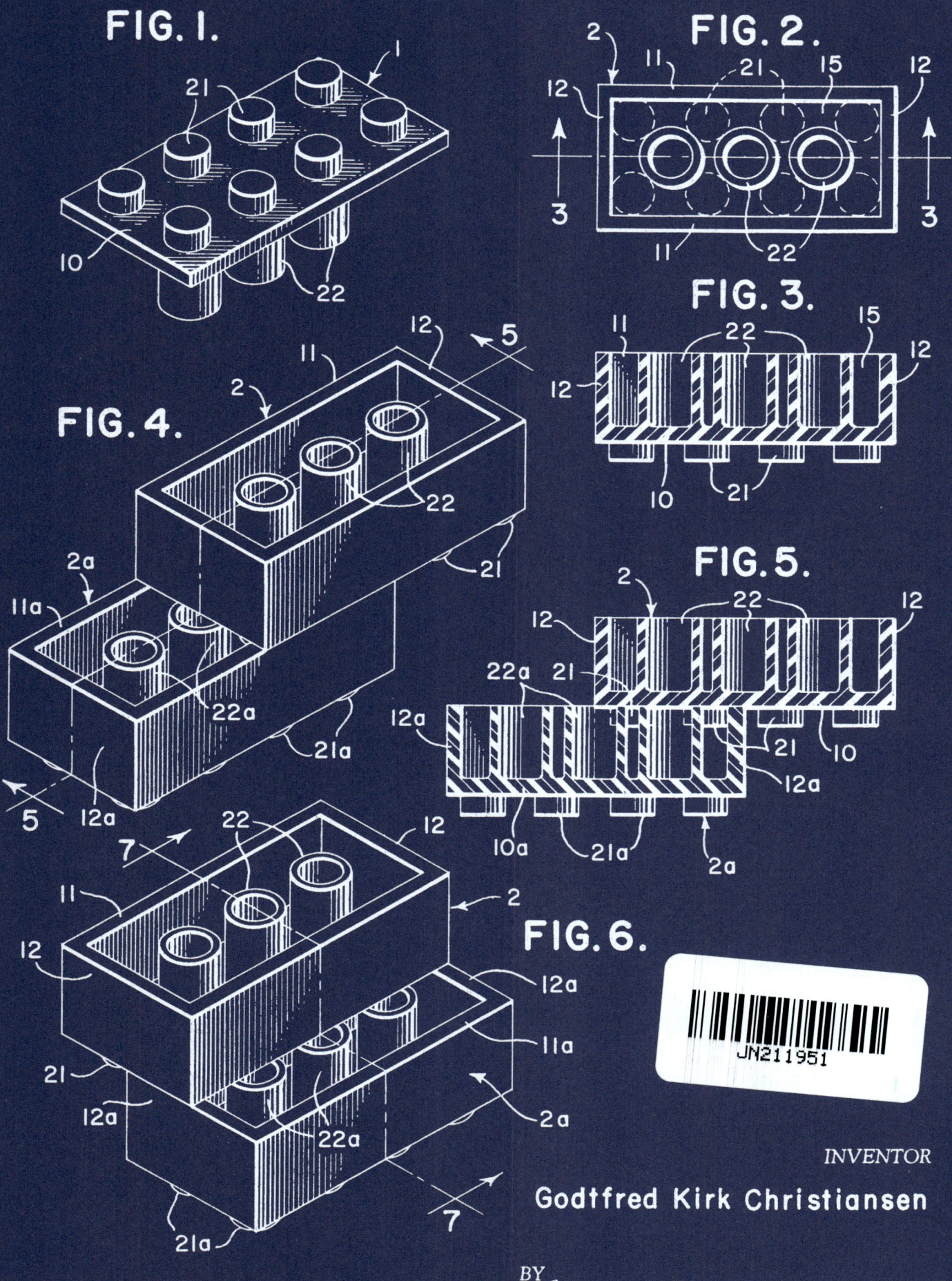

FIG. 1.

FIG. 2.

FIG. 3.

FIG. 4.

FIG. 5.

FIG. 6.

JN211951

INVENTOR

Godtfred Kirk Christiansen

BY
Stevens, Davis, Miller & Mosher
ATTORNEYS

レゴ ブロックの世界

60 周年版

レゴ®ブロックの世界　60周年版

2019年12月12日　第1刷発行

著者
ダニエル・リプコーウィッツ

訳者
五十嵐加奈子
（いがらしかなこ）

発行者
千石雅仁

発行所
東京書籍株式会社
東京都北区堀船 2-17-1　〒114-8524

電話
03-5390-7531 (営業)　03-5390-7455 (編集)

印刷・製本
Leo Paper Products Ltd.

レゴブロックの世界 60周年版

ダニエル・リプコーウィッツ 著

五十嵐加奈子 訳

東京書籍

もくじ

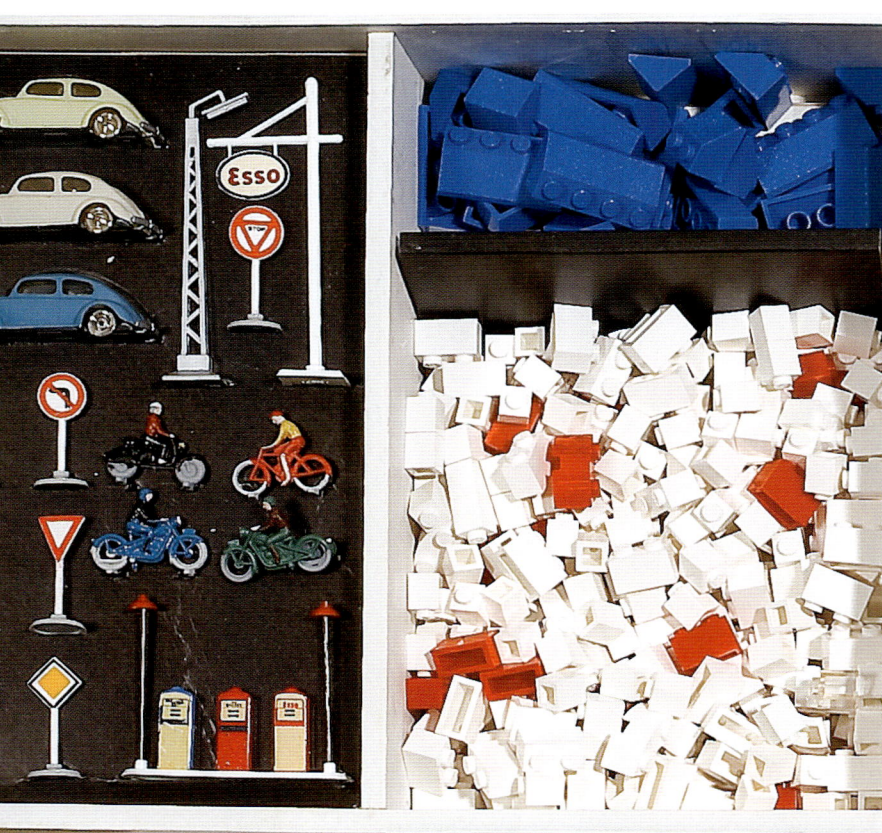

レゴ®ブロックの組み合わせかたは無数にある。子どもから大人まで、ビルダーは創造力を発揮して無限にクリエイティブになれる。

本書について／凡例

- 本書は『THE LEGO® BOOK NEW EDITION』（2018）の日本語全訳である。
- 日本語による製品名の表記は、レゴ社指定の定訳を用いた。
- レゴ社指定の定訳がない製品名については、一般的に表記されている製品名を用い、※を付した上で、下記東京書籍ウェブサイトに英語製品名と日本語訳のリストを掲載した。
  https://www.tokyo-shoseki.co.jp/books/81215/

はじめに

読者のみなさんへ

1958年1月28日、レゴ・グループ（レゴ社）はレゴ®ブロックの特許を出願しました。内側にチューブがあり表面にポッチがついた、おなじみのブロックです。その記念すべき日に始まった冒険は、いまもなお続いています。

誕生から60年以上たっても、レゴブロックはいつまでも変わらない若さを保っています。私たちはよく、レゴブロックが世界中の子どもたちや大人たちに夢と興奮を与えつづけていられるのはなぜですか、ときかれます。その答えは、少なくとも3つあると思います。

まず、レゴブロックは毎日新しいおもちゃになること。遊びの可能性は、まさに無限です。同じ色の2×4のブロックたった6個で組み立てられる形は、なんと9億1,500万通り以上。だから、レゴブロック遊びには終わりがありません。きょうは警察署になったものが、あしたは宇宙ロケットになるといったぐあいに、いつまでも遊びつづけることができるのです。

2つ目は、レゴブロックがただのおもちゃではなく、ためになるおもちゃであること。もちろん、子どもたちはスキルや才能を伸ばしてくれるおもちゃを意識して求めているわけではありません。子どもがほしがるのは楽しいおもちゃです。そして、真の達成感や誇りを与えてくれるおもちゃで遊ぶのは、とても楽しいものです。それを与えるのがレゴの遊びなのです。車を組み立てながら、子どもたちは社会性や創造的スキル、さらに好奇心も養うことができます。このようにシステマティックに創造性をはぐくむことを、私たちは「遊びながら学ぶ」と呼んでいます。

3つ目は、レゴブロックが協調性や社交性を育てる遊びであること。いろいろな国籍の、たがいに言葉が通じない子どもたちを集めてレゴブロックを与えると、いつのまにか一緒に組み立てて遊びはじめます。レゴブロックは、ある種の世界共通語でもあるのです！

この本には、レゴブロックを考案したレゴ社や、これまでに生み出された数多くのすばらしい製品に関する情報がいっぱいつまっています。そしてこれからも、新たな製品がどんどん誕生することでしょう。

さあ、次は何を作りますか？

それでは、レゴブロックの世界をお楽しみください。

レゴ・ブランド・グループ会長
ヨアン・ヴィー・クヌッドストーブ

レゴの物語

レゴ®の名は、いまでは世界で最も愛される一流
ブランドのひとつとなりました。けれども、ここまで大きく
成長したレゴ社も、最初は町の小さな木工所でした。
創業から100年以上たち、製品はすっかり様変わり
しましたが、レゴブロックと同様、時代を超えて
つらぬかれてきたものがあります。
それは、品質へのこだわりです。

レゴ®ブロック60周年アニバーサリーセットには、
エアポートシャトル、お城、ダークシャーク号、
スペースクルーザーと月面基地という
レゴを代表する4製品のマイクロモデルのほか、
この記念プリントタイルが入っていた。

お城

ダークシャーク号

エアポートシャトル

スペースクルーザーと月面基地

40290 レゴ®ブロック60周年
アニバーサリーセット※（2018年）

ファミリービジネス

創業者一族が4代にわたりオーナーとして経営する
レゴ社は、町の小さな会社から、子どもの発達に役立つ
クリエイティブな玩具を世に送り出す世界有数の
企業へと成長しました。歴代の経営者の努力が、
レゴ®ブランドの拡大とさらなる成功をもたらしたのです。

1943年、木製のアヒルの型紙を作りなおすオーレ。
前年の火事で、レゴ社の工房も図案もすべて消失してしまった。

1932年、最初の木製玩具と従業員。
「この日はじめて、私は自分にこう言いました。大工の仕事か、
やっとわかりはじめたおもちゃ作りか、どちらかを選ばなければ
ならないよ、と」当時を思い出し、オーレは語った。

希望をいだいて

1932年は、創業者オーレ・キアク・
クリスチャンセンにとって試練の
年でした。ヨーロッパの大恐慌、
倒産寸前の経営危機に加え、
妻の死という深い悲しみにも
見舞われたのです。
そんななか、幼い4人の息子を
ひとりで育てながら、
オーレは新たに木製玩具の
製造を始めます。
苦しい状況が続き、身内に借金をしながら、
彼はどうにか工房を維持し、可能なかぎり
高品質の木製玩具を作るという
独自の基準を守りつづけました。

木製の消防車（1930年代はじめ）

初期の木製玩具のころから、
赤い消防車を作っていた。
ブロックで組み立てるいまの
形になっても消防車の人気は
変わらない。

子どもには最高のものを

創業当初から、オーレは何よりも
品質を大切にし、「最高でなければ良いとはいえない」
をモットーにかかげてきました。
子どもには最高品質の材料と技術で作った
おもちゃを与えなければならない、
こわれにくく何年たっても飽きのこない
おもちゃを作ろう、そう心に決めた彼は、
息子たちや工房で働く従業員にも
「それがわが社の方針だ」と言い聞かせていました。
LEGOという社名は、デンマーク語で「よく遊べ」を
意味する「LEg GOdt」を縮めたもの。この社名には、
その名が品質のスタンダードとなり、
レゴ社が他社をリードする玩具メーカーになる
ことを願う、オーレの強い思いが
こめられていたのです。

1940年代の終わり、木製の農場のおもちゃを
チェックするオーレとゴッドフレッド親子。

遊びのシステム

父の信条を受けついだ2代目
ゴッドフレッド・キアク・クリスチャンセンのもと、
レゴ社は1955年、「遊びのシステム」に
的をしぼった事業へ方向転換しました。
つねに製品の質を向上させていくために、
より質の高い材料と製造技術を追求する一方で、
レゴブロック独自の「クラッチ」（連結システム）を開発。
レゴ社の「よく遊べ」の原則を固く信じる
ゴッドフレッドは、1963年に商品開発の指針となる
「10のルール」を打ち出しました。

「最高でなければ良いとは
いえない」
——従業員たちが品質を
おろそかにしないよう、
木の板に刻まれたオーレの
モットーは、85年以上にわたり
レゴ社の基本理念と
なっている。

レゴの10のルール

- 遊びに無限の可能性
- 女の子にも男の子にも
- 年齢を問わず夢中になれる
- 一年中遊べる
- 健康的で静かに遊べる
- 飽きがこない遊び
- 想像力と創造力を伸ばす
- 使うほどに遊びの価値が増す
- 常に現代的
- 安全で高品質

オーレの孫ケルと、ひ孫のトーマス。
2016年、トーマス・キアク・クリスチャンセンは
レゴ社で最もアクティブなオーナーとなった。

早くからレゴブロックの可能性に気づいていたケルは、独自のモデルを組み立て、
その一部は正規のセットとして製品化された。1978年、自作のモデルについて父親と話し合うケル。

「私たちにとって何よりも大切なのは
子どもたちです。
子どもたちとその成長。
私たちのあらゆる活動に、
その理念を反映させなければなりません」

ケル・キアク・クリスチャンセン（1996年）

子どもたちのために

3代目オーナーとなったケル・キアク・クリスチャンセンは、
独自の製品開発モデルによる「テーマを組みこむ方式」を考案し、
子どもたちの成長段階に応じたおもちゃを提供する部門を
立ち上げました。
レゴブランドの可能性を固く信じる彼の積極的な
取り組みによって、レゴ製品はいまや、
たんなるすぐれた組立玩具ではなく、
高品質、創造性、そして学びの象徴として
世界が認める存在になりました。
1996年に、彼はこう語っています。「祖父は質の高い職人の
技を完成させました。父は可能性に満ちた当社独自の製品を
生み出しました。私はよりグローバルな視点に立ち、
レゴブランドの可能性をめいっぱい引き出し、
製品のアイデアやブランドの価値をもとに、製品の幅や事業の
コンセプトをさらに広げようとしています」

木製玩具

世界屈指の玩具メーカーの物語は1916年に始まりました。その年、デンマーク人の大工オーレ・キアク・クリスチャンセンは、ビルンという小さな町の工房を購入し、家や家具を作る仕事を始めました。1932年、世界恐慌で工房が閉鎖の危機に追いこまれると、オーレは大工の腕を生かし、子ども向けの玩具を作りはじめました。こうして、ヨーヨーや木のブロック、動物のプルトイ（引いて遊ぶおもちゃ）、さまざまな種類の乗り物など、色あざやかな木製玩具が誕生したのです。

ヨーヨー（1932年）

ヨーヨーは工房が最初に手がけた木製玩具のひとつ。1932年に発売されると、短期間ながら大人気となった。ブームが去って売り上げが落ちてくると、在庫はプルトイ「ポニーの馬車」の車輪などに再利用された。

ポニーの馬車（1937年）

木製ブロック

カラフルな文字や数字が描かれた木製ブロックは、重ねたり並べたりして単語を作ることができるため、アルファベットやスペリングの練習に役立ちました。1949年に登場するプラスチック製ブロックに先立ち、木製ブロックは1946年に発売されました。

プルトイ

1930～40年代、レゴ社はいろいろな動物の形をした幼児向けのプルトイで大成功をおさめました。色ちがいで何種類か作られたこのアヒル型プルトイは、レゴ®の初期の玩具のなかで最も人気の高い製品のひとつでした。

アヒル（1935年）

車輪が回るとくちばしが開閉する

まぬけのハンス（1936年）

まぬけのハンス

デンマークが生んだハンス・クリスチャン・アンデルセンの有名な童話『まぬけのハンス』。引っぱると、ヤギの背中でハンスがヒョコヒョコと上下に動きます。

ネコ型のプルトイ。1930年代なかばから
50年代後半にかけて発売された。

このリアルなニワトリのおもちゃは、
1947年から58年まで製造された。

サル（1946年）

レバーと
車輪が連結

車についている可動式
ハンドルが、サルの腕と
脚に組みこまれた
継ぎ手と連動し、
車輪が回ると
サルの体が前後に
ゆれる。

荷台

この木製の汽車は、
1946〜53年に製造された。

オーレの息子ゴッドフレッドは、
1937年に17歳でレゴ社の玩具のデザインを始めた。
技術専門学校でデザイン画を学んだ彼は、
写真にある木製の車など新製品のデザインを
手がけた。

木製の乗り物

1930〜40年代、レゴ社の工房で生まれた数多くの木製の車や
トラックは、どれもオーレがかかげる高品質の基準に従って
製造・彩色されたものばかり。1940年にデンマークがドイツに
占領され、玩具への金属やゴムの使用が禁止されると、
レゴ社のトレードマークである木製玩具の人気が一気に
高まりました。

ハンドルと前輪が連結

幌付きトラック（1940年）

トラクター
（1949年）

横板付きトラック（1940年）

プラスチック製玩具

1947年、オーレはイギリスからプラスチック射出成形機を輸入しました。デンマークにはほとんど入っていなかったその機械の値段は3万デンマーク・クローネ、レゴ社の収益の15分の1に当たる金額でした。プラスチック製玩具は製造コストがかかりましたが、リスクを負ったかいはありました。1951年には、レゴ社の玩具の半数がプラスチック製となったのです。

初期のプラスチック玩具のひとつ、魚の形をした赤ちゃん用のがらがら。成形機の中でさまざまな色のプラスチックを混ぜ合わせることで、きれいなマーブル模様ができた。

LEGO Mursten（レゴブロック）（1953年）

ブロックの切れ目には窓やドアをはめこむことができる。

ブロックの誕生

初期のブロックは1949年に製造され、「オートマ・ビンディング・ブロック」と名づけられました。そのころのブロックは、レゴ社が製造する約200種類のプラスチック製や木製の玩具のほんの一部にすぎませんでした。酢酸セルロースが原料のこのブロックは現在のものと似ていますが、側面に切れ目があり、内側はチューブがなく空洞になっています。1953年、このブロックは「LEGO Mursten（レゴブロック）」に改名されました。

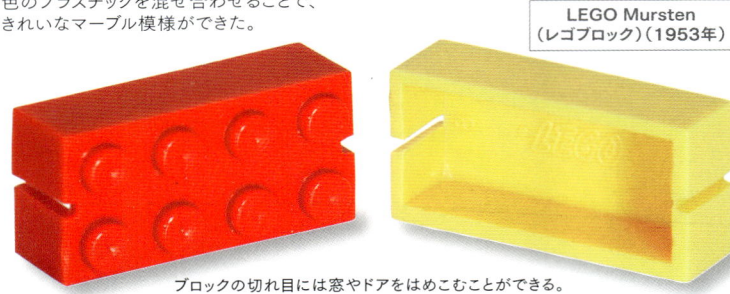

白いシャツの男の子は、オーレの孫ケル。女の子はその姉。

プラスチック製の自動車

本物の車をモデルにしたリアルなプラスチックカーの新シリーズは、レゴ社の「遊びのシステム」の一環として1958年に発売されました。
「タウンプラン」シリーズに合わせてデザインされた車の多くには、レゴブロックを連結できるポッチ付きの土台や展示ケースがついていました。

262 オペルレコード ガレージ付き※（1961年）

ドアが開閉する透明な展示ケース入り。ケースの屋根にはポッチがついていた。

260 VWビートル※（1958年）

1957〜67年には、さまざまな色やサイズのVW（フォルクスワーゲン）ビートルが製造され、レゴブロックのVWロゴプレート付き展示ケースも購入できた。

車やトラック

プラスチックの新技術によって、それまでにない精巧なおもちゃが作れるようになりました。カラフルな車やトラックは人気があり、子どもたちは最新のモデルやスタイルの乗り物をたくさん集めて遊びました。

1950年代のシボレートラック・シリーズの箱を飾るカラフルなイラスト。

プラスチックと他の素材を組み合わせたおもちゃも多数あった。このエッソの給油トラックは、運転席部分はプラスチック、トレーラーは彩色した木でできている。

1953年の新パッケージに描かれた、リアルなTE20型ファーガソントラクター
（ニックネームは「リトル・グレー・ファーギー」）は、1946～56年に製造された。

本物と同じように、レゴ社のファーガソントラクターも
いろいろな農機具を牽引するようにデザインされていた。

ファーガソントラクター（1952年）

初期のプラスチック製玩具で最も成功した製品のひとつがファーガソン
トラクターです。精巧なプラスチック射出成形の型には、本物のトラクターを
1台作れるほどのコストがかかりましたが、発売初年だけで75,000台も売れた
ため、思い切った投資もすぐに元がとれました。ヨーロッパで農業の機械化が
急速に進み、多くの農家が動力を馬からトラクターに切りかえる時期に
登場したファーガソントラクターは、1950年代の子どもたちが
みんなほしがる大人気のおもちゃとなりました。このトラクターが
もたらした利益のおかげで、レゴ社はまだ新しく先の読めなかった
プラスチック製ブロックに投資できたのです。

当初は完成形で販売されたが、1953年の再リリースでは、
自分で組み立てるタイプも選べるようになった。

本物そっくりの色

ファーガソン
のロゴ

前輪とハンドルが
連結

精巧なホイールと
ゴムタイヤ

遊びのシステム

ゴッドフレッド・キアク・クリスチャンセンにとって、1954年は
レゴ社の将来を深く考える年となりました。イギリスで開かれた
玩具フェアからの帰りに同業者と話をしていたとき、
おもちゃ業界には"システム"がないと指摘を受けたのです。
システム——それこそが、彼が求めていた発想でした。
製品どうしを組み合わせられるシステムを作ろう、そう決意した
彼は全製品を見直し、このプロジェクトにはレゴ®ブロックが最も
ふさわしいと判断しました。そして翌年、「タウンプラン」の組立セットの
発売とともに、レゴ®の「遊びのシステム」がスタートしました。

「遊びのシステム」にもとづくセット第1号は
「タウンプランNo.1」。パッケージの少年は、
ゴッドフレッドの息子で創業者オーレの孫、
幼い日のケル。

広がるシステム

すべてのパーツがほかのどのパーツとも連結できて、ブロックの数が増えるほど
組み立ての可能性も広がる。それが「遊びのシステム」を支える発想です。
「タウンプラン」では、新しいセットを加えることで、子どもたちは自分の街を
より大きく、充実したものにすることができました。セットには組み立てアイデア集
（左下の写真）も入っていて、箱に表示された作品以外にもいろいろなものが
作れました。

「遊びのシステム」について、
ゴッドフレッドはこう書いて
いる。「わが社の目的は、
子どもが社会生活を学べる
おもちゃ、想像力を刺激し、
創造意欲を高め、
ものづくりの喜びを与える
おもちゃを作ることです。
それらは、すべての人間に
とっての原動力と
なるものですから」

タウンプランNo.1
（1955年）

追加用のタウン
プランボードが
別売されていた

あらかじめ組み立てられた、1950年代の
リアルな車やトラック

タウンプラン

「タウンプランNo.1」セットには、カラフルなストリート
ボードから、街の人々、車やトラック、そしてたくさんの赤、
白、青のレゴブロックまで、リアルな街を組み立てる
のに必要なものがすべて入っていました。最初は
やわらかいプラスチック製だったストリートボード
は、1956年に木製繊維板に変わりました。

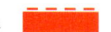

生まれ変わったタウンプラン

2008年、レゴブロックの特許出願50周年を記念して、なつかしい「タウンプラン」の新バージョンが発売されました。この特別版セットで、子どもやコレクターたちは、映画館にガソリンスタンド、市庁舎がならぶ1950年代の中心街を再現できました。

レゴブロックのゴールデン・アニバーサリー（50周年）を記念するこのセットには、街の中心にある噴水に使うメタリックゴールドのブロックが3個入っていた。

新たな「タウンプラン」セットのパッケージには、レゴ社のオーナーとなったケル・キアク・クリスチャンセンが少年時代と同じポーズで登場した。

1,981個のパーツからなる「タウンプラン」には、ミニフィギュアの新婚カップル、めずらしい形や色のパーツのほか、ケルからの手紙も入っていた。映画館には切符売り場と座席、ポップコーンマシンがあり、レゴのポスターも貼られていた。

10184 タウンプラン※
（2008年）

ガソリンスタンドには、ガレージや洗車機のほか、ブロックでできた1950年代スタイルの車2台を満タンにする給油ポンプがあった。

精巧な道路標識

彩色された、交通整理をする警官

エッソのガソリンスタンド

木と交通安全

「タウンプラン」セットには、成形され彩色された木や人、乗り物、道路標識が入っていました。ちょうど自家用車が急速に普及した時代、デンマーク交通安全審議会と協力して作られたこのセットは、子どもたちの交通安全教育に役立ちました。

レゴ® ブロック

1955年に「遊びのシステム」をスタートさせたレゴ社には、
新たに開発するレゴブロックは、可能なかぎり
完ぺきな組立玩具でなければならないという
認識がありました。安定感のあるモデルを作るには、
ブロックどうしがしっかり連結しなければなりません。
その一方で、容易にはずせることも大切です。
最高経営責任者ゴッドフレッド・キアク・クリスチャンセン
は、完ぺきな品質と連結力をもつブロックを作り、レゴの
パーツを使って"何でも"組み立てられなくてはならない、
というレゴ社の理念を実現させようと決意しました。
そして1958年1月28日午後1時58分、彼はついに、
改良したレゴブロックと連結システムについて、
デンマークのコペンハーゲンで特許を出願しました。

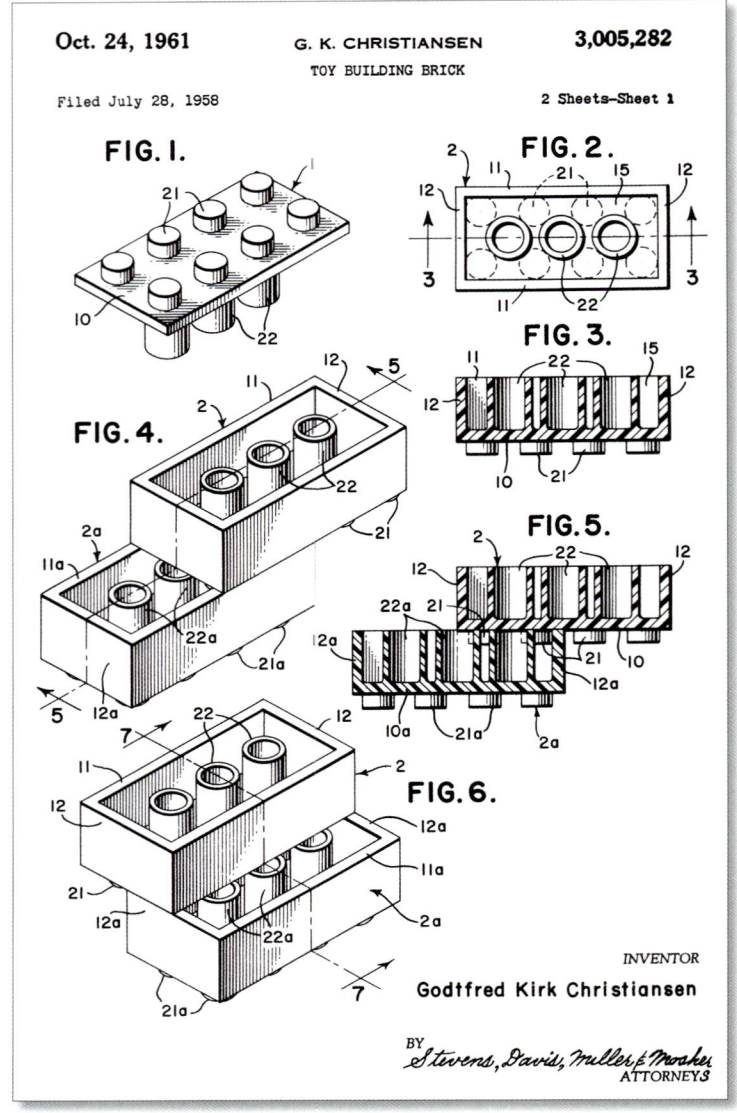

レゴブロックの米国特許は、1958年7月に出願された。
出願書類には、連結の原理を説明する数種類の図が
含まれていた。

スタッド・アンド・チューブ連結

レゴ社は、ブロックの連結力を高める方法をいくつか
考案しました。最初の方法は、ブロックの裏側に3本の
チューブをつけ、下にくるブロックの表面にあるスタッド
（ポッチ）としっかり3点連結させるというものでした。
そのほか、チューブが2本のものや、ブロックの内側に
十字がついたものなど、合わせて5つの連結方法が
ありました。

最初にデンマークで登録されたレゴブロックの特許は、
その後30カ国以上で登録されている。

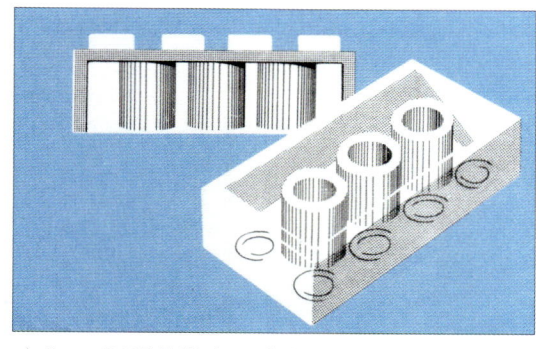

ゴッドフレッドが最善だと考えた方法、つまり1957年に考案された、3本のチューブで連結する方法が、新たな改良版レゴブロックの最終モデルとなった。

ブロックに関するデータ

- レゴ®のパーツは世界共通。システム内のどのパーツとも互換性をもつ。
- 1958年のブロックが、60年後に作られたブロックにもぴったりはまる。
- 1963年以降、レゴのパーツの大半が、傷がつきにくく噛んでもこわれにくいABS(アクリロニトリル・ブタジエン・スチレン)を原料に作られている。
- ブロックは小容量の精巧な金型を使って製造される。

- パーツの製造に使われる金型の精度は0.004mm(人間の髪の毛1本分)以下。
- 2017年には、140カ国以上で約750憶個のパーツが販売された。
- レゴのパーツは3,700種類以上ある。
- 2018年、レゴブロックは誕生60周年をむかえた。

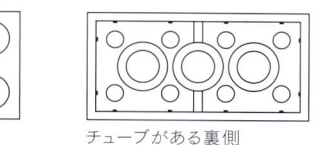

ポッチがある表面 　　チューブがある裏側

1958年以降に製造された2×4のレゴブロックはすべて、特許出願書類に記載された3本のチューブで連結させる方式と完全に同じ仕様で作られている。

多種多様なブロック

ゴッドフレッド・キアク・クリスチャンセンの「スタッド・アンド・チューブ連結」は、いまもなおレゴの組み立ての基礎となっています。現在では、形や色、サイズがことなる何千種類ものパーツが製造されていますが、それらはすべて、1958年の記念すべき日に特許出願された2×4のオリジナルブロックとぴったり連結するようにデザインされています。

無限の可能性

特許を取得した高い連結力をもつレゴブロック。それを組み立てることで、大人も子どもも、想像力と創造力をほぼ無限に発揮することができます。レゴシステムのブロックはすべて、ほかのレゴブロックとさまざまな形に組み合わせることができ、ブロックの数が増えれば、組み合わせの可能性も飛躍的に大きくなります。

8個ポッチのレゴブロック2個の連結方法は24通り。

8個ポッチのレゴブロック3個の連結方法は1,060通り。

8個ポッチのレゴブロック6個の連結方法は915,103,765通り。

ブロックが8個になると、連結の可能性はほぼ無限大。

遊びながら学ぶ

レゴ®の遊びが楽しいのは誰もが知っていますが、楽しいだけではなく、遊びを通じて学ぶこともできるのです。子どもたちがアイデアを思いついたり新しい方法を考え出したりするのに遊びが役立つという調査結果もあります。遊びの時間のなかで、子どもたちは安全に自分の力を試し、自信をつけ、さらなる探求心や、より広い世界を学ぶ意欲をつちかいます。レゴ社は遊びを真剣にとらえ、子どもたちがレゴの遊びを思いきり楽しんで、さらに人生を豊かにする経験もできるように、ひとつひとつの製品に工夫をこらしています。

レゴ®デュプロ®のタワーをたおすだけでも、重力や、押せばたおれるというしくみを学べる！

レゴの遊びは、創造性、論理的思考、協調性、問題解決能力など、さまざまなスキルを伸ばすのに役立つ。

ルールのある遊びも、自由な遊びも、楽しいのがいちばんだいじ。

レゴ®基金

1986年に設立されたレゴ基金は、レゴ社とともに未来の
ビルダーの育成をめざしています。遊びながら学ぶことで
創造性を身につけた子どもたちが、生涯にわたってさらに
学びつづける、レゴ基金はそんな未来を構築するための
活動を積極的に進めています。基金の役割は、
遊びとは何かを見直し、学びについて改めて考えること。
各分野をリードし、社会的影響力をもつ人々、教育者、
親、保育者と連携しながら、遊びのチャンピオンたちを
育て、はげまし、その活動を支えていきます。

2015年以降、
レゴ基金はレゴ社と
ユニセフと協力し、
世界の恵まれない
子どもたちにレゴで
遊ぶ機会を
提供している。

「遊び」とは？

自分たちをとりまく世界を自由に
探索することから、一定のゴール
をめざし、決められたルールや
手順にしたがって進めるゲーム
まで、「遊び」にはさまざまな種類
の活動があります。レゴのセットは
すべて、かぎりなく自由な
遊びができる創造性の
宝庫なのです。

ごっこ遊び

ミニフィギュアやミニドールが登場するシリーズは、
ごっこ遊びのチャンスを無限に与えてくれます。
ごっこ遊びで日常の場面を再現することで共感力や
社交術が身につき、空想的なやりとりでは創造性が
やしなわれ、もしもの世界も思い描けるようになります。

ごっこ遊びは、考えながらのひとり遊びにも、
友だちどうしで信頼をはぐくむ共同作業にも、
子どもが主体となった親や保育者との楽しい
交流にもなる。

31065 タウンハウス（2017年）

レゴ® ミニフィギュア

1978年、新シリーズのレゴ®タウン、レゴ®キャッスル、レゴ®スペース用に作られたミニフィギュアは、レゴ セットになくてはならないものとなりました。40年前にはちょうど40種類だったミニフィギュアも、いまでは8,000種類以上。おなじみの小さくてポーザブル（ポーズを変えられる）なキャラクターが、子どもたちをごっこ遊びへ、そして楽しい創造の世界へとさそいます。

ポッチに帽子などのパーツをつける

1975年のセットに登場した初期のミニフィギュア。2つのパーツでできたシンプルなボディには腕と脚のパーツがなく、黄色い顔には目鼻が描かれていなかった。

ミニフィギュアの誕生

イェンス・ニュゴー・クヌスンのデザインチームが3年かけて51回の試作をかさね、いまの形のミニフィギュアが誕生しました。最初の試作品はレゴブロックをのこぎりで切ってやすりをかけたものでしたが、のちにプラスチック彫刻やスズ鋳造に変わります。1978年、はじめてのレゴの警察官など、新デザインのミニフィギュアがセットに登場しました。

腕が動く

この1978年のミニフィギュアも、いまのレゴ セットに入っているものと基本的には同じ。

脚が前後に動き、歩くポーズや座ったポーズができる

手でアクセサリを持てる

脚部のうしろと底にある穴でレゴブロックと連結する

ミニフィギュアの組み立て

ほとんどのミニフィギュアは10個以下のパーツでできていますが、多くの場合、頭部、腕がついたボディ、脚部の3つにわかれています。ボディにはコネクターがついていて、レゴブロックやほかのパーツを連結できます。頭のてっぺんのポッチは、髪や帽子、ヘルメット、そのほかのパーツをつけるためのもの。ミニフィギュアを解体して別のミニフィギュアのパーツと組み合わせれば、新しいキャラクターを無限に生み出せます。

宇宙飛行士（1978年）

シェフ（1979年）

行進する騎士（1979年）

赤ひげ船長（ロジャー船長）
（1989年）

お姫さま（1990年）

ゆうれい（1990年）

進化するミニフィギュア

ミニフィギュアは長年のあいだに進化し、プリントや服、アクセサリがより手のこんだものに変わってきました。

はじめはどれもにっこり笑った同じ顔でしたが、1989年にやってきた海賊のミニフィギュアたちが、ひげや眼帯、義足やフック付きの義手をもたらしました。

2001年には、表と裏の顔をもち表情を変えられるミニフィギュアが登場。その2年後には、黄色ではなくリアルな肌の色をしたミニフィギュアもお目見えしました。

ランド・カルリジアン
（2003年）

ヒカル（2006年）

フレンジー
（2009年）

人魚（2009年）

パントマイマー
（2010年）

小さなピエロ
（2011年）

マンバット
（2012年）

女神像
（2012年）

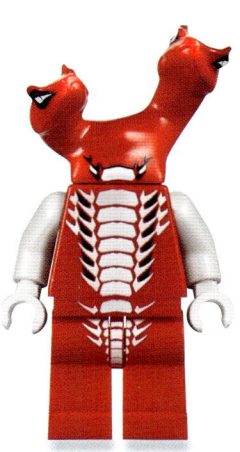

ファンダム（2012年）

ロングトゥース
（2013年）

ベビーシッター（2016年）

車いすの人（2016年）

トウモロコシ男（2017年）

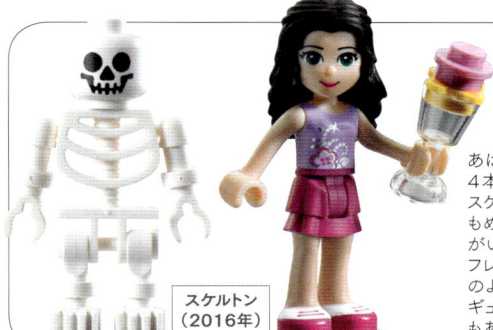

スケルトン
（2016年）

**レゴフレンズ エマのミニドール
（2016年）**

あばら骨の胴体と4本指のつま先をもつスケルトンなど、ほかにもめずらしいフィギュアがいっぱい。レゴ®フレンズのミニドールのように、独自のフィギュアをもつシリーズもある。

よく学び、よく遊べ

レゴ社は、いまでは知らない人のいないブロックを半世紀以上も作りつづけています。けれども、レゴ社の物語はブロックが始まりではありません。ここでは、ごく初期のレゴ社の歴史———創業者の誕生から、デンマークのビルンという小さな町の木工所でささやかに始まった仕事、木製玩具作りそしてプラスチック玩具作りへの転向、最初のレゴ®ブロックの誕生、さらに革新的な「遊びのシステム」のスタートまでを、流れにそって見ていきましょう。

20歳の
オーレ

1891
● レゴ社の創業者オーレ・キアク・クリスチャンセンが、デンマークのフィルスコフ近郊、レゴ社創業の地ビルンからもほど近いオンブラで誕生する。

オーレが1937年に
考案した会社の
モットー

1935
● レゴ社が最初の木製アヒルを製造。また、初の組立玩具「キアクの砂遊び」を発売する。

1937
● オーレが会社のモットー「最高でなければ良いとはいえない」を考案。息子のゴッドフレッド・キアク・クリスチャンセンがそれを木の板に彫り、工房の壁にかかげる。

1937
● 17歳のゴッドフレッドが、レゴ社でおもちゃのデザインを始める。

1939
● レゴ社の工房で10人目の従業員を雇い入れる。

1942
● 火事で、工房とオーレのそれまでの作品がすべて焼失。オーレは新しいおもちゃ工場を建設し、焼失したデザイン画をすべて描きなおした。

1950
● ゴッドフレッドが、30歳の誕生日にレゴ社の常務取締役となる。

1952
● レゴのファーガソントラクターが登場。
● 連結ブロック用に10×20ポッチの基礎板を発売。

1952
● 35万デンマーク・クローネの費用をかけてレゴ社の新工場を建設。

1953
● 「オートマ・ビンディング・ブロック」を「レゴブロック」(デンマーク語でLEGO Mursten)に改名。ひとつひとつのブロックにLEGOの名がきざまれる。

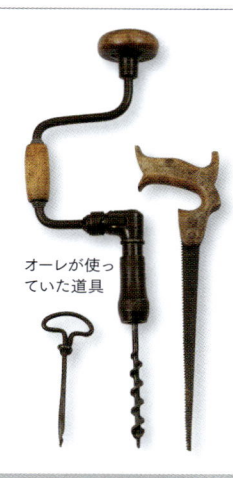

オーレが使っていた道具

1916
● オーレがビルンの木工所を購入し、大工と建具屋の仕事を始める。

1924
● オーレの息子2人がマッチ遊びをして自宅と工房が全焼、オーレはこれらを再建する。ビルンの中心街にあるその家は、いまでも見ることができる。

1932
● オーレが木製玩具の製造販売を開始する。

1934
● オーレが従業員から社名を募集する。賞品はワイン1本。デンマーク語で「よく遊べ」を意味する「LEg GOdt」を縮めた「LEGO」を考案したオーレ自身が賞を勝ち取る。ぐうぜんにも、「LEGO」はラテン語で「私は組み立てる」を意味する言葉だった。

動物や人のイラストで、遊びの可能性が広がった

最初のブロックにはロゴが入っていなかった

1943
● レゴ社に29人目の従業員が入る。

1946
● 文字や数字が描かれた木製ブロックなどの新製品を発売する。

1947
● オーレがイギリスからプラスチック射出成形機を輸入。
● 幼児向けのボール、モノポリー、教育に役立つ交通安全ゲームなど、初のプラスチック玩具を製造。

1948
● 従業員が63人になる。
● ピンボールゲームなどの新製品を発売。

1949
● 最初のプラスチック製連結ブロック「オートマ・ビンディング・ブロック」を製造。新製品の魚と船乗りのプラスチック製玩具など、レゴ社が製造する木製およびプラスチック製玩具は約200種類になる。

1954
● 「LEGO」の名称が、デンマークで正式に商標登録される。
● ブロックに組みこむ窓とドアのパーツがはじめて製造される。
● ゴッドフレッドが、なんでも作れるレゴブロックを中心とした「遊びのシステム」の着想を得る。

1955
● 28の組立セットと8つの乗り物からなる「タウンプラン」が発売され、「遊びのシステム」がスタートする。

世界に広がるシステム

新たな「遊びのシステム」により、レゴ社はただの玩具
メーカーではなく、独自のブランド・アイデンティティをもち、
創造する楽しさを世界に伝える役割をになう会社と
なりました。はじめのうちは、海外市場にプラスチック製
ブロックの輸入を決断させるのは容易でありませんでした。
けれども1960年代の終わりには、幼児向けのセットや
レゴランド®のオープンによって、レゴの名は
どの家庭でも知られるようになりました。

1956
- 最初の海外販売拠点となる LEGOスピエルワーレン有限責任会社が、ドイツのホーエンヴェストステットに設立される。

プラスチック製品の
製造に一本化

1958
- オーレが亡くなり、ゴッドフレッド・キアク・クリスチャンセンが社長に就任する。
- 従業員は140人。
- 屋根用の傾斜付きブロックがはじめて製造される。

1959
- レゴ フツラ部門を創設。新しいレゴ セットのデザインを発案、企画、管理する。
- フランス、イギリス、ベルギー、スウェーデンにレゴ社の事業所が設立される。

1960
- 火災で木製玩具を製造していた工房が焼失。木製玩具の製造を中止し、レゴシステムの製造に一本化する決定がなされる。
- フィンランドとオランダにレゴ社の事業所が設立される。ビルンの本社で働く従業員は約400人。

1966年版には、
4.5Vモーターが
組みこまれた

1967年に販売された
多数のレゴ セットの
ひとつ

1963
- 組立説明書入りのレゴブロックセットが製造される。
- レゴ オーストリアが設立される。

1964
- 中東でレゴ製品の販売が始まる。
- ニューヨーク万国博覧会のデンマーク・パビリオンで、レゴブロックが展示される。
- 美術などの文化活動を支援するオーレ・キアク財団が設立される。

1965
- スペインでレゴ製品の販売が始まる。
- 従業員が600人を超える。

1966
- 初のバッテリー付きレゴ®トレインセットを発売。
- レゴ製品の販売されている国が42カ国に達する。
- 初の公式レゴクラブがカナダで発足。

1967
- 年間販売数が1,800万セットを超える。
- 8月、レゴ®デュプロ®ビルディングシステムの特許を出願。
- パーツの形が218種類になる。
- スウェーデンでレゴクラブが発足。

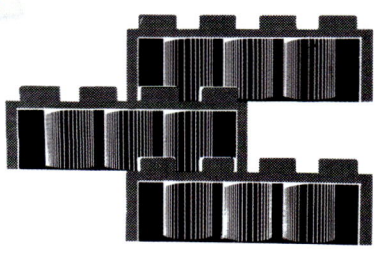

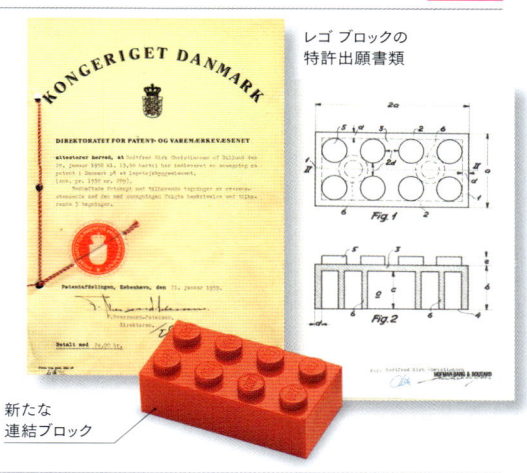

レゴ ブロックの
特許出願書類

新たな
連結ブロック

1957

- レゴ社は創業25周年をむかえる。
- 電球付きブロックやVWビートル（全8色）などを発売。

1957

- 新開発のスタッド・アンド・チューブ連結システムでレゴブロックが改良され、組み立ての可能性がさらに広がり、モデルの安定性も向上した。

1958

- 1月28日午後1時58分、スタッド・アンド・チューブ連結システムの特許を出願。

滑走路上のレゴ社の飛行機

レゴブロックが
アメリカに進出

1961

- ゴッドフレッドが小型飛行機を購入し、ビルン郊外に滑走路を建設する。
- 旅行かばんを製造するサムソナイト社とのライセンス契約により、アメリカとカナダでレゴ製品の販売が始まる。
- 初の就学前児童向けシリーズとして、テラピーⅠ、Ⅱ、Ⅲを発売。
- レゴ イタリアが設立される。

1962

- シンガポール、香港、オーストラリア、モロッコ、日本で、レゴ製品がはじめて販売される。
- レゴ オーストラリアが設立される。
- ビルン空港が正式にオープンする。

1962

- 製品開発者の机のひきだしからレゴのホイール（車輪）のデザイン画が発見される。翌年にホイールが発売され、子どもたちはあらゆる種類の動く乗り物を作れるようになった。

1963

- レゴブロックの原料が酢酸セルロースからABS（アクリロニトリル・ブタジエン・スチレン）に変わり、色あせしにくく成形もしやすくなった。

レゴ デュプロブロック
の大きさは基本
ブロックの8倍

1968

- 6月7日、レゴランド®第1号がビルンにオープン。最初の1年で625,000人が訪れる。
- レゴ デュプロブロックがスウェーデンで試験販売される。

1969

- 4歳以下の幼児のためのレゴ デュプロシリーズを世界各国で発売。
- レゴ トレインシリーズに12Vモーターが組みこまれる。

みんなのブロック

1970年代になると、レゴ® の製品は新たな方向へ枝を
広げました。女の子も男の子も、あらゆる年齢層の
熟練ビルダーたちも楽しめる組立玩具をつくりだすことが
最大の目標となり、レゴ社の全製品とブランドは、
そのシンボルとなる新たなロゴマークのもと、ひとつに統合
されました。ポーザブルなレゴ フィギュアがはじめて
登場し、つづいて、いまでは多くのレゴ ファンに
おなじみとなったミニフィギュアや、初期の
プレイテーマも誕生しました。

1970
- ビルンでは、従業員が約1,000人になる。
- おこづかいで買える価格のスモールカーセットを発売。

アメリカの歴代大統領——ワシントン、ジェファーソン、ルーズヴェルト、リンカーン

1974
- ブロックの体に丸い頭と動かせる腕がついた、ポーザブルなレゴフィギュアが初登場。
- ベストセラーの「レゴ ファミリーセット※（セット200）」には、お父さん、お母さん、男の子、女の子、おばあちゃんの人形が入っていた。

1974
- レゴランド® ビルンに建造されたラシュモア山のブロック製レプリカ。デンマークの芸術家ビョルン・リヒターの力作。
- レゴランド® ビルンが500万人目の来場者をむかえる。
- レゴ スペインが設立される。

1978
- 最初の3つのプレイテーマが導入される。
- レゴ® キャッスルのテーマは中世のお城と騎士が主役。

1978
- 顔がプリントされ腕と脚が動くミニフィギュアが初登場。
- レゴ® タウンのテーマで、子どもたちはモダンな建物や乗り物を組み立てることができた。
- 路面表示付きの基礎板が製造される。

1978
- レゴ® スペースのテーマで、ビルダーは思いきり想像力を働かせ、宇宙の冒険にのりだした。
- イギリスでレゴクラブが発足し、『Bricks 'n' Pieces』誌が発行される。
- レゴ ジャパンが設立される。

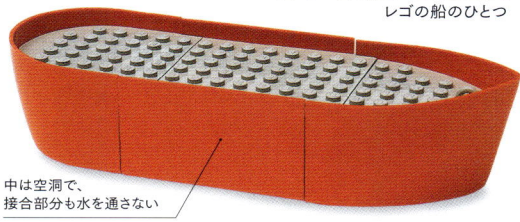

タグボートは、はじめての水に浮く
レゴの船のひとつ

中は空洞で、
接合部分も水を通さない

1971
- 人形の家や家具など、女の子向けのセットを発売。

1972
- ブロックやその他のパーツ18億個が製造される。

1973
- 新しいロゴのもと、レゴ社の全製品が統合される。

1973
- 水に浮かべて遊ぶ、はじめてのレゴブロックの船を発売。
- アメリカのレゴ・システムズ社とレゴ ポルトガルが設立される。

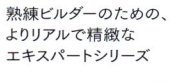

熟練ビルダーのための、
よりリアルで精緻な
エキスパートシリーズ

さまざまな色や表情の
デュプロ人形があった

1975
- ヴィンテージカーのエキスパートシリーズを発売。
- レゴ社の従業員が2,560人になる。
- レゴUSAが、コネティカット州ブルックフィールドから同州エンフィールドに移転。
- 目鼻がなく腕や脚が動かない、小型のレゴフィギュアを発売。

1977
- メカニカルなレゴ®テクニックシリーズを発売。

1977
- ドア、窓、フィギュアのパーツが入ったレゴ®デュプロ®セットを発売。

レゴ スカラで、女の子たちは
オリジナルのネックレスや
ブレスレットを作れた

動物のキャラクターが登場するレゴ ファビュランドの
セットには、組み立てやすい建物や乗り物が入っていた

1979
- ゴッドフレッドの息子でオーレの孫のケル・キアク・クリスチャンセンが、レゴ社の最高経営責任者兼社長に就任する。

1979
- 幼児向けのレゴ®ファビュランド™シリーズや、レゴ®スカラ™のジュエリーなどの新製品を発売。

未来を組み立てる

1980年代になると、レゴ社はテクノロジーや教育、国際的な事業に大きく力を注ぐようになりました。レゴ®ブロックの組み立てを競うビルディング競技会などの国際イベントを後援し、乳幼児向けのじょうぶな新製品を開発し、学校教材用のセットや、光や音を組みこんだ製品も生み出しました。新製品として、お手本なしで自由に組み立てられるバケツ入りブロックのほか、レゴ パイレーツのシリーズも発売されました。

1980

- ビルン本社で教育玩具部門が創設される。
- レゴ®デュプロのウサギのロゴがはじめて使われる。
- 西欧では、13歳以下の子どもをもつ家庭の70％にレゴブロックが普及した。

腕と脚を動かせる

1983

- レゴ デュプロのベビーシリーズが新登場。腕と脚が動かせる大型のデュプロ人形も発売される。
- レゴ社の従業員が全世界で3,700人になる。

1984

- 初の国際的なレゴ ビルディング競技会がビルンで開催され、11カ国の子どもたちが参加。
- レゴ ブラジルとレゴ コリアが設立される。
- レゴ キャッスルに、ブラックファルコンと十字軍の二大派閥が登場。

1985

- 世界の子どもたちのために貢献した人々を年にいちど表彰する、国際レゴ賞が創設される。
- レゴ社の従業員が全世界で約5,000人になる。

1986

- レゴ®テクニックシリーズのコンピュータ・コントロールが学校教育に導入される。
- レゴ テクニックシリーズのフィギュアが誕生する。
- デンマーク女王マルグレーテ二世の誕生日である4月16日、レゴ社は「デンマーク王室御用達」の称号を与えられる。

1987

- モーター付きのレゴ スペース「未来都市モノレール※」などの新商品を発売。
- レゴ スペースにブラックトロンと未来都市のサブテーマが登場。

1988

- はじめての公式なレゴ ビルディングワールドカップが8月にビルンで開催され、14カ国38人の子どもたちが出場。
- レゴ アートの展覧会がイギリス各地で開催される。
- レゴ カナダが設立される。

Technic LEGO
1030

1981

● 第1回レゴ ワールドショーが
デンマークで開かれる。

1982

● レゴ社は創業50周年をむかえる。
● レゴ デュプロ モザイクやレゴ テクニック I
など、教育に役立つシリーズが登場。
● レゴ サウスアフリカが設立される。

921018

NEW

Bricks in buckets.

Here they are: The big new LEGO® and DUPLO buckets.
A special offer for more elements. And much space to store a lot more.

6480
LEGOLAND
LIGHT & SOUND SYSTEM

Micro lights and sounds
This model has flashing lights and sirens with 2 different sounds.
The light and sound elements can be built into other LEGOLAND® models.
Lumière et son
Ce modèle lance un éclat lumineux et est équipé d'une sirène à deux tons.
Les éléments sonores et lumineux peuvent être intégrés dans d'autres modèles LEGOLAND®.
Met licht en geluid!
Dit model heeft echte "flits"-lichten en kan 2 verschillende geluiden laten horen.
De speciale licht- en geluidselementen uit deze doos kunnen ook gebruikt worden in andere LEGOLAND®-modellen.

LEGO

1986

● レゴ タウンとレゴ スペースに光・音内蔵の
キットが加わる。

1987

● レゴクラブがドイツ、オーストリア、スイス、フランス、
ノルウェーで発足。
● バケツに入った基本ブロックとデュプロブロックが
発売される。
● 全米のレゴクラブ会員に、レゴクラブ公式雑誌
『Brick Kicks』が郵送される。

6886
LEGOLAND
LEGO

1989

● レゴ パイレーツテーマの11のモデル
が発売される。
● オーレ・キアク・クリスチャンセンが、アメ
リカで玩具業界の殿堂に加えられる。

レゴ パイレーツ(南海の
勇者)のセットは、たちまち
ベストセラーとなった

1989

● レゴ®スペース・ポリスシリーズ第1号
が発売される。

全力前進！

1990年代は、世界有数の玩具メーカーとなったレゴ社にとって、大きな冒険の時期でした。この10年間で、いくつものレゴ®製品専門店やレゴブランドの服をあつかうお店がオープンし、レゴのコンピュータゲームが発売され、レゴのオフィシャルサイトが立ち上がったほか、プログラム可能なロボットを組み立てるハイテクビルディングシステムもリリースされました。また、空前のヒットとなったレゴ®スター・ウォーズ™のデビューとともに、レゴ社はライセンステーマという新たな分野へ突入しました。

1990

- レゴ社は、ヨーロッパで唯一、世界の玩具メーカーのトップ10入りを果たす。
- レゴランド®ビルンの年間来場者が、100万人を突破する。
- レゴ マレーシアが設立される。
- レゴ モデルチームシリーズとレゴ®デュプロ®の「楽しいどうぶつえん」を発売。

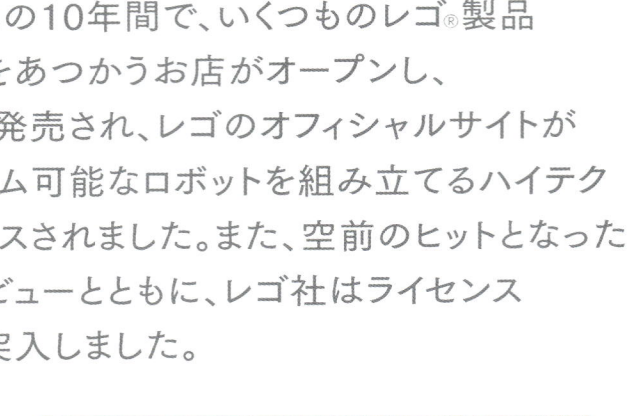

デュプロ プリモのお人形

1993

- レゴ ビルディングイベントが、ロシアのモスクワにある赤の広場で開催される。
- レゴ®スペースが、アイスプラネット2002へ発進。

1994

- 国際連合人権委員会(UNCHR)が、啓発キャンペーンでミニフィギュアを使用。
- 女の子向けを想定したレゴ®ベルビル™シリーズのセットを発売。
- レゴ メキシコが設立される。
- レゴ製品が中国のテレビCMに初登場。
- レゴ社の従業員が全世界で8,880人になる。
- 公式雑誌『Brick Kicks』誌が『レゴマニア・マガジン』誌に名称変更。

1995

- ゴッドフレッド・キアク・クリスチャンセンが死去。
- ラトビアとリトアニアで、毎週レゴのテレビ番組が放送される。
- ラトビア、ペルー、ハンガリー、スイス、デンマーク、グリーンランド、アメリカ、カナダ、イタリア、エクアドルで、レゴのイベントや展覧会が開かれる。
- レゴ®アクアゾーンとデュプロ®プリモ™がスタート。

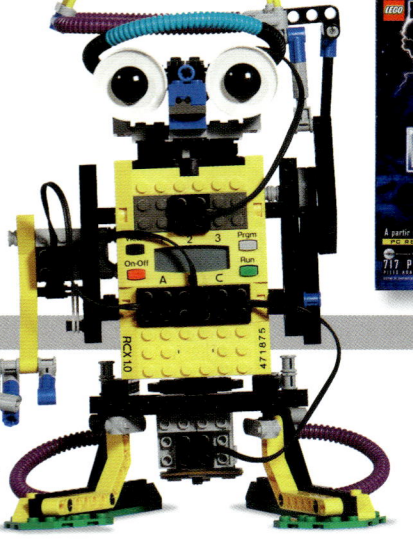

1997

- モスクワのクレムリン宮殿で開かれたレゴのビルディングイベントに、30万人を超える子どもたちが参加。
- ロンドンのオックスフォード・ストリートに、レゴの子ども服専門店がオープン。

1998

- レゴ社は、スローガン「Just Imagine…まず頭に描いて」を採用。
- 日本の明仁天皇と美智子皇后が、レゴランドビルンを訪問。
- レゴ®マインドストーム®とZNAPのシリーズを発売。

1998

- レゴ社のロゴが新しくなる。
- レゴ スペースにインセクトイドが登場。
- レゴ®アドベンチャラーズ（世界の冒険）の探検隊がエジプトを探検。

LEGO IMAGINATION CENTER

1991

- レゴ社の従業員は7,550人、5つの工場に設置された射出成形機は合計1,000台。
- レゴ®タウン ハーバーセットやレゴ テクニック フレックスシステムのパーツ、変圧器付き9Ｖトレインなどを発売。

1991

- レゴ システムの「ブロック掃除機※」は、床に散らばったブロックを集めるのにべんり。
- レゴ タウン ノーティカシリーズがスタート。

1992

- 米国ミネソタ州ブルーミントンの遊園地モール・オブ・アメリカ内に、初のレゴ イマジネーション・センターがオープン。
- スウェーデンのテレビ番組で、ブロック40万個以上を使った世界最大のレゴ®ブロックのお城を作る。
- 第2回レゴ ワールドカップ決勝戦がビルンで開催され、11ヵ国32人の子どもたちが競いあう。
- レゴ タウンにパラディサとレスキューのセットが仲間入り。

「バイソンとりで※」は、西部の荒野のワイルドな雰囲気がたっぷり！

1996

- イギリスにレゴランド®ウィンザーがオープン。
- レゴ社のオフィシャルサイトLEGO.comが公開される。
- レゴランド ビルンが2,500万人目の来場者をむかえる。

1996

- レゴ®ウエスタンとレゴ®タイムクルーザーがスタート。

1997

- コンピュータゲーム「レゴ アイランド」をリリース。
- 米国フロリダ州のディズニー・ビレッジに、レゴ イマジネーション・センターがオープン。
- 米国イリノイ州シカゴの科学産業博物館に、初のレゴ®マインドストーム®・ラーニングセンターがオープン。

初年には、旧3部作と新作のプリクエル（エピソード1）のセットが発売された

1999

- 米国カリフォルニア州カールズバッドに、レゴランド®カリフォルニアがオープン。
- 『フォーチュン』誌がレゴブロックを「20世紀最高の製品」のひとつに選ぶ。
- LEGO.comにオンラインストア「レゴ ワールドショップ」がオープン。
- ロックレイダース、レゴ®デュプロ®くまのプーさんと楽しい仲間™、空前のヒット商品「レゴ スター・ウォーズ」を発売。

新たな世界へ

21世紀に入って最初の数年間で多くのライセンス製品が生まれ、
スーパーヒーローやおしゃべりするスポンジなどさまざまな
キャラクターが、映画やテレビのスクリーンから飛び出し
組立玩具売り場に顔をそろえました。また、おなじみの黄色い顔
から一変、実在の人物をモデルにしたレゴ®のフィギュアも登場。
レゴ社はさらに、オリジナルのSFやファンタジーで新たな世界を
つくりあげ、そのストーリーは、本やコミック、テレビやビデオの
アニメシリーズや映画にもなりました。

2000

● 英国玩具小売業協会が、レゴブロックを「20世紀最高の玩具」に選ぶ。
● レゴ スタジオシリーズ発売。未来の映画監督たちは自分が組み立てたモデルでアニメーション映画を作った。
● レゴ®サッカーとともにレゴ®スポーツシリーズがスタート。
● ディズニーのベビーミッキー™セットを発売。

2002

● レゴランド®ドイツが、ギュンツブルクにオープン。
● レゴ社のスローガンが「Just Imagine…まず頭に描いて」から「Play On どんどん遊ぼう」に変わる。
● レゴ®スパイダーマン™が、新作映画とともに登場。

2002

● 『レゴ マニア』誌が『レゴ マガジン』に名称変更。
● レゴ スパイボティックスセットが家庭に侵入。
● レゴ デュプロがレゴ エクスプロアになり、ボブとはたらくブーブーズ™のセットが登場。
● ドイツ、イギリス、ロシアでレゴ ストアがオープン。

2002

● レゴ®ガリドール™：異次元防衛隊（TVシリーズをもとにした、体のパーツを付けかえられるアクションフィギュア）が登場。
● コンピュータゲームにもとづくレゴ アイランド エクストリーム スタントシリーズを発売。
● レゴ レーサーのチームがサーキットで対決、コンピュータゲームも発売される。

2003

● ミニフィギュアが誕生25周年をむかえる。
● レゴ スポーツのNBAバスケットボールとホッケーのセットを発売。
● リアルな肌の色をしたミニフィギュアが登場。

2004

● レゴ エクスプロアに代わり、3つの幼児向けビルディングシステム、レゴ デュプロ、ベビー、クワトロが導入される。
● アメリカのレゴクラブが、有料会員プログラム「レゴ ブリックマスター」を創設。
● レゴ 探検家ドーラのセットが世界を探検。

2004

● ヨアン・ヴィー・クヌッドストーブがレゴ社の最高経営責任者に就任。
● レゴ ファクトリーで、ビルダーはオンラインで仮想モデルを組み立て、それに必要なピースを購入できるようになった。
● レゴ社はフェラーリと提携し、ライセンステーマのレゴ レーサーシリーズを発売。
● レゴブロックの色が一部、新色に変わる。

2005

● 「遊びのシステム」が50周年をむかえる。
● レゴランドをマーリン・エンターテイメンツ・グループに売却し、レゴ社のオーナーが株式保有。
● レゴ®スター・ウォーズ™のコンピュータゲームを発売、絶賛される。
● バイオニクル映画第3弾『ウェブ・オブ・シャドウ』のDVDを発売。
● レゴ ワールドシティがレゴ シティに名称変更。
● レゴ®ダイノ・アタックとレゴ®ダイノ2010が、うなりをあげて登場。

2005

● レゴ デュプロから、きかんしゃトーマス™のセットが発売される。
● レゴ®バイキングが船出する。
● レゴ社が、大人のレゴ ファンとのつながりを強化するレゴ アンバサダープログラムを創設。

2000

- レゴ®ナイトキングダム™シリーズがスタート。
- 文房具レゴ ライティングシステムを発売。
- レゴブロックで似顔絵が作れるレゴ モザイクを発売。
- 幼いビルダーもレーシングアクションが楽しめるアクションウィーラーが登場。
- レゴ アークティックで、レゴブロックのホッキョクグマが初登場。
- レゴ®アドベンチャラーズの探検隊がダイノアイランドへ旅立つ。

2001

- 大々的な広報キャンペーンとともに、世界各国でバイオニクル®シリーズを発売。
- レゴ® ハリー・ポッター™の魔法が始まる。
- 4歳以上向けの「4＋」サイズのフィギュアが登場し、ジャックストーンが自然災害から街を救う。
- レゴ®ダイナソーシリーズが誕生。

2001

- レゴブロックの組み立てを通じて企業で創造的発想を学ぶ、レゴ®シリアスプレイ™が創設される。
- ライフオンマーズがレゴ®スペースを火星へいざなう。

2001

- レゴ®アルファチームが邪悪なオグルと戦い世界を守る。
- エイリアンが運転する過激なミニカーとともに、レゴ®レーサーがエンジン始動。

ドーラとディエゴのために、子どもたちは冒険いっぱいのジャングルを作った。

2003

- 近年の宇宙探検にもとづいたレゴ ディスカバリーNASAセットを発売。ミニフィギュアの"アストロボット"ビフ・スターリングとサンディ・ムーンダスト（の写真）が、NASAのローバー「スピリット」と「オポチュニティ」に乗って地球の住人としてはじめて火星に到達。
- レゴ®タウンがレゴ®ワールドシティになる。

2003

- アクセサリを組み立てるレゴ®クリキッツ™が登場。
- バイオニクルの映画『マスク・オブ・ライト』のDVDをリリース。
- レゴ デザイナーとレゴ グラヴィティ・ゲームのシリーズを発売。
- レゴランド®ビルンの年間来場者が、史上最高の163万人に達する。

2003

- レゴ エクスプロアシリーズとして、レゴ®探検家ドーラ™のセットが発売される。
- TVシリーズをもとにしたリトルロボット™のおもちゃがヨーロッパで発売される。
- LEGO.comのひと月のアクセス数が約400万件に達する。

2004

- レゴ ナイトキングダム第2シリーズのストーリーブック、アクティビティブック、オンラインコミック、コレクション型カードゲームが出そろう。
- 『BIONICLE2 メトロ・ヌイの伝説』のDVDをリリース。

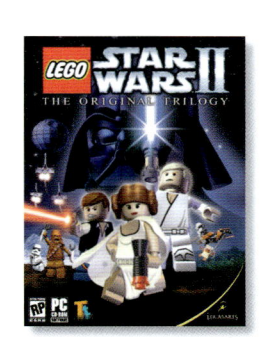

2005

- 『レゴ スター・ウォーズ：ブロックの復讐』がテレビ放映される。
- レゴ レーサーのレーシングカーが小型化され、ポケットサイズのタイニィターボになる。

2006

- 日本のマンガやアニメの巨大ロボットにヒントを得たレゴ®エクソフォース™シリーズがスタート。
- レゴ®マインドストーム®NXTを発売。
- レゴ®バットマン™が華麗に登場。

2006

- ニコロデオンのアニメ『スポンジ・ボブ』と『アバター 伝説の少年アン』にもとづいたセットを発売。
- 従来の9Ｖシステムにかわるリモコン操作式のレゴ®トレインが登場。

2006

- 『レゴ スター・ウォーズII』（旧3部作）のコンピュータゲームをリリース。

一歩一歩成長する

レゴ社は2007年に75周年をむかえ、その後もさらに成長しつづけました。宇宙やクラシックなお城、パイレーツが復活し、水中世界のテーマが華麗にリバイバルを果たす一方で、ライセンステーマも大成功をおさめました。人気のコミックや映画などの題材を使ったコンピュータゲームや組み立てセットが続けてヒットしたのです。この時期にはまた、ニンジャブームが巻きおこり、レゴ®ユニバースが登場して終結し、レゴ®の世界になくてはならないミニフィギュアが誕生30周年をむかえました。

2007

- レゴ社が創業75周年をむかえる。
- レゴ®マーズミッションで、2001年のライフオンマーズ以来とだえていたレゴ®スペースセットが復活。
- レゴ®キャッスルやレゴ®アクアレイダースなどのクラシックなテーマも復活。

2008

- 米国イリノイ州シャーンバーグに、レゴランド®ディスカバリー・センター シカゴがオープン。
- レゴ ストア各店で、毎月開催のミニモデル組み立てイベントがスタート。
- 有名な建物をマイクロスケールで再現した特別版モデル、レゴ®アーキテクチャーシリーズが登場。

2009

- レゴ®パワー・マイナーズを発売。
- レゴ®パイレーツとレゴ®スペース・ポリスが、新セットでリバイバル。
- レゴ®ゲームがスタートする。

2009

- レゴ スター・ウォーズ テーマの10周年を、特別版パッケージとミニフィギュアで祝う。
- コンピュータゲーム『レゴ®インディ・ジョーンズ™2:The Adventure Continues』に、映画第4作と前3部作にもとづく新たなレベルが加わる。
- 『レゴ®ロックバンド™』で、ミュージックビデオゲーム"ロックバンド"シリーズにミニフィギュアが登場。

2009

- レゴ エージェントがエージェント2.0にアップグレード。
- レゴ ファームシリーズで、レゴ®シティが郊外に進出。
- レゴ ファンたちがレゴ®デザイン・バイ・ミーのプログラムを使ってバーチャル3Dモデルを組み立て、カスタムボックスと組立説明書といっしょにオンラインで注文する。

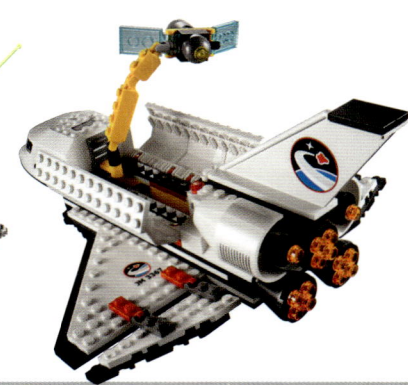

2011

- 大ヒット映画の船、場面、キャラクターが入ったレゴ®パイレーツ・オブ・カリビアン™シリーズを発売。
- レゴ ゲームに、ヒロイカシリーズが登場。いくつか組み合わせれば、巨大なアドベンチャーになった。

2011

- ヒーロー・リコン・チームで、ビルダーがヒーロー・ファクトリーのキャラクターをオンラインでデザインし、パーツを通販で購入できるようになった。
- ヒーロー・ファクトリー（日本未放送）とニンジャゴーの特別番組が放送された。
- レゴ®デュプロ®のくまのプーさん™セットが10年ぶりに復活。

2011

- レゴ®エイリアン・コンクエストで、地球外生物が地球を侵略。
- 北米で2番目のレゴランド、レゴランド®フロリダがオープン。
- 米国テキサスにレゴランド®ディスカバリー・センターがオープン。
- 米国のレゴランド®カリフォルニアのミニランドにスター・ウォーズセクションができる。

2011

- それまでの映画4作をもとにしたゲーム『レゴ パイレーツ・オブ・カリビアン:The Video Game』を発売。
- NASAと共同開発のセットで、レゴ シティに新たな宇宙基地が加わる。
- スペースシャトル「エンデバー」に乗って、レゴ セットが宇宙へ旅立つ。
- レゴ®マスタービルダーアカデミー プログラムで、レゴ プロフェッショナル級の組立技術を伝授。

STAR WARS

インディのムチ、帽子、バッグは、すべて2008年版用にリニューアルされた

2007

- コンピュータゲーム『レゴ®スター・ウォーズ™コンプリート サーガ』で、ここまでに公開された映画全6作のブロック版をプレイできるようになった。
- 「カフェコーナー※」セットで、上級者向けモジュラービルディングシリーズがスタート。
- 映画『マゴリアムおじさんの不思議なおもちゃ屋』の上映に合わせ、9種類のモデルが入った「ミスター・マゴリアムの魔法の絵本」を発売。
- レゴ パワーファンクション（モデルに動力や光、遠隔操作による動きを与える電子モジュール）を使ったレゴ®クリエイターシリーズが登場。

2008

- ケル・キアク・クリスチャンセンが、アメリカで玩具業界の殿堂入りを果たす。
- 『レゴ マガジン』が『レゴクラブ・マガジン』に名称変更。
- 『レゴクラブ・ジュニア』創刊号が、アメリカの年少メンバーに発送される。

2008

- レゴ®インディ・ジョーンズ™、レゴ®スピード・レーサー™、レゴ®エージェントのテーマがスタート。
- レゴ®インディ・ジョーンズとレゴ®バットマン™のコンピュータゲームをリリース。

2008

- 「スタッド・アンド・チューブ連結」の特許出願50周年を祝い、世界各国でビルディングコンテストが開催される。
- ミニフィギュア誕生30周年を記念して、「ゴー、ミニマン ゴー！」と題したインターネットキャンペーンと動画コンテストが開かれる。

2010

- レゴ社はディズニーとのパートナーシップを再開し、映画『トイ・ストーリー』、『カーズ』、『プリンス・オブ・ペルシャ』をもとにしたセットを発売（『カーズ』のセットはレゴ デュプロ®版）。
- レゴ®アトランティスのセットで海底テーマが復活。
- レゴ キャッスルが終わり、レゴ®キングダムが登場。
- 16のキャラクターが入ったレゴ ミニフィギュア・シリーズがスタート。

2010

- レゴ®ワールドレーサーが、ビルダーを過激なアクションレースにいざなう。
- 6つのバイオニクルスターズセットを最後に、長く続いたバイオニクル®シリーズが中断。各セットには、タフーのフィギュアをアップグレードする黄金のアーマーが入っていた。
- バイオニクルのビルディングスタイルはそのままに、設定やストーリーを一新したヒーロー・ファクトリーシリーズがスタート。
- ハリー・ポッターのセットが2007年以来久々に登場。

2010

- カトゥーンネットワークとの提携で、レゴ®ベン10 エイリアン・フォース™の組立式アクションフィギュアが登場。
- コンピュータゲーム『レゴ ハリー・ポッター™第1章〜第4章』で、プレイヤーは映画第1作〜第4作の世界を体験。
- 多人数参加型オンラインゲーム「レゴ ユニバース」で、プレイヤーがミニフィギュアのアバターを作り、探求と組み立ての世界をともに冒険。
- オリジナルビデオ化された『レゴ：アドベンチャーズ・オブ・クラッチ・パワーズ』で、ミニフィギュアがはじめて長編映画に登場。

2011

- レゴ®ニンジャゴー®が、武道アクションに新たな"スピン"をもたらす。
- ファラオズ・クエストシリーズのヒーローとともに、レゴ®アドベンチャラーズの伝説がよみがえる。
- コンピュータアニメのTVシリーズをベースとしたコンピュータゲーム『レゴ スター・ウォーズIII／クローン・ウォーズ』をリリース。

2011

- レゴ®クーソーのパートナーシップで、レゴ セットとして発売してほしいモデルにファンが投票。
- 『レゴ ハリー・ポッター 第5章〜第7章』リリース、映画全7作品のコンピュータゲームがそろう。
- レゴ セットと連動するiPhone/iPod Touch用アプリ「ライフ・オブ・ジョージ」を発売。
- 13歳以上のレゴ ファン向けソーシャルメディアプラットフォーム「Rebrick」が年末にスタート。

2012

- レゴ DCユニバース スーパー・ヒーローズとレゴ マーベル スーパー・ヒーローズのテーマで、ヒーローや悪党がレゴブロックの世界に旋風を巻きおこす。
- レゴ®ロード・オブ・ザ・リング™のテーマで、中つ国の壮大な世界が再現される。短い脚のミニフィギュアたちも登場し、数々の戦いをくりひろげた。
- 日常の場面を表現したレゴ フレンズのセットで、ミニドールフィギュアが登場。

2012

- レゴ シティポリスが森へ出動。
- レゴ ダイノで、恐竜がふたたび現代の世界をおびやかす。
- レゴ®モンスター・ファイターが、おなじみのモンスターたちと戦いをくりひろげる。
- レゴ社の80周年を記念して、短編アニメ映画『The LEGO Story』が制作される。

2012

- レゴ®デュプロ®ディズニープリンセス™のセットを発売。
- レゴ クーソーの投票により、レゴ®マインクラフト™のライセンスモデルができる。
- アジアで第1号となる、レゴランド®マレーシアがオープン。

かつてない"ビッグ"な躍進

2010年代になると、"ビッグ"ネームとレゴ社とのタイアップがさらに進み、映画やテレビ番組、コンピュータゲームを題材とした数々のセットが誕生しました。また、セットそのものもより"ビッグ"になり、2017年には7,000ピースの壁を越えるセットが初登場。けれども、最大の"ビッグ"ニュースはなんといっても、レゴ®ブロックとミニフィギュアが映画のスクリーンに登場したこと！　レゴ®ムービー™、レゴ®バットマン・ザ・ムービー、レゴ®ニンジャゴー®ザ・ムービー™は、世界中の観客を沸かせました。そして2018年のはじめには、2つの"ビッグ"なアニバーサリーが……。

2013
- レゴ®チーマ™とそのTVシリーズで、アニマル戦士がエネルギー源「チ」をうばいあう。
- カラフルなギャラクシー・スクワッドのセットで、異星の昆虫たちがレゴ®スペースに攻めいる。
- ディズニーの『ローン・レンジャー』を題材とした8つのセットで、西部劇のアクションが展開。

2014
- レゴ®ミクセル™の組立式モンスターたちが、ショップやカートゥーン ネットワークのTVシリーズになだれこむ。
- レゴ®ディズニープリンセス™の魔法が、レゴデュプロの枠を超えてミニドールやレゴブロックにまで広がる。
- レゴ®ジュニアのラインがスタートする。

2014
- 長寿コメディーアニメ『ザ・シンプソンズ』のレゴ セット発売に合わせ、レゴがテーマのエピソードが放送される。
- レゴ®ウルトラ・エージェントのハイテクヒーローたちが、2008年のエージェントテーマからバトンを受け取る。
- ファンがデザインしたセットを製品化するレゴ クーソーが、レゴ アイデアに改称される。

2014
- テレビアニメ放送に合わせて『スター・ウォーズ 反乱者たち』のセットが発売される。
- 本物のレゴブロックとバーチャルゲームを統合するレゴ フュージョンアプリが登場。
- レゴ社は、より環境にやさしい素材を使ったパッケージングに努める。

2015
- 5年間の中断を経て、レゴ®バイオニクル®が新たなストーリーとともに復活。
- 決まった組み立てかたがないブロックセットに「LEGO Classic」の表示がつく。
- スピードチャンピオンのテーマ第1弾として、フェラーリ、マクラーレン、ポルシェのスーパーカーが登場。

2016
- 『アングリーバード』の映画とスマートフォンアプリを題材にしたセットが発売される。
- 中東初のレゴランド®、レゴランド ドバイがオープン。
- トーマス・キアク・クリスチャンセンが、レゴ社で最もアクティブなオーナーとなる。

2016
- ロンドンのレスター・スクエアに世界最大のレゴ ストアがオープン。2フロア、総面積914㎡。
- 中国の嘉興市にレゴ社の新工場がオープン。サッカー場20個分の広さで、従業員数は1,200人。

2017
- 『レゴ バットマン・ザ・ムービー』が大ヒット。セットとコレクション用ミニフィギュアも発売される。
- レゴ®テクニックが40周年をむかえ、記念プリント付きパーツの入ったセットが発売される。
- ニールス・B・クリスチャンセンがレゴ社の最高経営責任者に就任する。

2017
- レゴ モジュラービルディングシリーズ10周年を記念して、4,002ピースの「にぎやかな街角」が発売される。
- サンドボックス・ゲーム、レゴ ワールド発表。無限に使えるブロックがゲーマーの手に。
- 2016年の単発発売を経て、デフォルメされたキャラクター、レゴ®ブリックヘッズが独自のテーマとなる。

2013

- レゴ®ミニフィギュアのテーマ10周年とミニフィギュア誕生35周年を記念して、ミスター・ゴールドのミニフィギュアが5,000体発売される。
- アメコミのヒーロー、ティーンエイジ・ミュータント・ニンジャ・タートルズが下水道から飛び出し、はじめてレゴ セット化される。

2013

- 上級者向けセットに「Creator Expert」の表示を開始。
- アニメシリーズ『レゴ®スター・ウォーズ™／ヨーダ・クロニクル』がカートゥーン ネットワークに登場。
- ディズニーの人気アニメ『ジェイクとネバーランドのかいぞくたち』と『プレーンズ』が、レゴ®デュプロ®シリーズでデビュー。

2013

- レゴ®クーソー(レゴ®アイデア)のセットとして発売されていたレゴ®マインクラフト™が、独立したテーマになる。
- レゴ社のシンガポールオフィス開設に合わせ、マリーナ・ベイ・サンズを再現した限定版レゴ®アーキテクチャーセットが発売される。

2014

- 『LEGO ムービー』が大ヒット。世界各国で興行成績1位となり、数々の賞に輝く。
- 『LEGO ムービー』に登場するエメットやワイルドスタイルなどのスターたちが、レゴ テーマとレゴ ミニフィギュア・シリーズに登場。

2015

- レゴ®エルフのテーマで、エミリー・ジョーンズがふしぎな世界エルブンデールへ旅立つ。
- 大ヒット映画『ジュラシック・ワールド』を題材としたセットで、ミニフィギュアと恐竜が対決。
- 待望の『フォースの覚醒』のレゴ スター・ウォーズセットが発売される。大きいスケールの組立式フィギュアも新登場。

2015

- レゴ®ディメンションズのテーマで、本物のブロックの組み立てとコンピュータゲームのアクションを一体化させる"トイ・タグ"技術を使用。
- レゴ®スクービー・ドゥー™のセットに、ミイラ、ゆうれい、沼怪人たちが登場。

2016

- レゴ®ネックスナイツ™のテーマ、TVシリーズ、アプリで、デジタル魔術師マーロック2.0が5人の若きヒーローとともに王国を守る。
- 1960年代のバットマンTVシリーズが、レゴ®DCコミックス スーパー・ヒーローズの特別版セットでよみがえる。
- レゴ®フレンズとレゴ バイオニクルを題材としたアニメ番組がネットフリックスで配信される。

2016

- 超大型セットが発売された年。レゴ スター・ウォーズ デス・スターのアップグレード版、ディズニー キャッスル(シンデレラ城)、ゴーストバスターズの消防本部、ビッグ・ベンは、いずれも4,000ピース超え。
- ユーロ2016サッカー欧州選手権を記念して、ドイツ代表チームとヘッドコーチの特別版レゴ ミニフィギュア・シリーズが発売される。

2017

- レゴ®ブーストがスタート。子どもたちがアプリを使ってプログラミングを体験する。
- 『レゴ DCスーパー・ヒーロー・ガールズ』のテーマが、レゴのミニドールたちにスーパーパワーを与える。
- デンマークのビルンに、みんなが楽しめるレゴハウスがオープンする。

2017

- 『レゴ ニンジャゴー ザ・ムービー』が公開。セットやミニフィギュアも発売される。
- 史上最大のセット、7,541ピースのレゴ スター・ウォーズ ミレニアム・ファルコンが発売される。
- レゴクラブが、無料SNSアプリ「レゴ ライフ」になる。

2018

- 1958年1月のレゴブロック特許出願から60周年を記念して、特別版セットが発売される。
- ミニフィギュア誕生40周年を祝い、アニバーサリーにちなんだコスチュームのレゴ ミニフィギュア・シリーズが発売される。
- カートゥーン ネットワークで、アニメシリーズ『プリンセス ユニキャット』の放送が始まる。

2018

- 環境にやさしい植物由来プラスチックで作ったパーツが初登場。
- レゴ®ハリー・ポッター™の新セット発売。この年のレゴ版ホグワーツ城はレゴ史上最大。
- カートゥーン ネットワークのパワーパフ ガールズが、レゴのテーマになる。

レゴ®のカタログ

「遊びのシステム」のスタート以来、レゴ社は子どもや親たちにレゴブロックを使ったさまざまな遊びかたを伝える役割をになってきました。レゴ社が長年にわたり発行してきた、カラフルでためになり、楽しさいっぱいのカタログには、エキサイティングな最新のセットやテーマがすべて掲載されています。ここに紹介するのはほんの一部ですが、レゴ®のカタログは昔もいまも変わらず、世界中のレゴ ファンたちの創造力を刺激しつづけています。

1959

1974

1963

1981

1984

1969

1981

1993

1997

1999

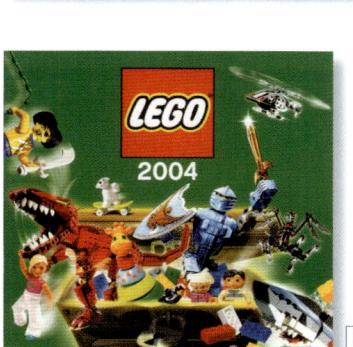

2004

2009

2012

2018 JANUARY - MAY

2018

なつかしいパーツたち

1949

最初のプラスチック製ブロックが製造される。現在のレゴ®ブロックの前身となるこのブロックは「オートマ・ビンディング・ブロック」と名づけられた。

1953

最初のビルディング用基礎板

1954

レゴブロックの梁（はり）と窓

1955

「遊びのシステム」用の、木とプラスチック製の小さな乗り物

1957

国旗とライト

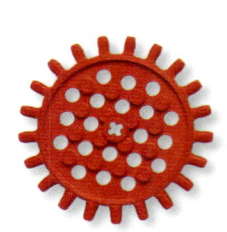     

1970

コグホイール（はめ歯歯車）

1974

レゴ ファミリーの人形たち

1975

レゴ ミニフィギュアの前身

1977

レゴ デュプロの人形

1977

レゴ®テクニックのパーツ

1978

レゴ ミニフィギュア

     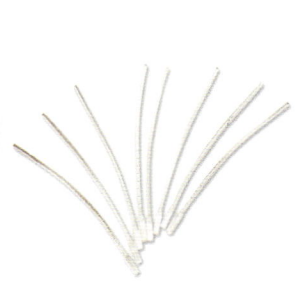

1990

レゴ デュプロ「楽しいどうぶつえん」の動物

1990

レゴ テクニックのモーター

1993

レゴ®キャッスルのドラゴン

1994

レゴ®ベルビル™のフィギュア

1996

レゴウォッチのパーツ

1997

光ファイバーのパーツ

 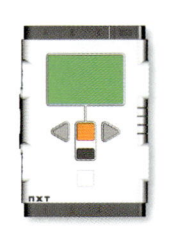     

2006

レゴ®エクソフォース™のパーツ

2006

レゴ®マインドストームNXTのプログラマブル・ブロック

2007

パワーファンクションのモーター

2008

新しくなったレゴ デュプロの動物

2009

レゴ®ゲームのサイコロ

2010

背中に乗れるダチョウ

2011

脳を吸い取るエイリアンのクリンガー

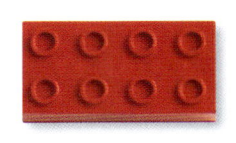

1958	**1962**	**1963**	**1966**	**1968**	**1969**
現在の連結式ブロックの特許を出願（1月28日）	ホイール（車輪）	基本ブロックの3分の1の高さのプレート	トレイン用4.5Vモーター	連結用マグネット付きブロック	基本ブロックの8倍の大きさのレゴ®デュプロ®ブロック

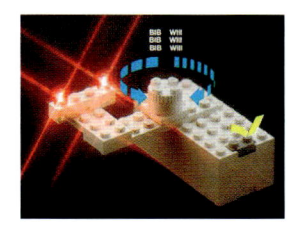

1980	**1981**	**1984**	**1986**	**1989**	**1990**
レゴ テクニックのショックアブソーバー	ぜんまい式モーター	ウマ	レゴ ライト＆サウンドのパーツ	レゴ®パイレーツのオウムとサル	ロングボールジョイント

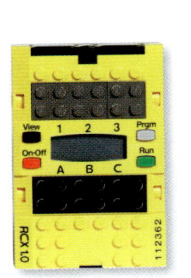

1998	**1999**	**2001**	**2003**	**2003**	**2004**	**2005**
レゴ®マインドストーム®のプログラマブル・ブロック	レゴ®スター・ウォーズ™のパーツ	バイオニクル®のパーツ	レゴ テクニックのモーター	レゴ®クリキッツ™のパーツ	基本ブロックの4倍の大きさのレゴ®クワトロ™ブロック	レゴ デュプロの人形がよりリアルになる

2012	**2013**	**2013**	**2014**	**2016**	**2018**
レゴ®フレンズのミニドール	穴あきラウンドタイル	レゴ®マインドストームEV3※のインテリジェントブロック	レゴ®ミクセル™のボール＆ソケット・フリクションジョイント	レゴ シティのミニフィギュア用車いす	レゴ シティのクマとハチの巣のパーツ

レゴ®ブロックができるまで

デンマークのビルンにあるレゴ社の本社に
レゴ®コーンマーケン工場がオープンしたのは、
着工から1年半後の1987年6月24日のことでした。
現在、この巨大な工場は1日24時間、週7日間、
休むことなく稼動し、そこで働くスタッフと最新の
機械設備によって、1時間あたり約400万個もの
パーツが製造されています。

広大なコーンマーケン工場では、速く移動するために、スタッフは専用スクーターなどの乗り物を使うことが多い。

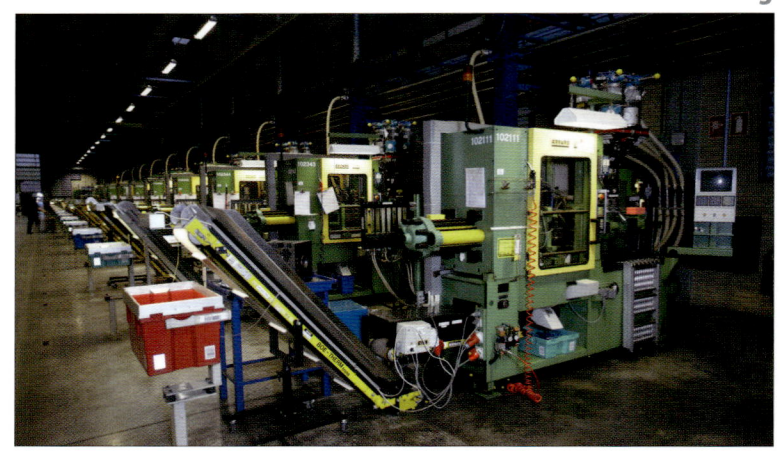

ブロック、ブロック、ブロック……

1 レゴブロックのはじまりは、グラニュレイトと呼ばれる米粒ほどの小さなプラスチックの粒です。
2 グラニュレイトは大きなプラスチック容器から吸い上げられ、工場内にあるサイロに入ります。1日に加工されるグラニュレイトの量は、100トン。
3 グラニュレイトはパイプを通り、何百台もの成形機がならぶ成形場へと運ばれていきます。
4 パイプで運ばれたグラニュレイトは、そこからじかに成形機へ送りこまれます。成形機はコンピュータで制御され、成形の工程で異常が起きると、機械の上にある警報ランプが点灯します。

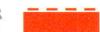

5

6

7

8

5 成形機の中で230℃〜310℃に加熱されたグラニュレイトは、溶けてくっつき、練りハミガキ状のねばねばしたプラスチックのかたまりになります。次に、製造するパーツの種類に応じて、成形機で1cm²あたり最大2トンの圧力をかけ、0.005mm単位の精度でブロックの形を作ります。ブロックどうしがぴったりはまるようにするには、これくらいの精度が必要なのです。ブロックは10〜15秒で冷めて固くなり、

自動的に型からはずれます。工場の床に落ちたブロックや残ったプラスチックは、リサイクルされます。

6 ブロックは短いベルトコンベアで運ばれ、端にあるクレートと呼ばれる箱の中に落ちます。

7 クレートができたてのブロックでいっぱいになると、成形機は工場の床に埋めこまれたワイヤを通して、近くにいるロボットに信号を送ります。

8 ロボットが成形機のところへやってきてクレートを回収し、ふたをして、バーコードをスタンプします。バーコードは、その後の製造過程でこのバッチを識別するために、とても重要なものです。ロボットは次に、物流倉庫へつながるベルトコンベアにクレートを乗せます。

10

11

12

9

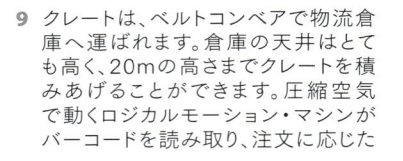

9 クレートは、ベルトコンベアで物流倉庫へ運ばれます。倉庫の天井はとても高く、20mの高さまでクレートを積みあげることができます。圧縮空気で動くロジカルモーション・マシンがバーコードを読み取り、注文に応じた

ブロックのクレートを見つけます。あるセットを作るのに何種類かのブロックが必要な場合、マシンは正しいクレートを的確に選び出します。

10 ロジカルモーション・マシンは、選び出したクレートをトラックへと通じるベルトコンベアに乗せます。クレートは組み立て、デコレーション、パッキングをおこなう部門へ運ばれていきます。

11, 12 組み立てマシンが、ミニフィギュアのボディに腕や手を取り付けたり、ホイールにタイヤを取り付けたりします。

13

1978年から89年まで、ミニフィギュアはすべてにっこり笑った口に小さな点々の目という同じ顔だった。
いまは多種多様な顔があるため、工場ではその日に作る顔をすべて記録しておかなければならない！

さまざまな表情やボディの装飾をプリントするためのインク

> 裏側にもうひとつ顔があって、首を回して表情を変えられるミニフィグもいるよ！

14

15

16

17

18

13 印刷マシンが、顔に目鼻をプリントしたり、パーツに細かい模様をつけたりします。

14 完成したパーツはトレイに入れられ、パッキング部門へ運ばれます。ブロックは次に機械に入れられ、1個ずつ、またはセットに必要な数だけ小さな箱に放出されます。

15 ベルトコンベアで流れていくひと箱分のパーツの重さを高精度のはかりで計測し、足りないパーツがないかどうかチェックします。コンベアの端まで行くと、別の機械が箱の中身をプラスチックの袋に入れて封をします。

16 複数の機械で、袋づめされたパーツを組立説明書とともに商品パッケージの箱に入れていきます。

17, 18 箱づめされたレゴブロックのセットはロボットアームに回収され、ダンボール箱につめられて販売店へ輸送されます。

レゴ®セットのデザイン

レゴ®セットのデザイナーは、すばらしいモデルやフィギュアをどうやって考案するのでしょう？　最初のステップは、アイデアを得ること。デザインチームはいろいろなところから──ときには自分自身の経験からも──材料を集めます。レゴ®シティのチームは、消防隊の活動や消防車について学ぶために丸一日消防署で働き、レゴ®フレンズのチームはマイクロレーシングトラックでエキサイティングな一日をすごし、ゴーカートのモデルを思いつきました。

レゴのクリエイターは、2018年にスタートしたTVアニメ用に、レゴ フレンズのミニドールたちをリアルなプロポーションでよみがえらせた。

ブレインストーミング

デザインチームごとにやりかたは多少ちがっても、作業全体の流れはいっしょです。アイデアが浮かんだら、メンバーが集まってデザインブーストセッションをおこないストーリーやモデル、キャラクター、必要なパーツについてアイデアを出しあいます。デザイン担当者とマーケティング担当者が価格ラインを決め、個性をもちながらシリーズ全体にしっくりなじむようにモデルを練りあげていきます。

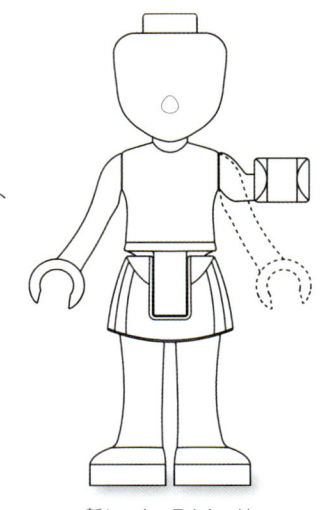

新しいキャラクターは、ミニドールやミニフィギュアのまっさらなテンプレートから作りはじめる。

グラフィックデザイナーが、色やデコレーションを加えていく。これを"デコ"という。

成形したプラスチックのパーツにデコをプリントする。

新たなパーツを生み出す

セットに新しいパーツが必要になると、まずパーツデザイナーが3Dソフトを使ってベースとなる無色のパーツをデザインし、次にグラフィックデザイナーが色やデコレーションを加えていきます。新しいパーツがブロックでも、ヘアピースでも、動物でも、デザインやエンジニアリング、製造など、さまざまなチームが連携して作業を進めます。

2017年、レゴ フレンズに新しいイヌのパーツが加わった。このイヌは、最初は3Dコンピュータモデルとして誕生した。新しいパーツはすべて計測され、子どもが安全に遊べるか、他のブロックと適合するかどうかをチェックされる。

新しいセットやテーマには、それまでレゴ製品に使われていなかった色が必要になることもある。レゴ フレンズのチームは、アクア（エマのスクーターとお絵かきワゴンの色）とミディアムアズール（エマのヘルメットとワゴンの看板の色）を含む6つの新色を取り入れた。

41332 エマのお絵かきワゴン（2018年）

初期のコンセプト

最初のブレインストーミングのあと、新しいセットやミニフィギュアのアイデアは、手描きのイラストにしたり、キャラクターモデルを粘土で作ったりします。
また、"スケッチ・モデル"として実際にレゴブロックで組み立ててみることもあります。そのさい使いたい色のパーツがなければ、デザイナーは自分でブロックに色を塗ります。

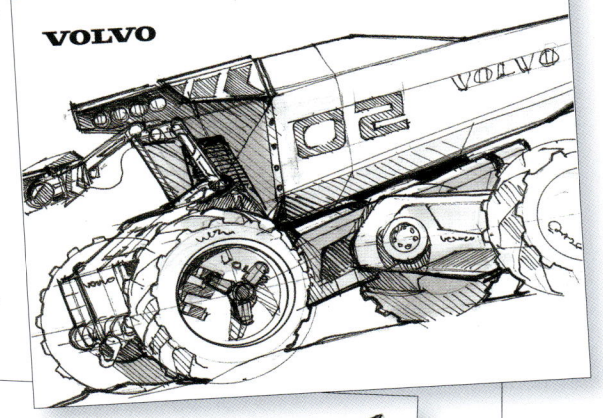

モデルの開発

4〜8人で構成されるモデルビルダーデザイナーのチームが、最終モデルの開発を担当します。デザイナーは各モデルについて複数のバージョンを作り、機能や色をテストします。そのすべてのプロセスで、子どもたちに実際にモデルを使ってもらい、いちばん人気のあるものや追加したほうがいいものなどを探っていきます。
新しいセットをデザインするさい、何よりもだいじなのは子どもたちの意見なのです！

レゴ®テクニック ボルボ コンセプトホイールローダー ZEUXに使うホイールは、最終的なデザインが決まるまで何度も試作された。

最終ステップ

モデルの完成まで、あと一歩！
こんどはプロのビルダーやエンジニア、パーツデザイナー、組立説明書作成チームからなるモデル委員会の承認を受けなければなりません。このボルボの場合は、レゴ社との共同開発者の承認も必要です。もし問題が見つかれば、デザイナーは一からやりなおし。承認されたモデルは、説明書チームがそっと分解して組み立てなおし、特別なグラフィックソフトを使ってじょうずに組立説明書を作ります。

組立式のリアルなマッピングドローン

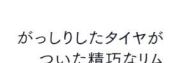

実際に動くブームとバケツをギアでコントロール

レゴ テクニックモデルの開発は、セットデザイナーにとって最もむずかしい仕事のひとつだ。組み立てたモデルのメカニカルな機能が正常に動くように、すべてのパーツを完璧な精度で配置しなければならない。

がっしりしたタイヤがついた精巧なリム

42081 ボルボ コンセプトホイールローダー ZEUX（2018年）

ボルボらしい配色とステッカー

レゴ®のロゴ

1934年にはじめて作られて以来、レゴ®のロゴは
何度も変化します。1953年には、「ソーセージ・ロゴ」
の愛称で知られる、赤地に黒でふちどりされた
丸みのある白文字になり、現在のおなじみのロゴに
だいぶ似てきました。1970年代のはじめには、
いまとほぼ同じロゴになり、1998年にわずかに手を
加えられて現在にいたっています。

1934

1946

1950

1953

1955

1955

1958

1958

1936

1946

1953

1953

1956

1958

1958

1964

1973

1998

レゴ® プレイテーマ

レゴ®システムのすごいところは、その普遍性です。どのセットも
ほかのセットと組み合わせが可能で、セットを増やすごとに
どんどん世界が広がります。1970年代に登場した各テーマの
セットは、レゴの普遍性をふまえながら、世界の中にさらなる
世界をつくりあげました。レゴ®スペース、キャッスル、タウンの
テーマでは、パーツどうしの互換性はそのままに、ロールプレイの
幅がさらに広がりました。それを支えたのは、新たに誕生した
ミニフィギュアたちです。

JM-60104

2016年のセットで、レゴ®シティシリーズの
飛行機を操縦するミニフィギュアのパイロット

レゴ® シティ

60173 山の逮捕劇（2018年）

クマ

ネット
シューター

ハチの巣

山のポリス

2018年、レゴ シティポリスはけわしい山岳
地帯で新たな課題にチャレンジします。
危険なクマやハチの巣をさけながら、
彼らはパワフルな新兵器ネットシューターを
使い、山のアジトに逃げこんだドロボウを
追跡します！

サーチライト

60129 ポリスパトロール
ボート（2016年）

防水仕様の船体

はずされた
牢屋のとびら

プリズンアイランド

実際に水に浮かべられる
レゴのポリスボートは
1976年に初登場しました。
その後はボートの種類も増え、2016年のプリズンアイランドの
セットでは、ポリスだけではなくドロボウのボートも加わりました。
このサブテーマには、レゴ シティ初の熱気球も登場しています。

02

60070 水上飛行機の
ドロボウ追跡（2015年）

水上飛行機

逃走車

ワニ

沼地のポリス

レゴの警察官は40年前から事件を捜査していますが、
ドロボウのミニフィギュアがポリスセットの定番になったのは
最近のこと。2015年には、沼地のアジトにひそむドロボウ
たちも登場しました！

レゴ® シティには、あらゆる職業の人々がいます。
はじめは小さな町だったレゴ®タウンが、いまでは
にぎやかな都会の街レゴ シティになり、店主に科学者、
料理人、ドロボウまで住んでいます！　なかでも根強い
人気を誇るのは、警察官や消防隊、救急隊、海上レス
キュー隊などのヒーローたち。ときにはクールな乗り物を
駆使しながら、彼らは人々の安全なくらしを守っています。

港の監視塔

レゴ シティポリスはこれまで、港や森林地帯、悪名高き
プリズンアイランドに拠点をおいてきましたが、法と秩序を守る
勇かんな警察官は、いつだって街の生活の中心にいます。
最新設備の警察署で、彼らは必死に平和を守っています——
たとえドロボウたちに壁を爆破されようとも！

60141 レゴ®シティ ポリス
ステーション（2017年）

監視塔

無線機を持つ
警察官

ファイヤー＆レスキュー

レゴ タウンに消防署ができたのは1978年。
以来、勇かんなミニフィギュアの消防士たちは
炎と戦いつづけています。
最新のセットには、炎に飲みこまれるものや、
木から下りられなくなったネコなどの
おまけも入って
います。

スタッドシューターで
水を発射

伸縮するはしご

アウトリガー

60112 大型消防車
（2016年）

60164 海上レスキュー飛行機（2017年）

サーチライト

救命ボート

飛行機にぴったり
はまるジェットスキー

海上レスキュー隊

30年あまりで15セット足らずと、
数の少なかった海上レスキュー隊
シリーズですが、2008、2013、2017年に
発売されたレスキューヘリコプター、ボート、
水上飛行機が大ヒットし、レゴ シティ海上
レスキュー隊は波に乗っています。

屋上の
ヘリポート

爆破された
牢屋の壁

かくされた
ダイナマイト

MH60141

分べん室

シティ病院

ミニフィギュアのドクターやナース
たちは、40年にわたり街の人々の
ケアをしてきました。
2018年の「シティ病院」には、
レントゲン室や視力検査室、そして
レゴ シティに新しい命をむかえる
ための分べん室もあります。

60204 レゴ® シティ病院
（2018年）

ヘリポート

レゴ® タウン

大きな街（シティ）になる前、1978年から
2004年まで続いたレゴ タウンのシリーズ。
発売当初から救急車や消防車とミニフィギュア、
建設作業員や整備士など、おなじみの
キャラクターが登場していました。
いまもレゴ シティのセットで彼らの子孫に
会うことができます。

レゴ タウンの最初の
救急車には、患者は
もちろん運転手が乗る
スペースもなかった！
ミニフィギュアが着ている
制服の赤十字マークも
シールだった。

LEGO
606

606 救急車※（1978年）

1986年に光＆音システム
が導入され、一部の特別
セットにフラッシュライトや
サイレンが内蔵された。
このポリスカーの後部は、
かさばる9Ｖバッテリーで
占められていた。

POLICE

6450 ポリスカー※
（1986年）

レゴ® シティ ビルダー

レゴ®のセットは組み立てて遊ぶおもちゃですが、
レゴ®シティの中でも、ミニフィギュアたちが建物
を組み立てる建設作業を楽しんでいます！
レゴ®タウンとしてスタートして以来、
明るい黄色のショベルカーやブルドー
ザー、クレーン、ダンプトラックは
建設テーマのシンボル。
それらをあやつりながら、土木
技師たちは最高の仕事を
しています。

7900 トレーラー（2006年）

橋をよいしょ！
トレーラーが橋をくぐっても、
ふつうはこんなふうにはなりません！
最長86cmになる超ロングなトレーラーは、
橋を丸ごと建設現場へ運ぶためのもの。
じょうぶな橋がレゴ シティに到着したら、
すぐに使えます。

エレベーター

伸縮自在の
クレーンアーム

クレーン運転士

格納できる
アウトリガー

**7633 ビル建設現場
（2009年）**

クローラー付き
ショベルカー

屋根の
モジュール

ビル建設
建設現場の一部が入っているセットはいくつかありますが、4階建ての
ビルが丸ごと入っているのはひとつだけ。
898個のパーツで組み立てる「ビル建設現場」には、クレーン車、
エレベーター、ショベルカー、連結トラックも入っていて、モジュール式の
ビルは6つにわかれ、組みかえもかんたんです。

旋回するショベル

ビッグな荷台
大型建設車両に乗るミニフィギュア
の運転士は、現実世界の運転士
と同様、とても小さく見えます。
「ダンプトラック」の巨大な荷台は、
レゴブロックのパーツのなか
でも特に大きく、ほかのセット
には登場しない、かなりレアな
ものです。

7344 ダンプトラック（2005年）

小さくてもパワフル
建設車両のセットがすべて
大型とはかぎりません。
「フロントエンド・ローダー」は、
パーツはたった108個でも、
リアルなディテールがいっぱい。
付属のシールで、車体に堂々と
セットナンバーをつけることも
できます。

**7630 フロントエンド・ローダー
（2009年）**

ちょっとひと休み

レゴ シティのセットでは、建設作業のあらゆる
プロセスを再現しています。なかには仮設トイレ
まで入っているものも！
「お仕事トラック」のセットには、イヤーマフ付き
ヘルメットも入っていて、作業員がより快適に
なりました。

仮設トイレ

60073 お仕事
トラック（2015年）

リサイクル用
ゴミ箱

何が建つのかな？

2015年に登場した解体工事がテーマのセットでは、
レゴ シティのたくましい作業員たちが新たな一面を
見せました。建設前のだいじな作業。解体現場に
欠かせない、ダイナマイトと建物の残がいも
ついてきます。

60074 パワフルブルドーザー
（2015年）

爆発物注意
のサイン

ダイナマイト

大ハンマー

マイニング（採掘）

これまでに2セット発売された鉱山のシリーズは
建設シリーズとは別ものですが、多くの共通点があります。
ちがいは、セットのあちこちに登場する鉱山マークと
ヘルメットのライト。そして採掘員たちは、地面を打ちくだく
強力なマシンを持っています。

コンベアに
乗せたトロッコ

金塊

金属探知機

60188 ゴールドハント
採掘場（2018年）

目がまわる高さ

これまでに発売されたレゴ シティの
セットで最も高い「クレーン」は、
見た目がリアルなだけでなく実際に
動きます！　地上68cmの
クレーンの片側には、下から上まで
4つのパーツでできた長いはしごが
ついていて、勇かんなミニフィギュア
は、てっぺんの制御室まで、
そのはしごをのぼって
いかなければなりません！

レアな重り付き
ブロック

移動式の
現場事務所

7905 クレーン（2006年）

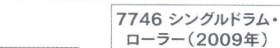

ドラムの向きが
左右に変わる

7746 シングルドラム・
ローラー（2009年）

ころころ転がる

1978年以来、建設現場のセットは
50種類以上も発売されています。
蒸気ローラーが登場したのは
2009年がはじめてでした。目を引く
ドラムは、もともとレゴ®バイキングの
ためにデザインされた大型ホイール
5個でできています。

レゴ シティの住人たち

街の人々は、いつも大いそがし。お店やカフェの経営、
バスや電車、トラックの運転など、だいじなサービスを
提供しています。仕事以外の時間は、子育てや大自然の
探検をしたり、公園で運動したり。

最近のレゴ シティのミニフィギュア
には、子ども、赤ちゃんを連れた
パパとママ、おじいちゃん、
おばあちゃん、自転車や
車いすに乗った人などが
いる。

60134 レゴ®シティ
の人たち（2016年）

レゴ® シティの乗り物

レゴ® シティの生活は、いっときも休まず動いています。
ミニフィギュアたちは車やトラックであちこちに移動し、
なかには飛行機やヘリコプター、船の管制塔で
すごせるラッキーなミニフィグも。
オートバイから超大型トラックまで、あらゆる乗り物を
動かすのはオクタン──環境にやさしいレゴ シティ
ブランドのガソリンです。

4×4ピックアップ
トラック

開閉するドア

**60182 キャンプバンと
ピックアップトラック（2018年）**

レジャー用の乗り物

1984年発売の「キャンピング
カー」以来、久々のバケー
ションがやってきました。
当時はミニフィギュアが
2体しか乗れませんでしたが、
「キャンプバンとピックアップ
トラック」にはダイニングキッチン
がついていて、家族全員が
寝られるベッドルームも
あります。

壁かけテレビ
のシール

片側がヒンジで大きく開き、
なんでもそろった車内を使って遊べる。

スポーツカーの
ショールーム

テレビ局の
ヘリコプター

傾斜路

宅配ピザの
スクーター

トラム

60097 レゴ® シティのまち（2015年）

公共の乗り物

カラフルなバスやおしゃれなトラム（路面電車）に乗れば
街を動きまわるのもかんたん。「レゴ® シティのまち」には、
トラムとその駅、車3台、トラック2台、ヘリコプター、
スクーターのほか、スポーツカーが展示されたショールーム
まで入っています！

トラック

トレーラー、ヘリコプター輸送車、タンクローリーなど、
レゴ シティにはさまざまなトラックがあります。
2010年には、ミニフィギュアスケールのレゴ シティセットを
積んだ黄色い連結トラックも登場！

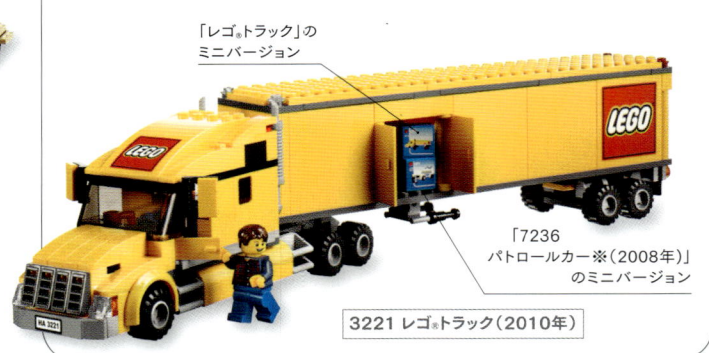

「レゴ®トラック」の
ミニバージョン

「7236
パトロールカー※（2008年）」
のミニバージョン

3221 レゴ®トラック（2010年）

オクタンのロゴは、
1992年にはじめて
レゴ タウンで使われた

電気自動車の
充電スタンド

60132 ガソリンスタンド（2016年）

レッカー車

サービス車両

レゴ シティのヒーローは
救急車や消防車だけではありません。
除雪車やごみ収集車、道路清掃車も
毎日のくらしを支えています。
オクタンのガソリンスタンドは、
あらゆる乗り物に燃料を提供し、もし
動かなくなればレッカー車を出せるよう、
いつでも準備しています。

フードトラック

ホットドッグにアイスクリーム、ペストリー……
レゴ シティでは、ストリートフードが大人気。
最近のはやりは、ピザ。
アツアツを食べよう！

折りたたみ式
ハッチ

60150 ピザショップトラック（2017年）

チェッカーフラッグは、スタート／
フィニッシュライン
のしるし

60113 ラリーカー
（2016年）

エアボーン・
スポイラーズ
というブランド
名は、2013年
に初登場

レーシングカー

レーシングは、レゴ シティ
で人気のモータースポーツ。
オフロードバイクやドラッグ
カー、F1レースも開かれま
す。「ラリーカー」などのレー
シングカーは、架空のスポ
ンサー（オクタンやエアボー
ン・スポイラーズなど）のロ
ゴが派手についています。

空の旅

翼長がポッチ54個分ある旅客機は、レゴ シティでも
最大の乗り物。「空港ターミナルと旅客機」のジャンボ
ジェット機は、客室、ギャレー、トイレ、2席ある
コックピット付き。空港ターミナルには検問所、
荷物用コンベア、管制塔があります！

レーダー
アンテナ

鳥を図案化
したロゴ

この旅客機は、
長さ47cm、幅50cm。

翼は大きな
ひとつのパーツ

回転ドアを動かす
つまみ

AIRPORT

レゴ® タウンの空港

1970年代のレゴ タウンには、
ヘリコプターはあっても、
1985年まで旅客機も空港も
ありませんでした。
このサブテーマは大ヒットし、
その後の10年間でさらに
2つの空港とエアポート
シャトル・モノレールが
できました。

6392 空港※（1985年）

吹き流し

ヘリポート

手荷物用
カート

60104 空港ターミナルと旅客機（2016年）

荷物用コンベア

船やボート

レゴ シティの港は、大型貨物船や小型の
プレジャーボートで大にぎわい。
「フィッシングボート」をはじめ、水に浮く船も
たくさんありますが、カーペットの上も
スイスイ進みます！

60147 フィッシングボート
（2017年）

回転いす

マーカーブイ

回転するスクリュー

街の外へ

どこからどこまでがレゴ®シティかは決まっていませんが、
街の一方の端には海岸線があり、もう一方の端には
農地が広がっています。街のまわりには、
熱帯雨林や火山地帯もあります。
レゴ シティの勇かんな
探検家のなかには、
北極へ、さらには
遠い宇宙へ
旅立ったものも
いるのです。

カメラ付きドローン

60124 火山調査基地（2016年）

噴火する火山

移動
オペレーション
センター

ロックドリル

金属探知機

溶岩の中の
クリスタル

ダンプカート

火山調査隊

レゴ シティのはずれの火山が噴火しそう──
そこで、優秀な科学者たちが強力なハイテク機器を使って調査に
のりだします。このセットには、彼らの大発見に必要な装備が
すべてそろっていました。

60092 海底潜水艦（2015年）

深海の探検

舞台は、レゴ シティの港から遠く
離れた海。1997年のレゴ タウン
ダイバーシリーズの足跡をたどり、
2015年から6つのセットが発売
され、海底調査隊はサメなどを
かわしながら、沈没船や宝物を
探索しました。

初期のレゴ®スペース
セットを思わせる
ロゴ

セットには、宇宙
飛行士が男女1人
ずつ入っている

シャトルの
ノーズコーンの
パーツが入っているのは、
レゴ シティ宇宙探検
シリーズのみ

60078 スペースシャトル（2015年）

人工衛星は折りたたまれて
シャトルの貨物室におさまる。
貨物室のヒンジ付き曲面ドアは、
レゴ シティの宇宙テーマ用に
作られたもの。

宇宙

レゴ シティの宇宙探検は、
SFではなくリアルな宇宙探査を
もとに、2011年にスタート。
2015年には新たなミッションに
のりだしました。1999年には、レゴ
タウンシリーズにもスペースポート
というサブテーマが登場しました。

ジャングル

2017年、レゴ シティの探検隊が近くの
ジャングルをはじめて探検。それまで足を
ふみ入れなかったのは、ジャングルには
ヒョウやワニがいて、ミニフィギュアを
食べちゃう植物まであるから！ 新パーツ
がいっぱいの9つのセットで、勇かんな
探検隊はオフロードバイクやボート、ヘリ
コプター、全地形対応の移動式研究室を
使って、古代の遺跡を探し出しました。

動く葉っぱのかげに
古代の宝が見える

滝のかげから
ワニが出てくる

移動式研究室は
側面が大きく開く

60160 ジャングル探検移動基地
（2017年）

開いたり閉じたりする
植物の口

整備士

全地形対応型トラック
でアイスベースを引く

ベースを開くと
研究室が見える

チェーンソー

北極

オレンジ色の防寒着に装備をたずさえ、
レゴ シティの科学者たちは2014年に北極へ出発。
アイスブレーカーシップや移動式アイスベース、
ハスキー犬が引くイヌぞりなど、
いろいろな乗り物がありました。

60035 アイスベーストラック（2014年）

レゴ シティ北極
探検隊のマーク

クレーンでアイス
ブロックをトラックに
積みこめる

パラディサ

レゴ タウンのサブテーマと
して1992〜97年に発売され
た、ヤシの木とピンクの色調
が特徴のパラディサは、
乗馬やサーフィンを楽しめる
リゾートが舞台。
馬小屋やカーニバル、
ライトハウス（灯台）などの
セットがあり、2012年に
リリースされたレゴ®フレンズ
のさきがけとなりました。

6414 ライトハウス※（1995年）

農場

レゴ シティの人々は食いしんぼう。
2009年と2010年に、シティの食べ物
がどこから来るかがわかりました。
農場シリーズには、畑、酪農場、
トラクター、養豚場などのセットが
ありました。

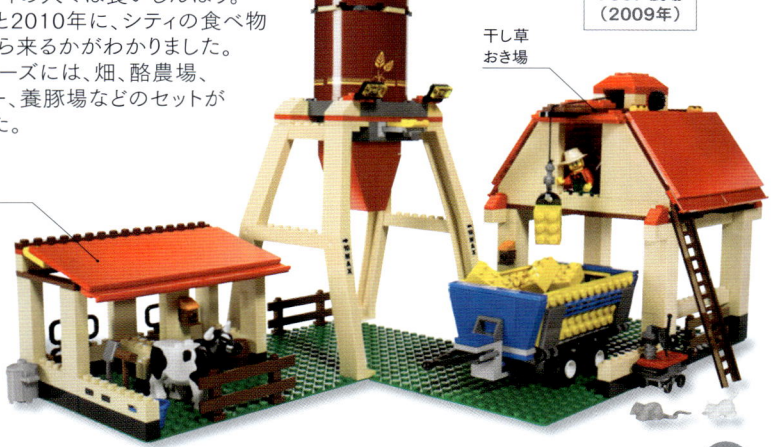

サイロ

7637 農場
（2009年）

干し草
おき場

ウシ小屋

思い出のセット

374 消防署※（1978年）

6335 F1キャリートレーラー※（1996年）

6414 ライトハウス※（1995年）

600 パトロールカー※（1978年）

1656 撤去チーム※（1991年）

1572 レッカー車※（1986年）

6356 救急飛行機※（1988年）

376 フラワーハウス※（1978年）

6365 サマーコテージ※（1981年）

6336 コスモコプター※（1995年）

6380 救急病院※（1987年）

6441 サブマリンベース※（1997年）

6473 レスキューホバークラフト※（1998年）

6435 海上レスキュー隊本部※（1999年）

10159 レゴ®シティエアポート※（2004年）

7239 はしご車（2004年）

7631 ダンプカー（2009年）

60062 アイスブレーカーシップ（2014年）

7734 貨物輸送機（2008年）

7279 ポリス4WDバギー（2011年）

60139 ポリストラック司令本部（2017年）

60181 森のパワフルトラクター（2018年）

レゴ®トレイン

レゴ®トレインは、1966年から勢いよく走りつづけています。
青いレール、灰色のレール、金属製のレール、プラスチック製の
レール。手動式、ぜんまい式、バッテリー式、電動リモコン式。
昔の蒸気機関車から現代の超特急列車まで、傑作中の傑作、
あのレゴ トレインがやってきます。

出発進行！

10173 ホリデイ
トレイン※
（2006年）の車掌

車掌さんの
上着には、レゴ
トレインのロゴが
入っている。

080 基本セット 汽車入り※（1967年）

軌道に乗って

700ピースの「基本セット」には、初期のレゴ トレインが
入っていました。手押しで動かす列車ですが、ほかの
トレインセットに入っている4.5Vバッテリーボックスを
使えば、モーターで動かすこともできました。

インターシティ・エクスプレス

12Vモーターと客車2両がついたドイツの高速
列車インターシティが発売されたのは1980年。
その年、レゴ トレインはデザインが一新され、
レールは灰色に、列車もよりリアルなスタイルに
なりました。

7740 旅客列車※（1980年）

青いレールを走る

1966年から1979年まで、レゴ トレインは青いレールの
上を走っていました。最初はかんたんな手押し式の列車
でしたが、まもなく4.5Vバッテリーモーター式が、
1969年には、12Vの電流を流したレールから
動力を得る方式が登場しました。
このころの列車は小さく、
あまり精緻な作りでは
ありませんでした。

116 スターター・
トレインセット モーター
付き※（1967年）

車両を機関車や別の車両と
つなぐのは、マグネット連結が
基本。ごく初期には、フック付きの
金具で連結するものもあった。

182 4.5Vトレインセット
信号付き※（1975年）

「遊びのシステム」のおかげで、
さまざまな年代の船や飛行機、
建物、列車を組み合わせること
ができる。

青い線路は、
白い枕木のブロックで
レールを支えるだけの
シンプルなものだった。

113 トレインセット モーター付き※（1966年）

10233 ホライゾンエクスプレス
（2013年）

パンタグラフ

レゴ トレイン
のロゴ

高速列車の旅

この高速列車のポイントは、伸縮式パンタグラフ（集電器）、精巧なエンジンルームと客車、そして車体にうまく組みこまれたV字型の模様です。モデルをもうひとつ追加するか、パワーファンクションで動かせば、ハイスピードな旅がよりすばらしいものになります。

線路わきの
ピザショップ

関連設備

レゴ トレインのセットには、さまざまな形や大きさの機関車や車両とともに、駅や踏切、貨物クレーン、列車用の洗車機、車庫などもあります。

4513 グランドセントラル・
ステーション※（2003年）

6399 エアポートシャトル※（1990年）

9 Vモノレール

レゴランド®タウン モノレールの動力は9 Vの電流。1991年以降、これがレゴ トレインのレールのスタンダードとなりました。

夜行列車

クラシックな蒸気機関車からヒントを得た「エメラルドナイト」は、レゴ トレインファン念願のセット。全長68cmのこの列車には、ピストン運動で動く車輪や開閉する給炭機、食堂車もあり、パワーファンクションを使って動かすこともできます。

10194 エメラルドナイト※
（2009年）

エメラルドナイトは、熱心なトレインファンの声を集め、1年半かけて開発された。それまでなかった2つのサイズの大型車輪と、めずらしい新色のパーツが入っている。

モーター付きのこの列車は、車両の上の白いホイッスルを吹くと自動的に発車・停止した。

118 エレクトロニック・トレイン
（発車・停車機能付き）※（1968年）

7897 レゴ®エクスプレス（2006年）

リモートコントロール

2006年、プラスチックのレールとバッテリー式モーターが復活。新型列車では、赤外線リモコンで機関車のライトをつけたり、変速したり、汽笛も鳴らせるようになりました。2009年にはさらに、パワーファンクション技術や充電式バッテリー、フレキシブルなレールも導入されました。

マイ・オウン・トレインの案内役は、機関士マックスと車掌チャーリー。ふたりは、2005年の「10133 BNSF GP-38 バーリントン・ノーザン・サンタフェ鉄道※」にも登場した。

マイ・オウン・トレイン

2001年から2003年まで、「レゴ マイ・オウン・トレイン」のサイトでは、ビルダーがサイズと色を選び、自分だけの蒸気機関車や貨物車両を組み立てて発注することができました。

10205 マイ・オウン・トレイン※
（2002年）

車掌チャーリー

機関士マックス

レゴ® キャッスル

いちばん最初の黄色いお城には、ブロックで組み立てる馬がついていました。それから30年以上のあいだ、レゴ® キャッスルのテーマはビルダーが自分だけの中世の王国を築きあげるセットを提供してきました。最新のセットは、カタパルトのついたファンタジー世界の砦。騎士がいた時代にさかのぼって、最も人気の高かったお城やファンタジーいっぱいのセットを見ていきましょう。

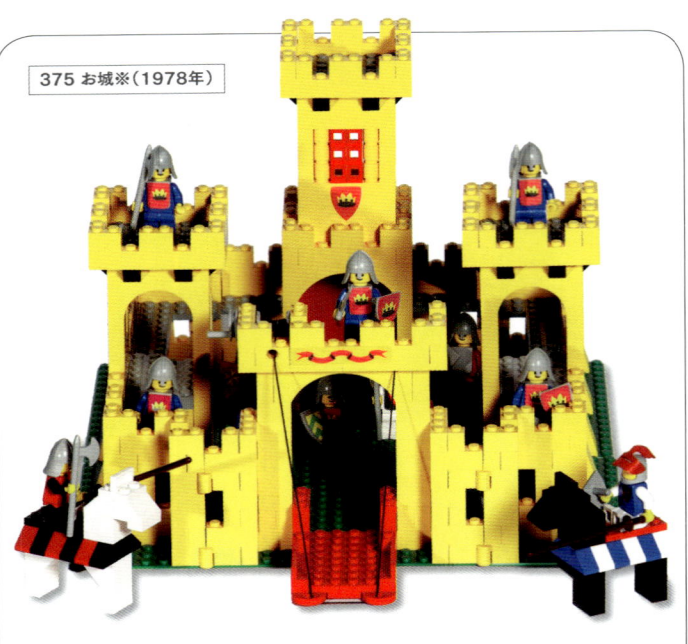

375 お城※（1978年）

最初のお城

すべてはここから始まりました！　おなじみの"黄色いお城"は、「遊びのシステム」用に作られた最初のお城です。高い塔やクランクで持ち上がる跳ね橋、城を攻める側と守る側の4つの派閥の騎士。このお城にはすでに、のちのレゴ キャッスルを特徴づける要素がたくさんそなわっていました。

6086 ブラックナイト城※（1992年）

レゴ キャッスルのなかでもとくにリアルなこの城は、ブラックナイトの居城。めずらしいチューダー柄の黄色い壁面ブロックがあり、槍や旗を手に馬にまたがり戦闘準備を整えた4人の騎士もいる。

7094 王様の城（2007年）

包囲された王様の城

邪悪な魔術師がさしむけるホネホネウォリアーズと火を吹くドラゴンに包囲された城で、王様は黄金の剣をたずさえ、騎士やカタパルトの力をかりて反撃します。2007～09年に発売されたレゴ キャッスルシリーズは、動く跳ね橋や落とし格子などのクラシックなデザインも復活し、ファンに絶賛されました。

2007年のホネホネウォリアーズは、手足がぶらぶらだったレゴ キャッスルのガイコツをデザインしなおしたもの。顔がさらに恐ろしくなり、手足はよりポーザブルになった

8877
ブラデックの
暗黒の要塞
（2005年）

アンコリア王国を征服した邪悪な
ブラデックは、自分の要塞を築いた。
そこでは、発射準備のととのった
ファイヤーボールや、塔の的になる
呪われたマスクがヒーローたちを
待ちかまえていた。

カタパルトで敵めがけて
レゴブロックを放つ

宝の部屋から監獄の塔へ
行くときは、気をつけろ。
この橋にはくるりとひっくり返る
しかけがあって、
攻撃してくる敵は真っ逆さまだ!

はずれる城壁は、破壊の跡
にも秘密のぬけ穴にもなる

6097
コウモリ
男爵の城※
（1997年）

コウモリ男爵率いる恐ろしい悪魔の騎士
たちの隠れ家は、魔女ヒルダとブラックドラ
ゴンの住みかでもあった。回転する秘密の
壁や鍵のかかる地下牢、水晶玉に浮かび
あがる頭蓋骨など、ぶきみなしかけが
いっぱいだ。

8781
モルシアの城
（2004年）

レゴ®ナイトキングダム™の魔法の城。
リバーシブルの部品を回転させれば、
「善」の青い城から、邪悪なブラデックに
支配された「悪」の赤い城に変わる。

6082 マジックドラゴン城※
（1993年）

魔法使いドラゴンマスターと暗闇で光る
魔法の杖で、ファンタジーと魔法の世界に
突入。このセットには、投石攻撃にもちいる
ドラゴンの頭像、とらえたドラゴンを入れる
檻、「ウルフ盗賊団」に出てくるひれつな
スパイも入っている。

6098 ナイト
キングダム城
（2000年）

おとぎ話に出てくるようなこの城は、立体型
の基礎板にモジュール式の塔が立つ構造。
この城に住むライオン・ナイトたちは、
剣をあやつるプリンセス・ストームとともに、
盗賊から城を守っている。

騎士と伝説

レゴ®キャッスルは、お城だけではありません！
このシリーズには、たくさんの建物や乗り物、場面のほか、
騎士道精神にあふれるロイヤル・ナイトや恐れを知らない
フォレストマン（森の人）、残忍なウルフ盗賊団、ぶきみな
コウモリ男爵など、数多くのミニフィギュア キャラクターが
登場します。

7093 ガイコツの塔
（2007年）

邪悪な魔術

パッケージに「LEGO Castle」と表示された商品が
登場したのは2007年。ホネホネウォリアーズと
ドラゴンをしたがえた邪悪な魔法使いに攻撃される
王国がテーマのセットでした。

6067 騎士休憩所※
（1986年）

シリーズ最高傑作

レゴ キャッスルの最高傑作として多くの
ファンに支持された1986年の「騎士休憩
所」は、このシリーズではめずらしく、
お城ではなく宿屋のセット。くつろげる居酒
屋もあり、壁の一部は同シリーズのほかの
建物と連結できます。馬に乗った騎士、
2人の兵士、宿をきりもりする女主人が
入っています。大人気のこのセットは、レゴ®
レジェンド（復刻版）シリーズ第1号として
2001年に再リリースされました。

レゴ®キャッスル
（1978-1983年）

ブラックファルコン
（1984-1992年）

十字軍
（1984-1992年）

フォレストマン
（1987-1990年）

ブラックナイト
（1988-1994年）

ウルフ盗賊団
（1992-1993年）

コウモリ男爵
（1997-1998年）

セドリック・ザ・ブル
騎士の王国 I
（2000年）

ジェイコ
騎士の王国 II
（2004-2006年）

われらバイキング、いざ船出！

レゴ®バイキングは2005年、
ひげ面のつわものたち、戦闘
用の乗り物、強固な壁をめぐら
せた要塞とともに船出しました。
つのがついた兜にファイヤー
ボールランチャー、フェンリス・
ウルフや恐ろしいドラゴンの
ニドホッグなど、北欧神話から生ま
れたモンスターも登場し、史実とは
ちょっとちがうバイキングたち。
「Viking Ship Challenges the
Midgard Serpent」という
英語の製品名
は、レゴ史上
最長級！

ロングボートは全長48cm、
帆の高さは30cm

7018 バイキングシップと
シーモンスター（2005年）

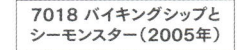
しなやかなシーモンスター

3053 ニンジャと
ショーグンの城※
（1999年）

ニンジャ

1998〜99年のニンジャセットは、レゴ
キャッスルにしてはめずらしく、ヨーロッパ
以外が舞台。華麗な天守閣に、刀を振り
回すサムライ、音もなく歩く（ときには空も
飛ぶ）ニンジャたちが、キャッスルコレク
ションに東洋の香りと多数の新しいパーツ
をもたらします。

6066 森の隠れ家※（1987年）

ロビンフッドの仲間たち

羽かざりがついた帽子に緑色の服、手には弓と矢、木の上の隠れ家。フォレストマンたちは、イギリスの伝説に出てくる、あの陽気なアウトローにそっくり！

8701 ジェイコ王（2006年）

無鉄砲な若き騎士だったジェイコが、モルシアの王となった。

レゴ®騎士の王国™

2004〜06年に発売された「騎士の王国™（ナイトキングダム）」第2シリーズは、モルシア王国を舞台に展開しました。ストーリーは本やオンラインコミックで語られ、ミニフィギュアスケールのセットと、親指で操作して戦わせる大型のアクションフィギュアのセットがありました。

8702 ブラデック卿（2006年）

サソリのようなブラデック卿は神秘的な力をもち、シャドーナイトたちを意のままにあやつる。

8780 オルランの砦（2004年）

4人の騎士にはそれぞれ、動物のアイコン、よろいの色、特技がある。

危険なわな

邪悪の騎士ブラデック卿が王国を支配し、王を連れ去った——。ジェイコ、サンティス、ダンジュ、ラスカスの4人は、古代の廃墟にひそむわな（回転する斧、ゆれるブドウのつる、崩壊する橋、大蛇）に立ち向かい、敵を打ちたおすのに必要な魔法の盾を見つけなければなりません。

7009 ホネホネライダー vs 正義の騎士（2007年）

正義の騎士と魔法使いが放つ黒いホネホネライダーの、王国の命運をかけた一騎打ち。このセットには、新登場のホネホネホースが入っている。

新たな味方や敵

最初は人間とドラゴンしかいなかったレゴ キャッスルの世界。邪悪なホネホネウォリアーズや屈強なドワーフ、力はめっぽう強いけれど頭がにぶいトロールなどの登場で一気ににぎやかになりました。

7036 ドワーフ戦士のぶき工場（2007年）

レゴ®キングダム

レゴ®キャッスルのテーマが終わったとき、キャッスルビルダーはみな、「次はなに？」と期待しました。その答えは、2010年に発売されたレゴ®キングダムです。ファンタジー時代のトロールやドワーフは去り、時代は中世へ。対立する二つの王国（正義のライオン・ナイトと悪のドラゴン・ナイト）と、そのはざまでくらす村人たちの物語でした。

7947 ドラゴン・ナイトの塔
（2010年）

危機におちいるお姫様

頭がよくて勇かんだけど、ちょっぴりぶきようなライオン王国のお姫様は、いつもドラゴン・ナイトにとらえられ塔に幽閉されてしまいます。けれども、さいわいなことに、忠実なライオン・ナイトたちがいつでも馬に乗って助けにかけつけます。レゴ キングダムでは、騎士の馬をつのが生えた戦闘馬に変身させる新しい馬よろいが登場しました。

騎士がなかなか助けにこないとお姫様はいつも自力で逃げ出す。

王様のお城

ライオン・ナイトが守るお城はモジュール式で、壁や塔を自由に組みかえることができます。跳ね橋は上げ下げでき、クランクを回せば城の入り口の落とし格子も開閉するため、敵（セットに入っている3人のドラゴン・ナイトなど）を城から閉め出すことができます。

王様の塔

跳ね橋のメカニズム

クロスボウを持つ
王国の兵士

最新のレゴ キャッスルにカタパルトがなくてどうする？「王様のお城」は3つのカタパルトで守られている。

燃えるたいまつ

ドラゴン・ナイト

剣を持つ王国の兵士

7946 王様のお城（2010年）

回転する風車のはね

風見鶏を回すと納屋のバスケットが上下する。クランク式風車の中には、石うすと粉を入れる箱がある。

農夫

乳しぼりをする村人

襲撃するドラゴン・ナイト

ヤギ

ブタ

ニワトリ

馬が引く荷馬車

村人たち

ドラゴン・ナイトは、お城からだけではなく村人からも金品をうばおうと、風車や農場を襲撃しました。勇かんな農夫たちは熊手やリンゴ、トラップを使い、新登場のレゴブロックのヤギやニワトリなど、動物たちもいっしょに反げきしました。納屋のプランターは秘密のヒンジになっていて、そこを軸に大きく開きます。

7189 風車村の攻防（2011年）

ビッグイベント

パーツ1,575個の「馬上試合大会」は、レゴ キングダムシリーズ史上最大のモデル。6部屋あるお城、ミニフィギュア9体、武器テント2つ、王族の観らん席、試合用フェンス、2頭の馬が入っています。このセットを2つつなげれば、さらにビッグなシーンが作れます！

セットには、貴族、お姫様、従者、カエルのほか、旧シリーズのブラックファルコンに似た騎士も入っている。

10223 馬上試合大会（2012年）を2つ組み合わせたシーン

城壁につながる小屋

観らん席

試合用フェンス

6918 鍛冶屋しゅうげき（2011年）

村の鍛冶屋

しぶといドラゴン・ナイト！これは、ドラゴン王国の騎士が鍛冶屋を襲撃する場面のセット。水車が回ると鍛冶屋のハンマーが金床を打ち、新しい武器ができあがります。

武器がたくさんある鍛冶屋を襲撃したのは、悪の騎士の判断ミスかもしれない。

王様の馬車

「王様の馬車を待ちぶせ」のセットでは、かしこく気高いライオンキングのボディと脚に新しい装飾が加わりました。王家の宝をうばおうと、2人のドラゴン・ナイトが、レバーで動くハンマーを用意して森で待ちぶせています。はたして王様は、黄金の剣で戦うことになるのでしょうか？

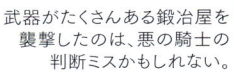

王家の宝箱は、黄金や宝石などの宝物でいっぱい。

7188 王様の馬車を待ちぶせ（2011年）

レゴ® ネックスナイツ™

ナイトン王国が攻撃を受けている――ネックスナイツは
王国を危機から救えるのか。新米ナイトのクレイ、ランス、
アーロン、アクセル、メイシーは、ハイテク兵器と
ダウンロードできるネックスパワー、そしてチームワークを
武器に、敵対するマグマモンスターやロックモンスター、
サイバーモンスターたちと戦います。レゴ® ネックスナイツ™
には、テレビアニメとゲームアプリもあります。

70312 メカホース
バイク（2016年）

ロボットのウマ

勇かんなナイトたちは、
驚きのハイテクカーやバイク、飛行機、
空飛ぶ車など、武器や特殊機能を
そなえた数々の乗り物を
乗りこなしています。
ランスのメカホースは、
高速メカバイクにも
変形できます。

70317 移動城塞
フォートレックス（2016年）

ホログラムの魔法

移動城塞フォートレックスで戦う
ネックスナイツ。セットには、悪の道化
師ジェストロにバラバラにされて
コンピュータシステムと一体化し、
ホログラムとなった魔術師マーロック
2.0も入っています。

ナイトン城

ハルバート王の要塞へようこそ。
この巨大な砦を、ネックスナイツは
ストーンモンスターの猛攻撃から
守ります。城の壁を開けば、
コマンドセンターにアクセスして
ロビンの高速カーを発進させる
ことも、ランブルロケットを
はずして緊急脱出することも
できます。

取りはずせる
ランブルロケット
トランスポーター

ホバーシールドに
乗るアーロン

70357 ナイトン城※（2017年）

牢獄にもなる小塔

走り回る牢獄

メカスーツ
"メカロック"

ナイトン王国のナイトたち

クレイ、ランス、アーロン、
アクセル、メイシー（ナイトン
王国の王女）の5人を、
ナイツアカデミーの優秀な
生徒、アヴァとロビンが
補佐している。

クレイ

ランス

アーロン

アクセル

メイシー

アヴァ

ロビン

灼熱の隠れ家

ハルバート王の道化師だった
ジェストロは、モンスターの書と
モンストロックスの雲によって
悪の存在と化しました。
2016年のこのセットは、
ジェストロの火山のようなアジト。
マグマモンスター軍団が
うろつくこの神殿に、
彼は盗んだ魔法の
書物をかくして
います。

取りはずせる
ジェストロの王座

70323
悪のメガマグマ
神殿（2016年）

ミサイルが命中
すると壁がくずれる

回転する
ソー・ブレード

岩だらけの前途

マグマモンスターの敗北後、ジェストロとモンストロックスは
手を組み、ロック・ストンパーやガーゴイル、ブリックスター
も加わってロックモンスター軍団を結成、ネックスナイツに
いどみます。ジェストロは新たなアジト、移動式の破壊要塞
を手に入れました。

前方が切り離されて
ジェストロの飛行機になる

70352 破壊要塞
ギガントロックス（2017年）

勝利へのスキャン

セットに入っているネックスパワー（シールド）
をスマートフォンやタブレットのゲームアプリで
スキャンし、ゲームをパワーアップできます。
3つのシールドを同時にスキャンすると、
強力なコンボネックスパワーが生まれます。

最後の戦い

ジェストロとモンストロックスが率いる
ロックモンスター軍団は、
シークレットパワーをすべて集め、
ストーン コロッサスを目ざめさせました。
6弾スタッドシューターと大きな
ツメをもち、両脚に独房のついた
巨大モンスターは、ナイトン王国を
破壊寸前まで追いこんだのです。

シークレットパワー
のシールド

6弾スタッド
シューター

ストーン コロッサスを
攻撃するクレイ

70356 破壊兵器ストーン
コロッサス※（2017年）

コンボネックスパワーシールド

ブレイザー
ボー

バトルスーツ
アーロン

70364 バトルスーツ アーロン（2017年）

バトルスーツ

2017年、5人のナイトそれぞれの
バトルスーツセットが発売されました。
これに乗ると、3つのシールドを
組み合わせ、モンストロックスと
ロックモンスターをたおせる唯一の
強力な力──コンボネックスパワー
を生み出せます。

サイバー攻撃

2018年、悪のモンストロックスがまき
ちらしたデジタルウイルスに感染した
ナイトン王国では、大切なネックス
パワーが国じゅうに拡散。
勇かんなナイトたちは
必死にウイルス
を食い止め、
パワーを取り
戻します。
このセットで、
クレイはマーロック2.0と
力を合わせ、バトルスーツで
モンストロックスと
対決しました。

マーロック2.0の
ホログラム

クレイ

72004 クレイのデジタル
魔術師（2018年）

思い出のセット

375 お城※（1978年）

383 馬上槍試合※（1979年）

6074 王子さまの城※（1986年）

6077 森の人のとりで※（1989年）

6030 カタパルト※（1984年）

6034 ゆうれいと騎士※（1990年）

6059 騎士のとりで※（1990年）

1584 騎士の決闘※（1988年）

6049 騎士の船※（1987年）

6062 破城槌※（1987年）

6048 ミラクルマジックハウス※（1993年）

6090 ロイヤルキング城※（1995年）

3739 鍛冶屋※（2002年）

7094 王様の城（2007年）

7041 トロール バトル ワゴン※（2008年）

7187 ドラゴンの監ごくからの脱出
（2011年）

6093 レゴ®ショーグンの城※（1998年）

8702 ブラデック卿（2006年）

70361 メイシーのネックス・ウイング※（2017年）

6096 レゴ®ブルズアタック（2000年）

8823 ミストランド・タワー（2006年）

72006 アクセルの移動武器庫（2018年）

クラシックなレゴ®スペース

1950年代にはすでに、シンプルな宇宙ロケットのモデルで
宇宙へ飛び出していたレゴ社。ついにレゴ®スペースのテーマを
始動させたのは1978年のことでした。
初期のセットで、子どもたちはすぐそこまで来ている未来を組み
立てました。1984年には、最初のサブテーマとなるブラックトロン
と未来都市のシリーズが発売され、ユニークな乗り物のデザイン
や配色、宇宙飛行士、ファンクションによってSF色が強まりました。
21世紀に入るまで毎年新たなセットがリリースされ、
レゴ スペースの古きよき時代が形成されたのです。

黒くなめらかな宇宙船で、ブラックトロンは
最も人気の高いサブテーマのひとつとなった。
1989年のスペース・ポリスでは悪役として登場、
1991年には第2シリーズとして生まれ変わった。

6954 反逆者※（1987年）

6990 未来都市モノレール※（1987年）

一気に前進

未来都市シリーズの雰囲気や配色は、
初期のセットを引きついでいますが、
はるか遠くの月や惑星の基地で、バッテリー
付き9Ｖモノレールが青や黄色の宇宙
飛行士たちを運びました。

星をめざして

ユニトロンシリーズは1994〜95年に
4つのセットしかリリースされていま
せんが、短命に終わったこのシリーズ
にも独特なスタイルがありました。
透明な青色の窓と黄緑色の
武器をもつハイテク宇宙船
スターホークII、クレータ
ークルーザー、モノレール
ベース、そして宇宙ステー
ション「ゼノン」は、いずれも同じ型の
コックピットポッドを使用している
ため、取りはずしてたがいに交換する
ことができました。

1789 スターホークII※（1995年）

架空の世界

初期のセットは、
シンプルな架空の宇宙船や月面基地、
ロケット、ローバーなどで、
1970〜80年代の実際の宇宙技術と
さほどかけ離れてはいませんでした。
16個の車輪がついた「地層研究車」も
そのひとつです。

通信アンテナ

車両後部にあるラボ

6928 地層研究車※
（1984年）

全地形対応型タイヤ

やあ、宇宙飛行士くん！

宇宙服、ヘルメット、酸素ボンベの色
は、白、赤、黄、青、黒。初期のレゴ
スペースに登場するカラフルな宇宙
飛行士たちは、なかよくいっしょに
宇宙を探検しました。名前もストーリー
も、すべてビルダーの想像力に
おまかせです。

ミニフィギュアの宇宙飛行士

M-トロン、宇宙探検家、U.F.O.、ロボフォースなど、シリーズごとにそれぞれ宇宙飛行士がいますが、なかでもめずらしいのは、2003年のNASAの火星探査ミッションに合わせて作られた"アストロボット"のビフ・スターリングとサンディ・ムーンダストです。

スペース・ポリスⅡ
（1992年）

インセクトイド
（1998年）

ビフ・スターリング
（2002年）

6986
ミッション・
コマンダー※
（1989年）

スペース・ポリス

青と黒の船体に透明な赤の窓、交換可能な独房のついた宇宙船に乗って、悪のブラックトロンと戦うため、スペース・ポリスは1989年に登場しました。彼らは1992年の第2シリーズで復活、さらにレゴ スペース再開後の2009年にも再登場しました。

ロケットブースター

クラシックな宇宙のマーク

LL 928

497 大型宇宙船※（1979年）

銀河の探検

クラシックな宇宙船の最高傑作、レゴ スペースファンに大人気の「大型宇宙船」は、トラディショナルな青とグレーの配色に、窓やディテールは黄色。セットには、デコレーション付き基礎板のほか、通信タワーや離着陸用パッドも入っていました。

6989

6989 レスキュー隊本部※（1990年）

新たな魅力

赤、黒、トランスネオングリーンのM-トロンの乗り物には、エキサイティングな新機能がついていました。小型の乗り物やコンテナをくっつけて運ぶマグネットです。M-トロンの基地「レスキュー隊本部」は、シリーズ最大のセットでした。

ダブルコックピット

伸長式
グラバーアーム

6939 ツインファルコン※
（1994年）

氷に閉ざされた星

1993年、ビルダーたちは2002年の未来をめざし、宇宙へ旅立ちました。アイスプラネット2002は、氷に閉ざされたクリストという世界が舞台。そこでは透明なネオンオレンジのパーツが主流で、ジェットパックのかわりにスキーが、レーザーのかわりに氷を切るチェーンソーが使われていました。

マグネット付き
ロケットクレーン

6898 アイスプラネット
ランチャー※（1993年）

宇宙のスパイ

1994年、レゴ スペースの世界をおびやかす新たな悪玉として、スパイラスが悪のブラックトロンに仲間入り。1996年まで、スパイたちは大型ロボットやミニフィギュアロボットを使い、銀河系のいたるところで悪事をはたらきました。スパイラスの主力宇宙船「ツインファルコン」は、真ん中を開いてアンドロイドが操縦するスペースバギーを搭載できます。

レゴ® マーズミッション

レゴ® スペースの探検隊は、ライフオンマーズのサブテーマで2001年に
火星へ旅立ち、フレンドリーな火星人と出会いました。
ところが、2007年にふたたび訪れてみると、貴重なエネルギー
クリスタルであふれる赤い惑星は、謎のエイリアン部隊に
おびやかされていました。そこで登場したのが、
6年ぶりのレゴ スペースシリーズとなる、
マーズミッションです。

宇宙ステーション

宇宙飛行士たちの火星基地には、ラボやエイリアンの
監禁ポッドのほか、とらえたエイリアンを輸送チューブ
で移送したり、エイリアンの攻撃機にミサイルを発射
したりするハンドポンプがあります。チューブを
基地のシャトルにつないでエイリアンを
乗せ、宇宙に発射することもできます。

クリスタルパワーで動く
地球外兵器

エイリアンらしい
黒とグリーンの配色

7690 MB-01
イーグルコマンドベース（2007年）

火星のエイリアン

あの敵対的なエイリアン
たちは何者だ？
火星表面の亀裂から
あらわれた彼らは、
火星人ではありません。
暗闇で光り、クリスタルを邪悪な
テクノロジーの動力源とする
エイリアン。シリーズ2年目には、
ポーザブルでより手ごわい
コマンダーも加わりました。

エイリアンのコマンダー

ライフオンマーズ

2001年のライフオンマーズで、不時着したシャトル
チームは、メカをあやつる火星人たちと友だちに
なりました。その後6年間、2003年のディスカバリー・
チャンネルのテーマをのぞいて、レゴ スペースシリーズ
は中断します。

7314 マーズ偵察ロボット（2001年）

7647 MX-41
スイッチ・ファイター
（2008年）

ウイングとノーズコーンを
折りたたむと、6輪の
火星探査ローバーになる

新たなテクノロジー

2008年、人間とエイリアンのバトル
が激化。双方の乗り物には、
別モードに変形する機能が加わり
ました。最新シリーズの乗り物は
すべて、パーツを取りはずすか
移動させて地上車から戦闘機に
変形させたり、モデルをいくつかに
分割することができました。

異星のテクノロジー

エイリアンの究極の攻撃機には、発行する5体のエイリアン戦士が乗り、機体はコマンドソーサーと偵察機2機、戦闘機1機に分割することができます。これに対抗し、セットには2人の宇宙飛行士とポンプで発射する発泡ラバーミサイルを配備した防衛ステーションが入っています。

7691 ETX エイリアンのマザーシップ（2007年）

シャトルはメカウォーカーのコックピットにもなる

7649 MT-201 ウルトラドリル・ウォーカー※（2008年）

多目的ウォーカー

もうひとつの特別版セットMT-201は、強力な回転ドリルがついた採掘基地から、着脱式の偵察シャトルとミサイルを搭載した4本脚のメカウォーカーに変身します。セットには、敵の小さな乗り物も入っています。

歯車で動く回転ドリル。ウォーカーのてっぺんにつけると大砲になる

1台が3つの乗り物に

6輪独立サスペンション、クリスタル採掘用の巨大ドリル、ランチャーをそなえ、さらに3つの乗り物に分かれてエイリアンの攻撃機に対抗する特別版MT-101は、マーズミッションで最も人気の高いセットのひとつです。

7699 MT-101 装甲ドリリング・ユニット（2007年）

コックピットは、武装した航空機にもなる

レゴ パワーファンクション・モーターを取り付けて動かすことも可能

7645 MT-61 クリスタル・リーパー（2008年）

クリスタル・リーパー

火星の岩石からクリスタルを採掘するMT-61は、巨大な回転のこぎりやブラスター銃、ものをがっしりとつかむ手がついていて、エイリアンとの戦闘にも役立ちます。セットには、宇宙飛行士3人、エイリアン2体、エイリアンのコマンダー、エイリアンの攻撃機と対戦用ローバーも入っています。

前進するとトレッドが回り、のこぎりの歯とクリスタルをすくうシャベルが回転する

レゴ® スペース・ポリス

2009年、待望のスペース・ポリスが帰ってきました。白と黒のなめらかなシェイプのパトロール宇宙船を操縦し、冷凍光線銃やプリズンポッドをたずさえた、宇宙の平和を守る勇士たち。彼らは、銀河系のいたるところにいる悪者たちを追跡して逮捕する過酷な任務にのりだします。

宇宙の暴走族のマーク

光速の強盗事件

金庫いっぱいの金塊を盗んだスカルツインズは、超高速スカル・インターセプターでうまく逃げおおせると思っていました。ところが、宇宙のあらゆる制限速度を破って暴走する悪党兄弟も、銀河系を取りしまる警官たちの手からのがれられませんでした。

宇宙の追跡劇

ファースト・ギャラクティック・バンクの警報アラームが鳴って1ナノ秒後には、スペース・ポリスは超高速VX－ファルコンで出動していました。サイレンを鳴らしライトを点滅させながら、パイロットはターボロケットを発射し、逃亡する犯罪者たちを光速にせまるスピードで追跡します。冷凍光線を2、3度命中させただけで、スペース・ポリスはぶじに盗まれた金塊を取り戻し、スカルツインズをとらえました。

5973 ハイパースピード追跡
（2009年）

着脱式のプリズンポッド

冷凍光線銃

宇宙の悪者たち

スライザー
ヘビメタの凶悪犯。人工衛星を盗んだり宇宙に落書きするのが大好き。

スカルツインズ
うりふたつのクローン兄弟。2人そろえば悪事も2倍。

スネーク
クモ形類のアストロパンク。スペース・ポリスレーザー砲の試作品を盗んだ前科がある。

スクイッドマン
黄金に目がない軟体動物のやっかい者。黄金の窃盗、偽造、密輸の罪で指名手配中。

クランクス
宇宙暴走族のリーダー。宇宙船を盗みロボットを連れ去った罪で、銀河全域で指名手配中。

フレンジー
4本の腕をもつ宇宙トカゲ。違法に金星人になりすましたとされる。

レゴ® エイリアン・コンクエスト

着脱式エスケープクラフト

7051 トライポッド・インベーダー（2011年）

クリンガーと
エイリアントルーパー

パニックになる市民

レゴ®スペースではこれまで、多くの宇宙飛行士が地球を飛び立って銀河のかなたを探検し、さまざまな地球外生物と出会ってきました。ところが2011年、レゴ スペース史上はじめて、エイリアンのほうが地球へやってきました——それも、フレンドリーなエイリアンではありません。世界各地に襲いかかる円盤やトライポッド。われわれの星を侵略者から守れるのは、精鋭部隊ADUのみ！

地球を支配

「トライポッド・インベーダー」にはポーザブルな3本の脚、回転する粉砕砲、とらえた人間を入れるプリズンポッドがついていて、バンパーには「地球へ到達」と書かれたステッカーが貼られています。エイリアンは人間の頭から髪の毛を取り去って脳獣クリンガーをかぶせ、知能をうばいコントロールします。

8-14
7065

マザーシップ

Hypaxxus-8は、ペットのクリンガーとキャプテン・ブルーヴィーとともに、巨大円盤から侵略を指揮します。円盤の外輪（カーブした線路のパーツで組み立てる）を回すと、ぶきみな電子音が。マザーシップには関節のあるカギ爪もついていて、独占インタビューにやってきたリポーターをつかみ上げます。

この記者は、特ダネに接近しすぎたかもしれない。

7065 エイリアン・マザーシップ（2011年）

エイリアンパイロットは特異な反射能力をもつ

透明なネオングリーンのパーツ

知能をエネルギーとするテクノロジー

半透明の脳をもつコマンダーは権力欲が強く、金の肩章をつけ、服は勲章だらけ。レゴ®ミニフィギュアのシリーズ8には、彼の妻が「エイリアン女」として登場する。

Hypaxxus-8

7052 UFO アブダクション（2011年）

UFOは、ミニフィギュアの上に着陸してつかまえる

侵略部隊

触手をもつコマンダーHypaxxus-8率いる侵略部隊のメンバーは、頭のにぶいエイリアントルーパーと、異常に活動的なエイリアンパイロット、人工知能をもつエイリアンアンドロイド。彼らは人間を誘拐し、知能を盗んで宇宙船の燃料にしようとやってきたのです。

ADU

地球を守る精鋭部隊エイリアン・ディフェンス・ユニット（ADU）は、最新鋭のテクノロジーを使い、エイリアンに反撃しました。彼らの拠点「アース・ディフェンス本部」は、前方にロケット砲、後方にラボをそなえた大型トラック。連結部分をかちっとはめれば、コンパクトな移動モードに切り替わります。

地球防衛本部のラボトレーラーには、とらえたエイリアンを調べるスキャナーや、クリンガーを引き離す道具が搭載されている。両わきのパネルを開いて衛星アンテナを立てれば、エイリアンの攻撃も察知できる。

ストレッチャー付きレスキュー車

シャトルには、亡くなったファンビルダーのニックネーム「nnenn」をデザインしたステッカーがついている。

発射台の上の迎撃戦闘シャトル

ミニUFO

7066 アース・ディフェンス本部（2011年）

エイリアンをとじこめるポッド

われらがヒーロー

ADUの隊員は、しらがまじりのサージェント、なまいきなパイロット、忠実なソルジャー、かしこいコンピュータスペシャリスト、白衣を着た変わり者のサイエンティスト、熱心だけどむくわれないルーキー。ほぼ全員が新色のブルーのユニフォームを着て、二連ブラスター銃を持っています。

エイリアントルーパーは、口は大きいが脳は小さい

7049 エイリアン・ストライカー（2011年）

コンクエストの終わり

エイリアン・コンクエストの物語は2011年11月号の『レゴ®クラブ・マガジン』でクライマックスをむかえ、侵略者たちの（おそらく一時的な）敗北で終わって……その後レゴ®アトランティス、レゴ®ファラオズ・クエスト、レゴ®ダイノと同じ道をたどりました。

コンピュータスペシャリストの小型偵察車は、さらに小さいエイリアンのミニ・ホバーバイクと戦う。

ジェットコプターの着脱式ポッドには、つかまえたエイリアンを入れられる。

空の防衛

ジェットコプターは、空飛ぶ円盤に追いつける唯一の乗り物ですが、半分に分かれて2機の乗り物になるUFOには手を焼いたかもしれません。

7067 ジェットコプターとのそうぐう（2011年）

ウイングチップキャノン

7050 エイリアン・ディフェンダー（2011年）

レゴ®ギャラクシー・スクワッド

2013年、レゴ®スペースの世界に虫星人が攻めて
きた！ 押しよせる虫たちに立ち向かうのは、
ギャラクシー・スクワッド——4つに色分けされ
た、人間とロボットのチーム。ぶきみにはいまわる
虫型の乗り物をあやつり、誰彼かまわず
コクーンにとじこめてしまう虫星人から
地球を守る、恐れ知らずのファイターたちでした。

ジェット機モードでは翼の角度が下向きになる

オレンジチームの
リーダー、ジャック・
ファイヤーブレード

関節のあるポーザブルな脚

足についた
虫星人の血

着脱式の
コクーン

エイリアン・
アブダクトイド

**70707 CLS-89
エラジケーター・
メック（2013年）**

たくましい雄姿

ギャラクシー・スクワッドのオレンジチームは、
パワフルなエラジケーター・メックで
アブダクトイド・ドローンと戦います。
メカの右腕にはフリックミサイル5発、
左腕にはレーザー砲を装備。
着脱式コックピットは爆弾投下機能を
もつ小型ジェット機になり、翼の下には
2発のフリックミサイルを搭載。

調節できる羽

**70702 ワープ・スティンガー
（2013年）**

虫星人モスキートイド

コクーンの中に不運な
ミニフィギュアをとじこめて、
乗り物に搭載できる。

ロボット・
サイドキック

スピードバイク

長く突き出た口

ビリー・
スタービーム

衝撃の事実！

レッドチームに与えられた重大任務は、
恐ろしいワープ・スティンガーとの対決でした。
虫星人モスキートイドのバトルシップは、
長く突き出た口、ボールシューターのついた針、
ギャラクシー・スクワッドをとじこめられる
コクーンを装備。
対するレッドチームのリーダー、ビリー・スター
ビームとロボット・サイドキックの武器は、
その頭脳と小型スピードバイクだけ！

レゴ®テクニック
のパーツで作る
長い脚

ボール
シューター

巨大なあごをもつ敵

たとえ小型のセットでも、入っている虫の大きさは
本物以上!
恐ろしいクレーター・クリーパーの武器は、
輪ゴムの力で実際にものをはさめる巨大なあごと
フリックミサイル。
グリーンチームのリーダー、チャック・ストーンブレーカー
は、小さな円盤からフリックミサイルを発射して、
ひとりで敵にいどみます!

フリックミサイル

70706 クレーター・クリーパー(2013年)

虫星人

チャック・ストーンブレーカー

相手をむさぼる大あご

ディープ・スペース・デストロイヤー

シリーズ最大

1,012ピースの「ギャラクティック・チタン」は、
このシリーズはもちろん、レゴ スペース全体のなかでも
最大のセット!
ブルーチームのこの乗り物は、超大型のクローラー車。
2つに分ければ宇宙船と戦車になります。セットには、
巨大なエイリアン・キャタピラー(イモムシ)と、エッグ
シューターやコクーン型プリズンのついた虫星人の
ハイブタワーも入っています。ブルーチームは、邪悪な
虫星人につかまった仲間を救出できるでしょうか?

翼をたたんでプラネタリー・ディフェンダーとドッキングする

ブルーチームのリーダー
ソロモン・ブレイズ

ミニフィギュアがコクーンにとじこめられている

虫星人
モスキートイド

虫星人のハイブタワー

プラネタリー・ディフェンダー

マックス・ソーラーフレア

回転するミサイルランチャー

虫星人
マンティゾイド

ロボット・サイドキック

ゴム製クローラー

70709 ギャラクティック・チタン(2013年)

思い出のセット

493 宇宙指令センター※
（1978年）

305 宇宙基地プレート※
（2枚入り）（1979年）

6954 反逆者※
（1987年）

1499 ツイン・スターファイヤー※
（1987年）

454 着陸プレート※（1979年）

483 アルファ1 ロケット基地※（1979年）

6781 L&S スペース・ポリス指令船※（1989年）

6930 宇宙供給基地※（1983年）

6989 レスキュー隊本部（※1990年）

6877 レスキュー隊カーゴ※（1990年）

6887 デルタウイング※（1991年）

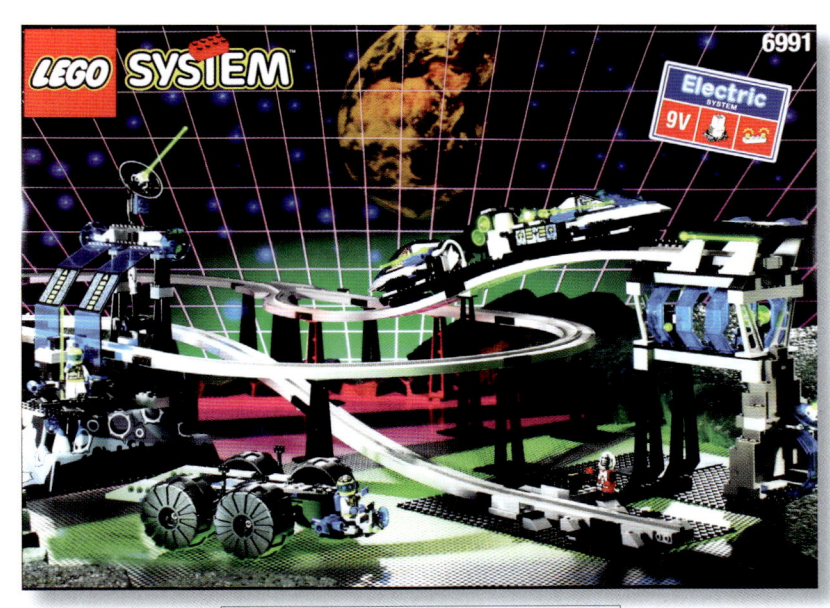

6991

1793 宇宙ステーション・ゼノン※（1995年）

6982 スターシャトルベガ※（1996年）

6975 デモスUFO※（1997年）

6907 ソニック・スティンガー※（1998年）

6991 モノレール・トランスポート・ベース※（1994年）

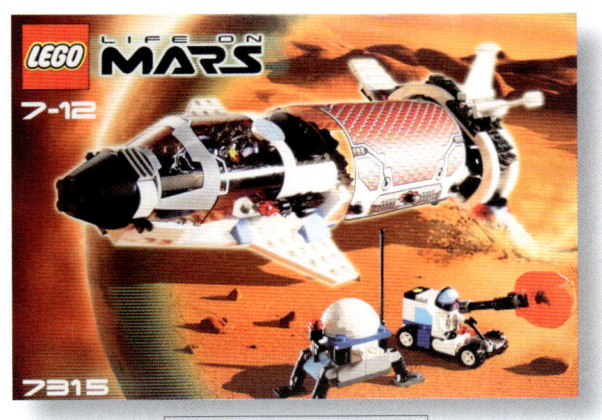

7315 ソーラーシャトル（2001年）

7697 MT-51 クロータンク（2007年）

8399 K9-Bot（2009年）

5972 スペーストラック・ゲートウェイ（2009年）

7052 UFOアブダクション（2011年）

70701 スワーム・インターセプター（2013年）

レゴ® パイレーツ

ヨーホーホー！ 1989年に船出したレゴ®パイレーツシリーズは、フックハンドに義足の大胆不敵な海賊たちや、横帆を張った帆船、灼熱の外洋で海賊を追う総督軍の兵士、秘宝がいっぱいの熱帯の島々を世に送り出しました。30年にわたる心躍る大航海のあいだ、レゴブロックの頑丈な船に支えられた海賊たちは、略奪や戦闘をくりかえし、やりたい放題の冒険をくりひろげました。

2001年に発売された3つの復刻版セットをのぞけば、12年間も新製品が出なかったレゴ パイレーツシリーズ。2009年、モデルも船長も一新してついに復活しました。

海賊の"宝物"

ファンに大人気のレゴ「ダークシャーク号」は、初期の海賊船の最高傑作と言われています。赤ひげ船長（ロジャー船長）が舵をとるこの海を航海するこの船には、大砲が4つ、秘密の部屋が5つあり、7人の海賊のほかにオウムとサルも乗っています。

6285 ダークシャーク号※ (1989年)

6286 ダークシャーク川世号※ (1993年)

舷側砲で猛攻撃

3本マストのこの海賊船はダークシャーク号よりもさらに大きく、4つある大砲は船の片側から反対側へ移動させることができます。近くを航行するときには要注意！

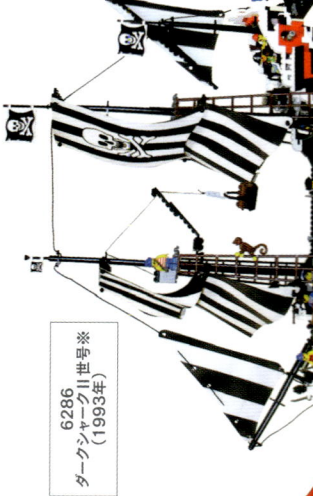

7070 海ぞくの漂流いかだ (2004年)

2004年、4歳以上を対象とした海賊のシリーズが登場。海賊シリーズは大きめで、モデルの組み立てでもかんたん。

布製の帆

総督軍の兵士

1989年にレゴ パイレーツがはじめての航海に出たとき、海賊たちと対決したのは、青い制服の総督軍の兵士。総督の船「シーホーク号」は国によって「カリビアン・クリッパー」とも呼ばれています。

6274 シーホーク号※ (1989年)

6240 お払せダコ "クラーケン"の襲撃 (2009年)

巨大なガレオン船

2015年、レゴ パイレーツのセットが6年ぶりに船出しました。このシリーズの目玉となるのが、745ピースの海賊船。とらえた青い上着の海兵隊を"板歩きの刑"にするための長板や、ガイコツの船首像、弾を放つ大砲もついています。

デッキの下に宝あり！盗まれた宝箱が船倉で見つかるかもしれない。

2015年に初登場したノコギリザメ

70413 海賊船 (2015年)

イカリがついた動くウインチ

スタッドシューターがついた海兵隊の手漕ぎボート

兵士と悪党

従来のミニフィギュアは、どれも点々の目に笑った口という同じ顔でした。これに変化をもたらしたのが、1989年発売のレゴ パイレーツシリーズ。眼帯や無精ひげなど特徴をもつキャラクターが多く登場しました。

海賊の料理人 (2015年)

赤ひげ船長 (2009年)

海賊団 (2009年)

海兵隊 (1992年)

眼帯をした海賊 (1989年)

女海賊 (1989年)

総督軍の兵士 (1989年)

縞シャツの海賊 (1989年)

百発百中

シリーズ初期のこの小さなセットの主役となる、ブロックの砲弾が飛び出すず、ばねじかけの大砲でした。セットには、総督軍の船長ド・マルティネ大尉も入っています。

6245 大砲をつんだボート (1989年)

1992年、総督軍に代わって、ウッドハウス提督率いる赤い上着の海兵隊がやってきた。彼らのフラッグシップには、実際に使えるごてこんパスがついている。

6271 シーライオン号※ (1992年)

宝島

海賊たちが略奪した宝も、それを埋める場所が
なければどうにもなりません。レゴ® パイレーツの
世界には、エキゾチックな無人島や海賊の
隠れ家、兵士の基地、とりで、牢獄などが
いっぱい。さらに、熱帯の島々でくらす人々も
登場しました。島の住人たちは、海賊が
いきなりやってきて、自分たちの美しい浜辺を
掘り起こしてしまうのがおもしろくありません。

赤ひげ船長（ロジャー船長）

レゴ パイレーツを最初に率いたのは、赤ひげ
船長でした。ロジャー船長とも呼ばれた彼は、
フックハンドと義足がついた最初のミニ
フィギュアで、よくオウムのポプシーを連れて
いました。

**6270
海ぞくの島※
（1989年）**

島が描かれた基礎板の
上に組み立てる海賊の
隠れ家には、船の見張り
台を使った監視塔や、
兵士を落として下の檻に
とじこめるトラップドアが
あった。

ブロードサイド総督

6276 サブレとりで※（1989年）

こちらが総督です

ブロードサイド総督のフィギュアが
入っているセットは2つしかありません。
そのひとつが、忠実な総督軍兵士に
守られたこの強固なとりでです。
総督の宝を盗もうとする大胆な
（おろかな？）海賊をとらえようと、
兵士がおおぜい待ちかまえて
います。

大砲のノブを引いて放すと、
ばねじかけで砲弾が発射される

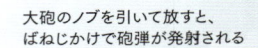

難破船

その昔、海賊船が航行中
に地図にない島と難破船
を見つけ、そこに赤ひげ
船長が隠れ家を
作りました。
攻めこむ兵士たちを、
落ちる橋や振り回される
剣のわな、ガイコツ
ランチャーが待ち
受けます。

**6253
ゆうれい船の島
（2009年）**

新たな敵

2009年に登場した兵士たちには
正式な名前がありませんが、1992年の海兵隊と
同じように赤い上着をつけていました。
海上に建てられた彼らの砦の監獄では、
新提督が指揮をとり、壁には赤ひげ船長の指名
手配ポスターが。牢屋の番をするサルの看守は、
バナナにつられて海賊を逃がしてしまいました。

総督軍、海兵隊の次に登場したのは、スペインのコンキスタドールからヒントを得た新たな軍隊、エスコーラだった。

6244 エスコーラの見張り台※（1996年）

6278 オロンガ島※（1994年）

1994年、海賊たちは島の住民と出会った。カフカ王が統治する、太平洋の島々を思わせるオロンガ島の人々は、島にずかずかと入りこんでくる海賊たちが気に入らなかった。

動くウインチ付きクレーンで、宝を上げ下げできる

6242 海兵隊の砦（2009年）

アイアンフック船長

レゴ パイレーツの2代目船長、アイアンフック船長は、1992年に初登場し、1993年「6268 シースター号※」の舵をとりました。赤ひげ船長のような立派な服は着ていない、そまつな身なりの船長は、海兵隊や島の人々と戦いました。彼の足は、義足のときもそうでないときもありました。

2015年、青い上着の兵士は「40158 レゴ®パイレーツ チェスセット※」など7つのセットに登場した。

70411 宝島（2015年）

トレジャーハンター

2015年、青い上着の兵士たちが帰ってきました。「宝島」の秘密のほらあなに、盗まれた宝がかくされている！ ヤシの木を傾けるとガイコツの門が開き、宝があらわれます。

口と尾が動くダークグリーンのワニ

インペリアル・フラッグシップ

2010年、長いあいだ海を支配してきたレゴ®パイレーツに、レゴブロック史上最大の帆船に乗った帝国海軍がついに反撃！

船首から船尾までの長さが75cm、メインマスト先までの高さが60cmもある巨大なインペリアル・フラッグシップは、1,664個のパーツでできています。

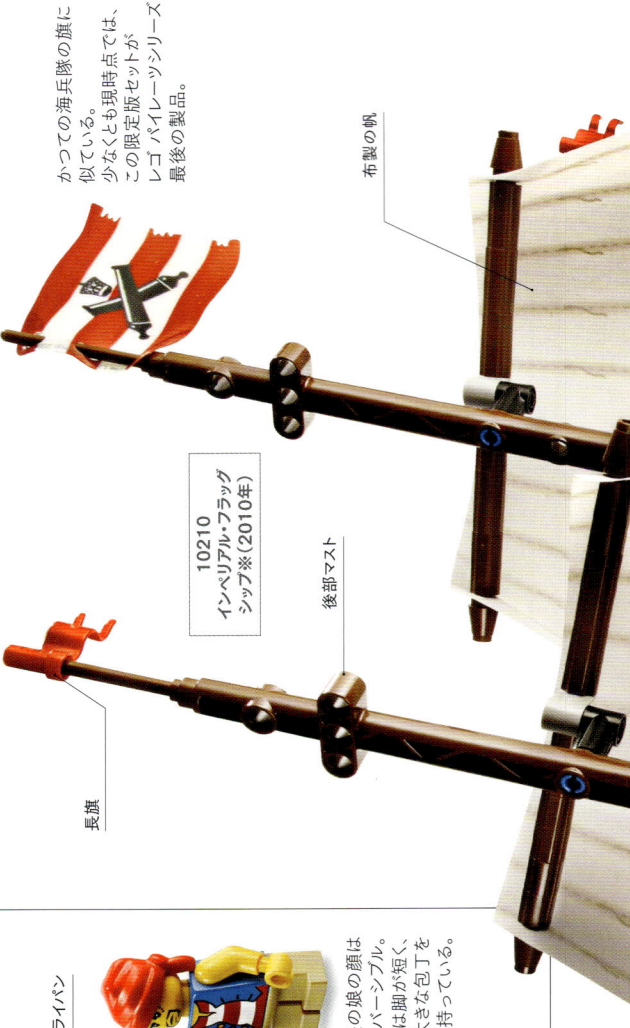

かつての海兵隊の旗に似ている。少なくとも現時点では、この限定版セットがレゴ パイレーツシリーズ最後の製品。

布製の帆

10210 インペリアル・フラッグシップ(2010年)

後部マスト

長旗

船長の娘の顔はリバーシブル。料理人は脚が短く、大きな包丁を持っている。

フライパン

海賊狩り

再び船長、気をつけ！
フラッグシップには、船長、4人の兵士、中尉、料理人、それに船長の娘も乗っています。その名をとどろかせた海賊も、ついに禁制部屋へ——はたして彼は、脱出して船長の黄金を盗み、逃げ出すことができるでしょうか？

船に、砲弾を放つ車輪付き大砲が4つ、大砲の発射口が8つ(片側に4つずつ)あり、大量の弾薬も積まれている。

ライフル

義足

船内ツアー

細部にまでこだわったリアルなインペリアル・フラッグシップには、ドアやハッチ、欄干、そのほか手のこんだ装飾がいっぱい。動くアンカーウインチ、船長室、調理場、それに監禁禁部屋もあり、とじこめられた海賊の話し相手になるネズミもいます。

操舵輪の土台にはクリップがついていて、安全な航路を決めるための金色の望遠鏡と六分儀が固定されている。

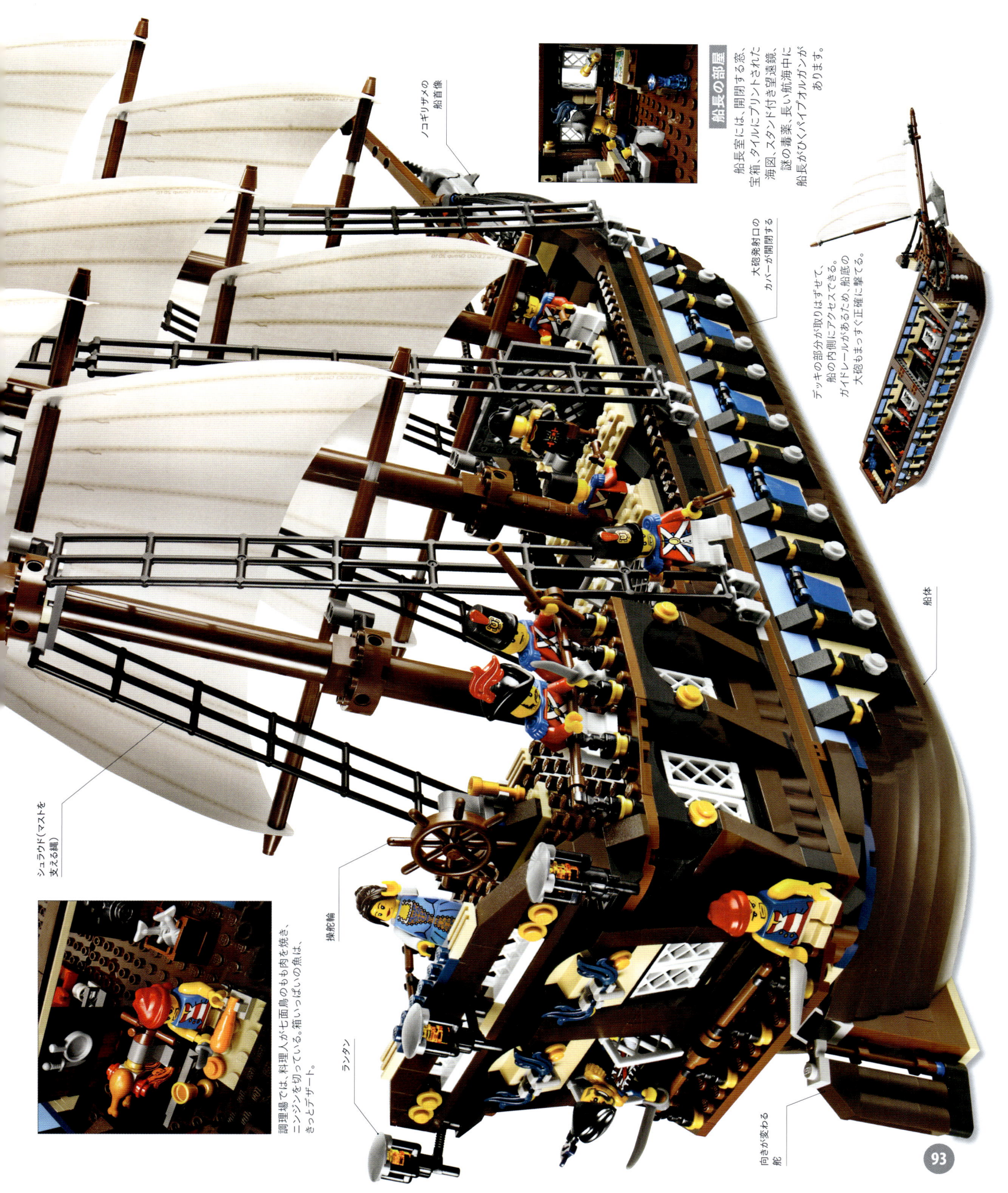

船長室には、開閉する窓、宝箱、タイルにプリントされた海図、スタンド付き望遠鏡、謎の毒薬、長い航海中に船長がひくパイプオルガンがあります。

デッキの部分が取りはずせて、船の内側にアクセスできる。ガイドレールがあるため、船底の大砲もまっすぐ正確に撃てる。

ノコギリザメの船首像

大砲発射口のカバーが開閉する

船体

シュラウド（マストを支える綱）

操舵輪

向きが変わる舵

ランタン

調理場では、料理人がもも肉を焼き、ニンジンを切っている。箱いっぱいの魚は、きっとデザート。

思い出のセット

6235 ベリード・トレジャー※（1989年）

1696 海ぞくの小島※（1992年）

6268 シースター号※（1993年）

6285 ダークシャーク号※（1989年）

6256 ロンゴ族のカヌー※
（1994年）

6262 謎の石像リキリキ※
（1994年）

6236 ロンゴロンゴ大王※（1994年）

6273 海ぞくのとりで※（1991年）

6267 とりでの酒場※（1991年）

6252 人形セット※（1993年）

6237 宝箱と人形※（1993年）

6279 ガイコツ島※（1995年）

6280 サンタクルス号※（1996年）

6232 ガイコツと海ぞく※（1996年）

6248 ボルケーナ島※（1996年）

6296 難破船の島※（1996年）

1747 お宝発見※（1996年）

6204 人形セット※（1997年）

6249 海賊の迎撃※（1997年）

6290 ダークコラーダ号※（2001年）

7072 クラッグ船長の海ぞく船（2004年）

6241 宝島（2009年）

8397 海賊のサバイバル
（2009年）

8396 海兵隊兵器庫（2009年）

70412 海兵隊の砦（2015年）

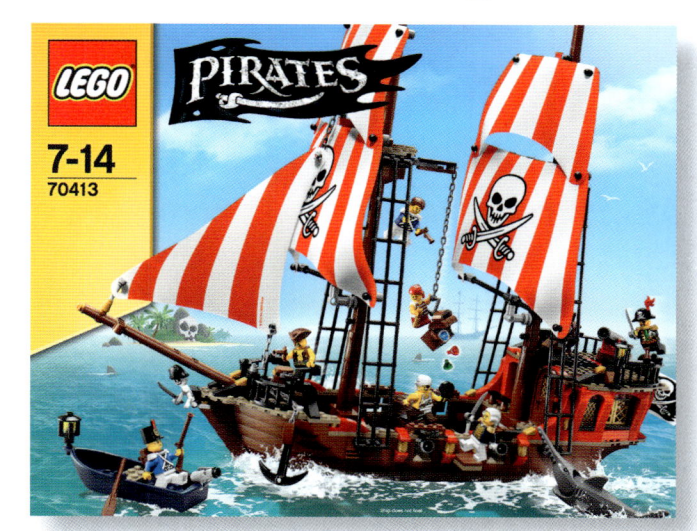

70413 海賊船（2015年）

レゴ®ムービー™

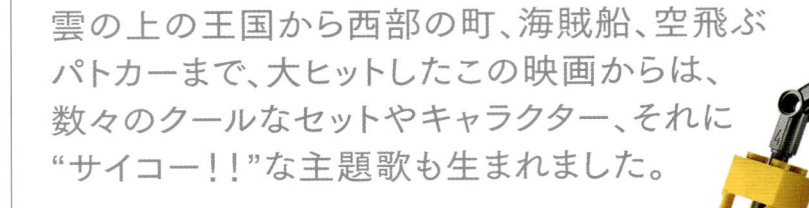

すべてはサイコー!! レゴ社史上はじめての劇場版長編映画
『LEGO®ムービー™』は、エメットが主人公の物語です。
エメットは、どこにでもいる"フツー"のミニフィギュア。
そんな彼が、ひょんなことから、おしごと大王の邪悪な勢力から
世界を救う冒険にのりだすことに───。
雲の上の王国から西部の町、海賊船、空飛ぶ
パトカーまで、大ヒットしたこの映画からは、
数々のクールなセットやキャラクター、それに
"サイコー!!"な主題歌も生まれました。

70816 ベニーの宇宙船ったら宇宙船!(2014年)

宇宙船だぁ──!

ベニーのあこがれの宇宙船は、この
シリーズで2番目に大きいセット(940
ピース)。伸縮式ウイング、スプリング式
レーザーキャノン砲、着脱式の小型機も
ついていて、おしごと大王の手下、ロボ・
ポリスの迎撃機をかわすのにぴったりの
乗り物です。

操縦するのは、もちろんベニー。
宇宙服を着たワイルドガールとユニキャット、
ロボ・エメットも入っている。

建築メカ

エメットの巨大な建築メカは、
高さ36cm。開閉式コックピットと
ポーザブルな腕と脚がついています。
映画の中で、エメットはこのメカを
使っておしごと大王と戦います。
2つの解体用鉄球に、掘削
バケット、回転ローラーも
ついて、楽しく遊べるセット
です。

解体用鉄球

フォークリフトの
コックピット

ゲージ柄のタイル

回転ローラー

掘削バケット

ポーザブルな脚

スケルトロン

プリンセス・ユニキャットは、カッとなると
怒りんぼバージョンに変身する。
宇宙飛行士バージョンなど、この
シリーズでは9種類のフィギュアが
発売された。

70814 エメットの
建築メカ(2014年)

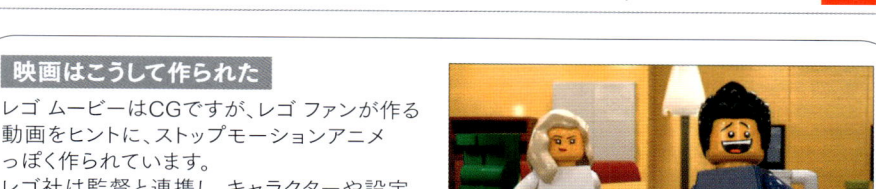

フラワー・
カタパルト

ロボネーター

**70803 雲の上の宮殿
（2014年）**

虹を追いかけて

雲の上の楽園は、
ブロックの世界でいちばんカラフルで
クリエイティブな場所。
「雲の上の宮殿」のセットには、
かわいいカタツムリや色あざやかな
回転ディスク、（だいたい）いつも
ハッピーなユニキャットが入って
います。
雲にかくれたおしごと大王の邪悪な
ロボネーターにフラワー・カタパルトを
発射して、エメットを救おう！

映画はこうして作られた

レゴ ムービーはCGですが、レゴ ファンが作る
動画をヒントに、ストップモーションアニメ
っぽく作られています。
レゴ社は監督と連携し、キャラクターや設定、
主要なモデルをつくりあげました。
出てくるものはすべて本物のブロックを
デジタル3Dで再現したもので、登場する
ミニフィギュアには、ひっかき傷や歯でかんだ
跡までありました！

ふき出す炎

ロボ・スワットの車から発射
されたフリックミサイル

ロボ・スワットの
車の屋根は
取りはずし可能

**70808 スーパー
サイクルチェイス
（2014年）**

ハイスピードなカーチェイス

最もスピーディーなワンシーン。
ワイルドガールとエメットは
2シーター超速スーパーカーに
乗り、ロボ・スワットチームとカー
チェイスをします。
このセットで、ビルダーはフリック
ミサイルを発射し、障害物を使って
ふたりの車を止めることが
できます。

ロボ・ポリスの
ミニフィギュア

道に広げるスパイク
付きの障害物

煙突をはずして、大砲や砲弾が
ある甲板にアクセスできる

翼のある
ウシの船首像

**70810 ロボヒゲの
シーカウ号（2014年）**

メタルひげの"いかれた"船

このテーマ最大のセット（2,741ピース）は、嵐の海で
エメットと仲間を助けたメタルひげの海賊船を再現したもの。
レゴ®パイレーツにならって、巻き上げ可能なイカリや発射
できる大砲、オリジナルの宝箱も入っています。

邪悪なアジト

オクタン・タワー内では、おしごと大王が
手下を使い、マスタービルダーから創造力を
吸い取ってブロック・シティを破壊しようと
していました。遊びの要素がいっぱいの
このセットには、ミニフィギュア6体のほか、
TVスタジオ、落とし窓、超兵器スパボンも
入っています！

スパボン

おしごと大王

70809 おしごと大王のアジト（2014年）

レールを引くと
エメットが落ちる！

世界一周

アドベンチャーになくてはならないのが、探検隊！
1998年から2003年まで、レゴ®アドベンチャラーズ（世界の冒険）の
探検隊は、新たな発見や冒険を求めて世界中をめぐりました。
仲間や敵の名前は変わっても、ジョニー・サンダーの探検隊が向かう
先には、いつもエキサイティングな冒険が待っていました。

この熱気球は、2003年の東洋の神秘シリーズで、探検隊を乗せてヒマラヤ山脈を越えた。

木箱いっぱいの探検道具

7415 アドベンチャー気球大飛行※（2003年）

レゴ®アドベンチャラーズ

1988年、レゴの世界に新たなヒーローが登場。オーストラリア生まれの熱血探検家、ジョニー・サンダーです。博学なキルロイ博士と度胸のいい雑誌記者ミス・ピピン・リードを加えた探検隊は、5年間にわたり4つのシリーズで、エキサイティングな1920年代の世界をめぐりました。

エジプトの冒険

探検隊が最初に登場したシリーズの舞台は、考古学全盛期のエジプトでした。パイロットのハリー・ケーンも加わって、ジョニーと仲間たちは墓や神殿、ピラミッドを探検し、途中でミイラやガイコツ、サソリ、邪悪な犯罪者たちと遭遇しました。

5988 ナイルの魔宮※（1998年）

アマゾンの密林

1999年、探検隊はアマゾンの奥地へ分け入りました。そこで彼らは、さまざまな原住民の戦士や危険なわなをものともせず、極悪非道のセニョール・パロマーとルード・ビヤーノに横どりされないよう、大急ぎで秘宝を探しました。少なくとも雑誌記者のミス・ピピンは、『ワールド・マガジン』に書けるいいネタを見つけたようです！

1271 ジャングル・サプライズ※（1999年）

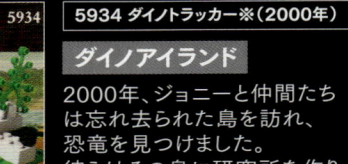

5934 ダイノトラッカー※（2000年）

ダイノアイランド

2000年、ジョニーと仲間たちは忘れ去られた島を訪れ、恐竜を見つけました。
彼らはその島に研究所を作り、悪党シニスター卿の一派にさらわれないように恐竜たちを守りました。

東洋の神秘

最後のシリーズで、ジョニーと仲間たちはインド、中国、チベットをめぐり、横暴なマハラジャや非情な皇帝、野蛮な雪男に遭遇。宿敵サム・シニスター卿と対決しながら、探検家マルコポーロが残した秘宝を探しました。

ゴールデンドラゴンの像を見つけるには、チャン・ウー皇帝のゴールデンドラゴン城にしかけられたわなと護衛をかわさなければならない。

7414 象のキャラバン※（2003年）

探検隊の新しい仲間、バブルーとゾウのギリ。

爆竹

7419 ゴールデンドラゴンの城※（2003年）

シニスター卿

プリント付きの立体型基礎板

またの名を……

探検隊のメンバーは、国によって呼び名が変わりました。ジョニー・サンダーは、サム・グラントやジョー・フリーマン。キルロイ博士は、チャールズ・ライトニング博士やアーティカス教授。ピピン・リードは、ゲイル・ストームにリンダ・ラブリー。同じ国でも呼び名が変わることがあり、サム・シニスターはスライブーツ、2代目シニスター卿はフォン・バロン男爵やサム・サニスター、イーヴル・アイ、ミスター・ヘイツとも呼ばれました！

ミイラが空を飛んでいるわけがない──ところが、ソウルダイヤモンドを探していたジェイク・レインズは、大空で邪悪なミイラと出くわした。

7307 フライング・マミー・アタック※（2011年）

古代の宝

6つの宝は、ファラオ・アムセトラにそれぞれ別の力を与えます。そのひとつゴールデン・スタッフ（黄金のつえ）は、彼に仕えるミイラの力を増強します。ファラオが宝をすべて手に入れてしまったら、もう彼を止められない──その前に宝をゲットできるか、それは不運なマックの腕しだい！

7306 ゴールデン・スタッフ・ガーディアン※（2011年）

ファラオズ・クエスト

探検隊の精神を受けついだ2011年のファラオズ・クエストでは、時を超えて冒険にいどむ新たなヒーローたちが、よみがえった古代エジプトのファラオやミイラ戦士、ストーンモンスターと対決します。ヒーローの使命は、6つある古代の宝を見つけ出し、ファラオ・アムセトラの世界征服を阻止すること。

以前のシリーズに登場したジョニー・サンダー、ゲイル・ストーム、ライトニング教授と同じく、ジェイク・レインズ、マック・マクラウドなどのキャラクターも天気にちなんだ名前をもつ。

7327 スコーピオン・ピラミッド※（2011年）

スカラベのシールド

マミー（ミイラ）

アムセトラの軍団には、マミー・ウォーリアー（ミイラ戦士）、ハヤブサの兜をかぶり翼をもつフライング・マミー、マミー・スネーク・チャーマー、ジャッカルの頭をもちピラミッドを守る優秀な番兵アヌビス・ガードがいます。紹介順があとになるほどより手ごわい相手です。

7306 ゴールデン・スタッフ・ガーディアン※（2011年）のミイラ戦士

石のモンスター

7326 ライズ・オブ・ザ・スフィンクス※（2011年）

ファラオの戦士以上に危険なのが、宝を守る古代の守護神たち。石像のように見える巨大なモンスターは、アムセトラの敵がやってくると、ぱっとよみがえり攻撃します。ゴールデン・ソード（黄金の剣）がかくされているアヌビス神殿の上にうずくまる巨大なスフィンクスもそのひとつ。

アドベンチャーの世界

**6497 クレイジーゴースト
トレイン※（1997年）**

威勢のいいカウボーイがいる西部の荒野、西暦2010年の
危険な世界、風変わりなドクター・サイバーのタイム
クルージングの旅、現代のジャングルでくりひろげられる
恐竜たちとの戦い……レゴ®アドベンチャーの世界を
組み立てるとき、想像の翼はあなたをあらゆる場所へ、
そして過去、現在、未来のあらゆる“時”へと
連れていってくれます。

タイムトラベル

1996年、ドクター・サイバーと相棒のティム、
なかよしのサルはレゴ®タイムクルーザーとなって、
何世紀もの時を超える旅に出発しました。
移動手段は帽子を動力源とし、車輪が回ると
パーツが動いたり回転したりする風変わりな装置。
1997年には彼らのライバル、トニー・ツイスターと
プロフェッサー・ミレニアム、またの名を美術品
どろぼう団“タイムツイスターズ”も登場しました。

西部の荒野

1996〜97年に発売された
レゴ®ウエスタンシリーズは、
ビルダーを19世紀アメリカの
フロンティアへ、さらに牛を駆り
集めるラウンドアップや決闘、
家畜泥棒の時代へいざない
ました。カウボーイのミニ
フィギュアや場面、アクセ
サリはそろっていますが、
決まったストーリー設定は
なく、エキサイティングな
開拓時代を舞台に、
子どもたちは自由に物語や
冒険を組み立てることが
できました。

**6755 保安官ビリー※
（1996年）**

悪名高き
おたずね者
フラットフット・
トンプソン

いさましい保安官
と忠実な馬

トランプ詐欺師
デューイ・チータム

**Z-1 キネティック
・ランチャー**

**7476 アイアン・プレデター
vs Tレックス（2005年）**

レゴ®ダイノ・アタック

そう遠くない未来、突然変異した先史時代のモンスターが
突如としてあらわれ、世界中の都市を破壊しはじめた――。
そこで科学者と冒険家と軍人が、レゴ®ダイノ・アタック
チームを結成。彼らの使命は、狂暴な恐竜たちに反撃し、
二度と襲ってこないようにすること。

レゴ®ダイノ2010

西暦2010年、絶滅した恐竜が
科学の力でついによみがえった！
逃走し、ジャングルの奥へ逃げこむ
恐竜たち――。恐れ知らずのダイノ
ハンターは、巨大な恐竜が悪さを
しないうちに見つけ出し、とらえる
ことができるでしょうか。

目と口にライトがつく

7297 ダイノの搬送（2005年）

このシリーズは、同じ
モデルが2つのラインで
売り出される異例の形式
で発売された。乗り物にSF兵
器や発射装置が搭載された戦闘
要素の強いダイノ・アタックシリーズが
発売された国と、ネットや檻などの捕獲
道具がついた、より平和的なダイノ2010
シリーズが発売された国がある。

回転する
クローラー

凶暴な恐竜の王者を運ぶ大型ヘリコプターには、偵察車のほか、シリーズ最大の恐竜T-レックスを吊り上げるハーネスもついている。

5886 T-レックス・ハンター（2012年）

レゴダイノ

レゴ ダイノ2010の発売から7年後の2012年、恐竜たちがふたたびジャングルにあらわれ、近くの都市をおびやかしました。新たに結成された命知らずのダイノハンターチームは、強力な麻酔銃と重装備のオフローダーで武装し、恐竜たちを制圧、捕獲、研究するために出動しました。

ジョニー・サンダーの子孫ジョッシュ・サンダーの指揮のもと、最強のT-レックスをも収容できるレゴ ダイノチームの基地が建設されました。「ダイノ防衛基地」には、開閉するゲート、捕獲ネット付きクレーン、通信センター、研究所、2台の乗り物、凶暴な3頭の恐竜が入っている。

5887 ダイノ防衛基地（2012年）

ジャングルの追跡劇

恐竜をつかまえるのに、麻酔銃だけでは不十分かもしれません。オフローダーに乗ったハンターが腹ぺこのラプターをおびきよせるのに使ったのは、じつに単純なわな——七面鳥のもも肉でした！　あとは縄でしばって基地へ連れ戻すだけ。

5884 ラプター・チェイス（2012年）

縄
フリックミサイル
回転する支柱

5885 トリケラトプス・トラッパー（2012年）

つの3本の暴れ者

重装備トラックのバンパーについているスパイクも、怒りくるうトリケラトプスのつのにはかないません。そのため、トラック前方にはフリック式麻酔銃、後方には頑丈なケージを搭載。トリケラトプスの捕獲なら、名前が似ているトレーサー・トップスにおまかせ！

恐竜たちはどこから、なんのためにやってきたのか？その答えは『レゴ®クラブ・マガジン』で明かされた。すべてはエイリアン・コンクエストのHypaxxus-8の陰謀だった！

5883 プテラノドン・タワー（2012年）

プテラノドンのえさをつけるスティック
麻酔剤補充ステーション
ジェットボート

海底の世界

レゴ®の世界に広がるはてしない海は、冒険心をかきたてるミステリーや未知の危険、驚きの新発見に満ちています。宇宙のことは、しばし忘れましょう――勇気あふれるダイバーたちにとっては、青い海の底こそが究極のフロンティアなのですから。

⊕ 7-12

6160 シー・スコーピオン※（1998年）

レゴ®アクアゾーン

1995～98年に発売されたレゴ®アクアゾーンのテーマには、クリスタルを求めて探検するアクアノーツと、彼らの敵アクアシャークスのほか、アクアレイダース、ハイドロノーツ、魚に似た凶悪なスティングレイのシリーズがありました。

⊕ 8-12

6180 ハイドロ・サーチ・サブ※（1998年）

レゴ®アクアレイダース

2007年、人気の深海シリーズが復活し、アクアレイダースは謎に満ちたバミューダ・トライアングルの危険な深海へもぐっていきました。いさましい隊員たちはハイテク潜水艦や海底を走る乗り物を操縦しながら、海に沈んだ古代の宝を求めて、あらゆる洞窟や海溝を探索しました。

するどいハサミにとげとげの脚、よろいのような殻をもつ巨大ロブスターは手ごわい相手……

……だが、アクアレイダースの水中探査ローバーは、クローラーにロボットアーム、のこぎり歯付きドリルを武器に果敢に戦う。

7772 ロブスター・ストライク（2007年）

たおれかけたマスト

マグネット式の留め具

7776 ザ・シップレック（2007年）

回転するタービン

7773 タイガーシャーク・アタック（2007年）

強い打撃力をもつ尾と、いまにもガブリときそうな口。セットに入っている戦闘用潜水艦も、このタイガーシャークにはかなわない。

深海の生き物

それまでの海底探索チームとはちがって、新世代のアクアレイダースが対決する相手はミニフィギュアではなく、光る牙をもつ深海のアンコウや基地に入りこんでくる巨大イカなど、敵意に満ちた生き物たち。巨大イカの透明なおなかの中には、とじこめられたガイコツが！

7774 クラブ・クラッシャー（2007年）

**8077 深海レスキュー隊
基地（2010年）**

シースクーターの
ドッキング台

メイン展望ドーム

回転するドリル

**7984 ディープ・シー・レイダー
（2011年）**

アトランティスシリーズの
2年目、レゴ パワー・マイナーズ
に登場する発掘の専門家
ブレイン博士が加わった。
チームの新しい乗り物は、
パーツの色がネオングリーン
ではなく黄色。

クルー紹介

レゴ® アトランティスのクルーは、
エース・スピードマン船長、ランス・
スピアーズ副船長、技術担当のアクセル・
ストーム、見習いのボビー・ブーイ、
海洋生物学者ジェフ・"フィッシュ"・
フィッシャー博士、海底都市アトラン
ティスの専門家サマンサ（サム）・ローズ
教授。

アトランティスのモデルでは、
トレジャー・キーで特殊な
ファンクションを起動できる。
このモデルでは、失われた都市
の統治者である伝説の黄金の
王があらわれる。

**7985 海底都市
アトランティス
（2011年）**

レゴ® アトランティス

2010年、レゴ アトランティ
スのテーマは、かの有名な
海底都市アトランティスを発見
すべく、冒険心あふれるダイバーチーム
を送り出しました。未来型の潜水艦に
乗った彼らは、しつこく邪魔をする
フィッシュマンや海の怪物と戦いながら、
失われたトレジャー・キーを求めて
広い海をくまなく探索しました。

**8079 シャドー・スナッパー
（2010年）**

シャドー・スナッパーは、
トゲ付きの甲羅と大きな
カギ爪をもつ巨大カメ。
小型潜水艦、ダイバー、
トレジャー・キーを含む
限定版セットに入って
いる。

8061 巨大イカのゲート（2010年）

アトランティスの遺跡

巨大イカのゲートは、ダイバーチームが最初に見つけた
大型遺跡でした。トレジャー・キーでゲートを開けて
（泳いでゲートを越えればよさそうにも思えますが……）、
巨大イカの回転する口と、イカ人間の
オクトパス型プリズンケージから
逃げなければなりません！

壮大なシャーク・キャッスルの
入り口は、大きく開くサメの口。
取りはずせるシャーク・
ガーディアンの像や
5つのトレジャー・キーで
開くゲートがあり、サメ・キング
のミニフィギュアもいる。

**8078 シャーク・キャッスル
（2010年）**

8060 タイフーン・ターボ（2010年）

戦士とガーディアン

アトランティスのクルーは、エイ人間やサメ人間、
イカ人間といった凶暴な戦士や、2011年の
邪悪なダーク・ガーディアン、さらにシャーク・
ガーディアンとして知られる巨大な黒いサメなど、
光るアトランティック文字をまとった巨大海中生物
と遭遇しました。レゴ アトランティスの物語の
冒頭部分は30分番組で、残りはコミック雑誌や
オンラインゲームで紹介されました。

スライダーでタイフーン・ターボのプロペラを
180度回転させると、カギ爪と魚雷があらわれる。
黄色のトレジャー・キーを守るサメ人間を
やっつけるのに必要な武器だ！

たくましいヒーローたち

はるか遠い宇宙でエネルギークリスタルを採掘するときも、地球の核でモンスターと戦うときも、地球上で最も過酷な地形の場所でレースをするときも、働き者のヒーローたちは危険をものともせず、泥まみれになってがんばります。レゴ®ミニフィギュアでいちばんタフでたくましいチームの一員なら、そんなの全然へっちゃら！

クリスタル

海底、地底、そして宇宙で、レゴの探検家たちはいつもエネルギークリスタルを発見するようです。すさまじいパワーを秘めたクリスタル——ロック・モンスターがそれを食べると体が激しく振動し、地球をゆさぶるごう音が響くのでした！

レゴ® パワー・マイナーズ

2009年、深い地の底から謎のごう音が響き、地表の世界が崩壊の危機に！問題を解決するため、勇かんなマイナー・チームは地中深くトンネルを掘り、輝くクリスタルといたずら好きなロック・モンスターでいっぱいの世界へ入っていきました。クリスタルを発掘し、モンスターをやっつけ、地球を救う——それがパワー・マイナーズの仕事です！

ダブルギア式の回転プラネタリドリル

調節可能な採掘プラットホーム

チームリーダーのドク

頑丈なスパイクタイヤ

レゴ® ロックレイダース

パワー・マイナーズがミッションにのりだす10年前、宇宙を旅していたレゴ®ロックレイダースは、銀河のかなたの星でエネルギークリスタルを採掘し、岩の怪物のようなエイリアンと戦いました。彼らの冒険の物語は、本やコンピュータゲームで伝えられました。

4970 クロームクラッシャー（1999年）

モンスター

地底の世界には、さまざまな色や形、大きさのモンスターがひしめいています。短気なレッドなど小型のロック・モンスターたちから、巨岩を投げる乱暴者のボス・モンスター、巨大なロック・モンスター・キング、マグマうずまく地核の支配者イラプターまで、どれもみなやっかいな性質をもっています。

ボス・モンスター

ロック・モンスター（レッド）

ロック・モンスター・キング

イラプター

洞窟を照らす
投光器

変形移動基地

地下の洞窟にあるレゴ®パワー・マイナーズの
移動基地は、この巨大な採掘マシン。
大きな車体が前進すると、前面のドリルが
部分ごとに別々の方向に回転します。
いくつかのパーツをひねってカチッと
はめれば、クリスタルを求めて洞窟を
垂直に掘る採掘プラットホームに
早変わりします。

熟練
マイナーの
デューク

世界的に有名な
科学者の
ブレイン博士

ロック・モンスター
をとじこめる檻

8190 クロー・キャッチャー
（2010年）

地球の核へ

2010年、パワー・マイナーズはさらに地中
深く掘り進み、荒れくるう溶岩ロック・モンス
ターがひしめく火山の世界を発見しました。
基地ラバトラズを作った彼らは、
乗り物にウォーター・ブラスターを
搭載し、銀色の耐熱防具を
まとってモンスターの火を消し
去り、事態を沈静化しました。

サンダー・ドリラーは、チームに
なくてはならない乗り物だ。
地下の洞窟へ下りるときだけ
でなく、作業を終えて地上に
戻るときにも欠かせない。

ロック・モンスター（ブルー）

非常用ツール
ボックス（バナナも
入っている）

8964 パワー・マイナーズ
変形移動基地（2009年）

ダブルギア式ドリル

8960 サンダー・ドリラー
（パワー・マイナーズ5号）
（2009年）

レゴ®ワールドレーサー

2010年のワールドレーサー
シリーズでは、命知らずの
グリーンチームと反則ばかり
のレッドチームが、ハイスピー
ドのレースをくりひろげました。
渓谷レース、シティ・レース、
海上レース……
世界各地の多様な地形の
場所で、さまざまな車を
使ったレースは、本気も本気
の真剣勝負です！

8864 砂漠レース（2010年）

ワールドレーサーの
武装レースでは、ミサイル、
ハープーン（もり）、チェーン
ソー、地雷、ダイナマイト、
ボール発射型フィッシュ
ミサイル、キャノンの
使用はもちろんOK。

ワールドレースのチャンピオンシップで、レクストリーム、
デクストリーム、マクストリームは、バート、ビリー、ボブ、
ババ・ブラスターと対決した。

究極のアクション

悪いやつらが陰謀をくわだてるとき……
巨大ロボットが街で大暴れするとき……
マッドサイエンティストが世界侵略をたくらむとき……
そこにはつねに、レゴⓇのアクションテーマがありました！
バトル型のモデルや迫力満点のヒーローがいっぱいのプレイテーマは、
アドベンチャーの世界をよりエキサイティングなものにしてくれます。

4791 アルファチーム サブ・スクーター（2002年）

2002年、レゴ アルファチームが深海ミッションで海底へもぐると、フックハンドとなったオグルが、突然変異させた海の生き物たちを意のままにあやつろうとしていた。

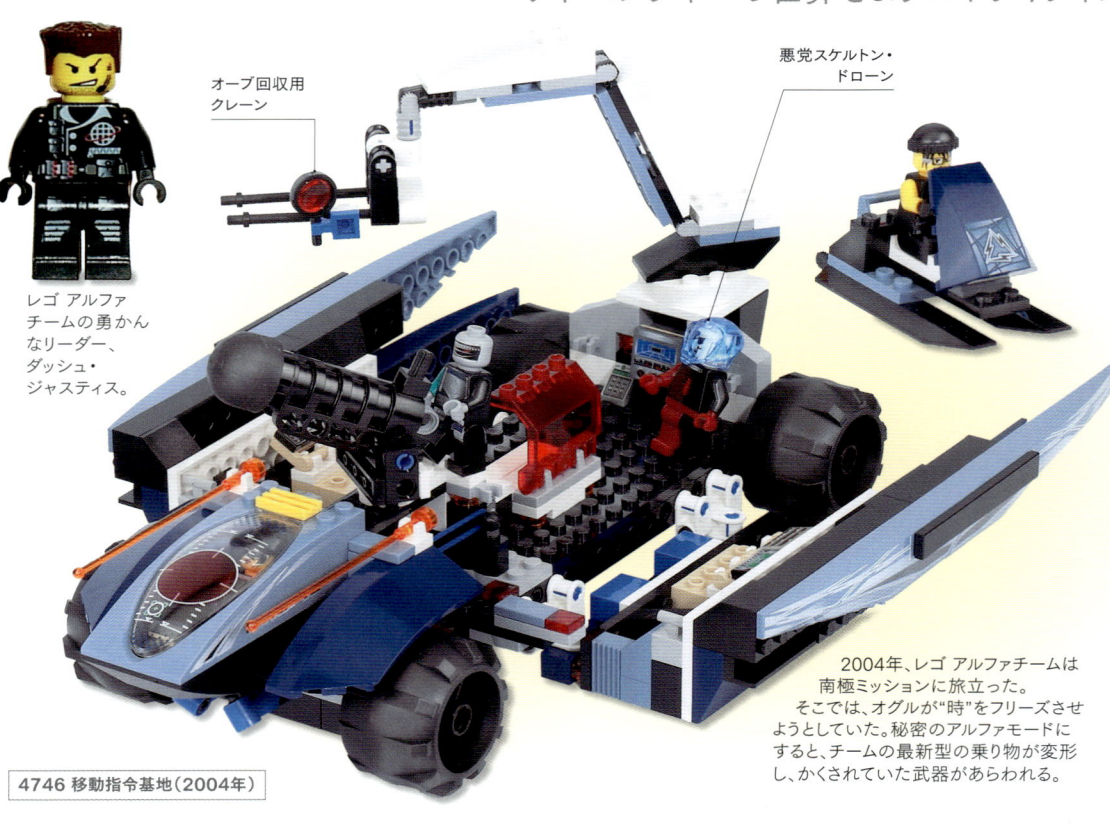

レゴ アルファチームの勇かんなリーダー、ダッシュ・ジャスティス。

オーブ回収用クレーン

悪党スケルトン・ドローン

4746 移動指令基地（2004年）

2004年、レゴ アルファチームは南極ミッションに旅立った。そこでは、オグルが"時"をフリーズさせようとしていた。秘密のアルファモードにすると、チームの最新型の乗り物が変形し、かくされていた武器があらわれる。

レゴⓇ アルファチーム

地上、空、そして海底でも——邪悪なオグル（Ogelの名前を逆から読んでみて！）がたくらむ世界征服を阻止し、彼がマインドコントロールに使う氷のオーブの力を封じるため、ダッシュ・ジャスティス率いるエージェントはいつでも出動します。

アルファモード

エージェント・フレックスが操縦する高速スノーモービルは、オグルの氷のオーブを探すのに役立つ全地形用ウォーカーに変形します。

4742 スノーモービル（2004年）

レゴⓇ エージェント

いかれたインフェルノ博士が攻撃をしかけたら、レゴⓇエージェントの出番！スーパースパイたちが最新鋭の乗り物とガジェットを味方に、邪悪な博士と手下のサイボーグと戦います。ジェットパックを使った雪山のバトルに、隠れ家からのハイスピードな逃亡劇——ミッション遂行のため、彼らは世界の果てまで出動します。

シルバーコーティングされためずらしいパーツ

飛び出すレーザーブラスター

ターボパワー

どけ、悪党ども——ターボカーのハンドルをにぎるエージェント・チェイスの手には、インフェルノ博士からうばい取った、陰謀がいっぱいつまったパソコンが！クモの脚をもつスパイ・クロップスは、チェイスたちエージェントが戦った悪党のひとり。彼らはブレイク・ジョー、ゴールド・トゥース、スライム・フェイスとも対決しました。

8634 ミッション5：ターボカー強奪作戦※（2008年）

関節のあるロボットの脚

最高のコマンドセンター

巨大な移動式コマンドセンターは、メイントラック内部からジェット機、ボート、全地形対応車2台が出動可能。トラック内には、ブリーフィングルームの壁に画像をうつしだすライトブロックも入っています。

ステルス機

ブリーフィングルーム

8635 ミッション6: コマンドセンター※（2008年）

クローアーム

エージェントのスーパージェット

取りはずせる運転台

全地形対応車

ボートはトラックの側面から出動

8970 ロボの襲撃※（2009年）

グレードアップしたインフェルノ

2009年、レゴ エージェントは「エージェント2.0」になりました。敵味方ともに技術が進歩し、エージェントは新たなボディアーマーをまといますが、破壊的なジャイアントロボットを手に入れたインフェルノ博士が一歩リード！

レゴ®ウルトラ・エージェント

2014年、6年ぶりにエージェントのテーマが復活。ソロモン・ブレイズ（レゴ®ギャラクシー・スクワッドにも登場）たちウルトラ・エージェントチームは、アスター・シティで邪悪なアンチマターやその仲間たちと戦いました。このシリーズのセットは、2つのインタラクティブコミックアプリと連動し、スマートフォンやタブレットの画面に触れさせてアプリを操作するカーボンブロックが入っているものもありました。

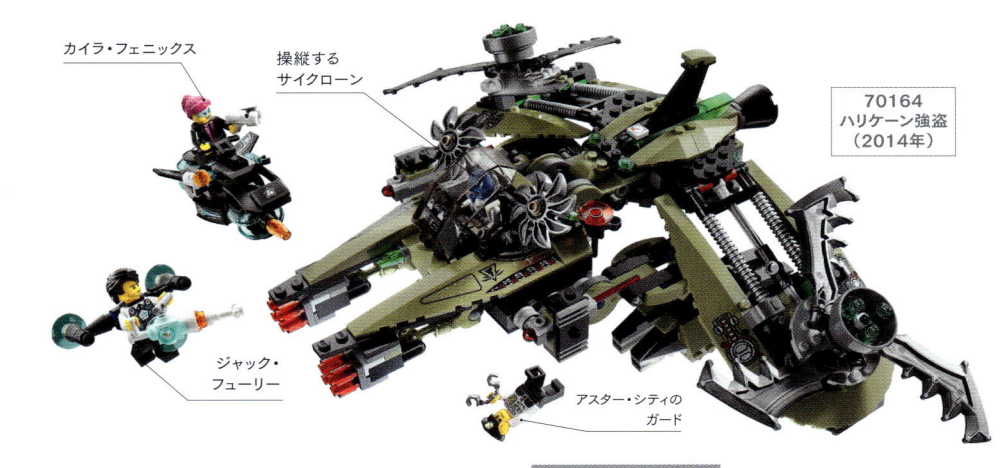

カイラ・フェニックス

操縦するサイクローン

70164 ハリケーン強盗（2014年）

ジャック・フューリー

アスター・シティのガード

嵐の空中バトル

悪党サイクローンが嵐を巻きおこしている！彼のフライヤーは、搭載された巨大な回転ローターで空からアスター・シティを壊滅させることも、一瞬でロボットに変身し、巨大な脚で街をふみつぶすこともできます。エージェントのジャック・フューリーとカイラ・フェニックスは、ジェットパックと空飛ぶバイクだけを武器に街を救えるでしょうか？ もちろん、だいじょうぶ！

エレクトロ・フライヤー

ジェットパックを装備したカイラ・フェニックス

EMP爆弾

回転式コマンドデッキ

ハープーン

側面が開いてスピードボートが出動する

70173 ウルトラ・エージェント・オーシャン本部（2015年）

スピードボートのスタッドシューター

海上のバトル

ウルトラ・エージェントは、レゴ エージェントのトラック型コマンドセンターよりもさらに大きいオーシャン本部を手に入れました！高速スタッドシューター2台、ハープーンガン、展開式キャノン、回転式コマンドデッキをそなえたこの船なら、エレクトロ・フライヤーに乗った邪悪なエレクトロライザーに対抗できます！

モンスターの世界

1990年にゆうれいのミニフィギュアが、つづいて
1995年にはガイコツが登場。以来、ぶきみな
キャラクターはレゴ®の世界で大きな役割をはたして
きました。2012年、バンパイアや沼怪人、ミイラ、
ゾンビがレゴ®モンスター・ファイターの主役に！
2014年には、レゴ®ミクセル™の世界とともに、
さまざまな形や種族、組み合わせの、あまり怖くない
ミニ・モンスターたちがやってきました。

9468 バンパイア城
（2012年）

ゴシック調の
ディテール

バンパイア卿の
花嫁

ムーンストーンが6つ
そろうと太陽の光が
失われる

バンパイア卿

レゴ®モンスター・ファイター

バンパイア城

バンパイア卿が6つのムーン
ストーンを集めてお城の塔
の窓に置けば、太陽の光
は永遠に失われ、世界は
モンスターたちの思うが
ままに……。
モンスター・ファイターの
ロドニー・ラスボーン博士、
クイントン・スチール少佐、
ジャック・マクハンマー、
アン・リー、フランク・ロックは、
バンパイア卿の邪悪なたくらみ
を阻止し、光を取り戻せる
でしょうか。

かくしスパイク

バンパイア卿の棺

マンバット

ガイコツ

二連のバンパー
ブラスター

白熱の逃走劇

バンパイア卿の改造れいきゅう車には、
前面に2本の牙が、ボンネットには
赤いムーンストーンを動力とする6本の
骨型シリンダーエンジンがついて
います。レバーを動かすと車の
屋根から棺に入ったバンパイア
卿が飛び出し、
奇しゅう攻撃を
しかけてきます。

槍

ぱっと開く棺

魚のような怪人

レゴ モンスター・ファイターのセット
には、ヒーローたちが探し求めて
いる美しい透明なムーンストーン
が入っています。プロペラ船に
乗ったフランク・ロックから
石を守っているのは、水陸
両生の沼怪人。マスクを
はずすと、プリントされた
顔があらわれます。
沼の底にある沼怪人の
なわばりには、永遠の闇が
訪れたときのために、おやつ
の魚も用意されています。

9464 バンパイア
れいきゅう車（2012年）

ゾンビの運転手

レゴブロックのカエル

9461 沼怪人
（2012年）

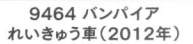

レゴ®ミクセル™

41552 バープ（2015年）

開いた口

サクランボ

腕が4本ある、いつも腹ぺこのバープ。組み立てられる敵のニクセルも付いてくる。

メディーバル族のパラダムは、空飛ぶ馬のような生き物。

一つ目

ポーザブルな金色の翼

41559 パラダム（2016年）

とがったしっぽ

41522 スコーピ（2014年）

スコーピは遊び好きなスパイクル族のリーダー。見かけによらず、だっこやスリスリが好き。

ムカデのような脚

歯ブラシ

つまようじ

ミクソポリス総合病院で働くメディックス族のトゥースは、市民の虫歯予防に役立っている。

41575 コブラックス（2016年）

コブラックスはニンジャ族。キングコブラのようなフードが付いていて、手にはニンジャ剣を持っている。

ヘビのような舌

回転するボディ

ハイドロは、消防をつかさどるMCFD族。はしごの首が緊急時に役立つ。

41565 ハイドロ（2016年）

水のパーツ

回転するホイール

41571 トゥース（2016年）

テレビ型の頭

ニューザーズ族のスクリーノは、テレビレポーターとしてトップニュースを伝えている。

マイク

41578 スクリーノ（2016年）

合体させよう！

2014年、レゴ社とカートゥーン ネットワークは、レゴ ミクセルシリーズを立ち上げました。集めて楽しむミニ・モンスターのモデルとテレビアニメ＆アプリがコラボしたこのシリーズでは、平和にくらすミクセルたちが合体し、困難に――とりわけ、世界を破壊しようとするモンスターのニクセルに――立ち向かいます。ミクセルは同じ種族どうしで合体すると大型の“マックス”に、ほかの種族と合体すると、多才な“ミックス”になります。

バンダナの覆面

ニンジャ刀

鼻づら

41573 スウィープツ（2016年）

合体して大きくなったあご

41576 スピンザ（2016年）

回転するボディをもちオレンジ色の覆面をつけたスピンザは、ジョーク連発のニンジャ。

回転するブラシ

トラショッツ族のスウィープツは、ほうきのしっぽをもち、ミクソポリスをいつもきれいにしている。

スピンザの脚

ミクセルのスピンザとスウィープツが合体して、多才な“ミックス”になる。

レゴ®エクソフォース™の世界

2006年、日本のマンガやアニメからアイデアを得た
レゴ®特殊部隊エクソフォース™シリーズが、
リアルロボット・アクションという新たな世界をもたらし
ました。勇気とスキルをかねそなえた"マンガ"ヘアの
パイロットたちが戦闘メカを操縦し、故郷の山を
取り戻すために邪悪なロボット軍団と戦います。

エクソフォースの
コミックは、人気
が高い日本の
"マンガ"スタイル
で描かれている。
この絵は、
タケシ（左）と
ヒカル（右）。

何かがおかしい。
ゴールデンシティに
戻ったほうがいい！

パワー全開

レゴ エクソフォースの物語は、本、テレビのミニエピソードのほか、LEGO.com
（英語版）のコミックで紹介されました。コミックは全40話、3年にわたって連載
され、センタイマウンテンをめぐる戦いを世界中の読者に生き生きと伝えました。

エクソフォースのセットの
多くには、他のモデルと部品
を交換したり合体させるための
説明書が用意されている。
大型の「マウンテン・ウォリアー」は、
2つの戦闘メカ「ステルスハンター」
と「グランドタイタン」のパーツを
組み合わせて作られている。

2倍強度のアーマー
プレート

戦場で使う
修理工具

両腕のライト
ブロックで、炎の
力が倍増する

パイロットの
タケシ

2006年に発売された
セットのほとんどには、
ライトブロックが組み
こまれている。
戦闘メカのレバーを
引くとブロックのボタン
が押され、透明な屈曲
チューブを通って光が
伝わり、武器が赤く
光る。

7700 ステルスハンター
（2006年）と
7701 グランドタイタン
（2006年）を合体した
マウンテン・ウォリアー

謎に満ちた山

レゴ エクソフォースの舞台は、センタイマウンテン。最初にロボットの
反乱が起きたとき、高くそびえる山頂が未知の力でまっぷたつに割れ、
一方には人間が、もう一方にはロボット軍団がとじこめられました。
山頂の亀裂に渡された細い橋の上では、両者の戦闘メカが激突。
山のふもとに何があるのかは、いまだ謎のまま……。

7701
グランド
タイタン
（2006年）

7700 ステルスハンター
（2006年）

このシリーズのモデルには乗り物や建物も
あるが、大半は戦闘メカ。パイロットが操縦
するロボット型の戦闘アーマーは、歩き、
走り、至近距離で戦い、ときには空も飛ぶ。
人間側もロボット側も、相手に勝つために
より強い戦闘メカを生み出そうとしのぎを
けずった。

ヒーローたち

エクソフォースのヒーローたちを紹介
しましょう。冷静沈着な射撃手ヒカル、
向こうみずな戦士タケシ、エキセン
トリックな発明家リョウ、楽しい
ことが大好きなパイロットの
ハヤト。そして新たに加わった
のは、誇り高き女剣士ヒトミ。
彼女は、チームの司令塔で
指導者でもある師範
ケイケンの孫娘です。

ヒトミ　　師範ケイケン

ハヤト　ヒカル　リョウ　タケシ　エクソフォース
のパイロット

**8113
アサルト・タイガー
（2008年）**

2008年の戦闘メカセットには、ミニロボットに変身してパイロットを助ける武器も入っている。

ジャングルへ

2008年、レゴ エクソフォースのストーリーは緊迫の場面をむかえます。師範ケイケンがロボットにとらえられ、山の密林へ連れ去られたのです！ はたしてヒーローたちは、新たな戦闘メカを使って師範を救い出せたのでしょうか？

首をくるりと回すと、冷静な顔から鬼気迫るバトルモードの顔に変わるよ！

ゴールデンシティ

2007年、センタイの砦が崩壊すると、エクソフォースは伝説のゴールデンシティへ避難しました。かつて古代文明が栄えていたこの街で彼らが発見したのは、ロボット軍団と対戦するためのより強力な戦闘メカと、街の秘密をときあかす暗号でした。

トリプル・ターボジェット・エンジン

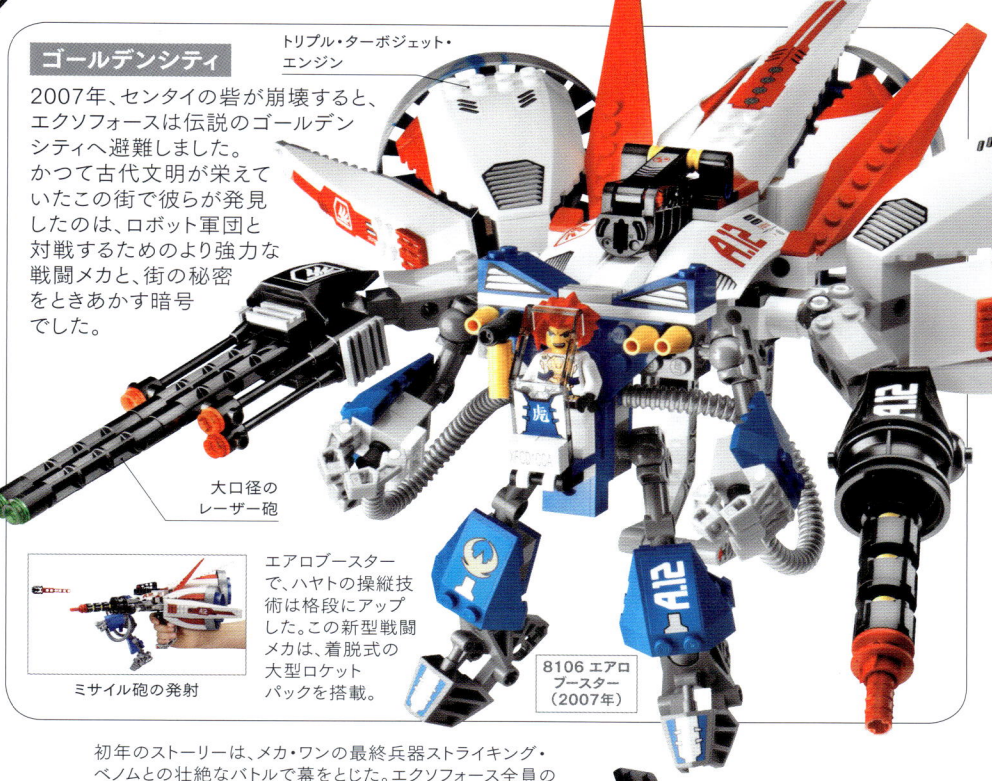

大口径のレーザー砲

ミサイル砲の発射

エアロブースターで、ハヤトの操縦技術は格段にアップした。この新型戦闘メカは、着脱式の大型ロケットパックを搭載。

**8106 エアロブースター
（2007年）**

初年のストーリーは、メカ・ワンの最終兵器ストライキング・ベノムとの壮絶なバトルで幕をとじた。エクソフォース全員の勇気と、タケシのグランドタイタンが放つラッキーショットでどうにか難局をきりぬけた。

回転するレーザーマシン砲

高速エネルギーディスク・ランチャー

ライトブロック

高さ28cm

ストライキング・ベノムの全幅は46cm

パイルドライバー型の脚

防戦するアイアンドローン

カギ爪付きショベル

メカ・ワンのパイロット

7707 ストライキング・ベノム（2006年）

悪のロボット軍団

ロボットは、おもに３種類。赤褐色の量産型アイアンドローン、知性が高く部隊長役をになう銀色のデバステイター（ポイントカラーはバリエーションあり）、そしてロボット軍団のリーダー、黄金のメカ・ワン。

メカ・ワン　　デバステイター　　アイアンドローン

黄金の偶像

採掘マシンとして作られたメカ・ワンが自我をもつようになり、仲間のロボットたちを再プログラムして反乱を起こしました。山の半分から人間を追い出しただけでは満足できない暴君ロボットは、橋の反対側から次々に戦闘メカを送りこみ、エクソフォースを徹底的に打ちのめそうとしたのです。

レゴ®チーマ™

2013年、新たなファンタジーの世界レゴ®チーマ™が生まれました。
種族どうしで争うアニマル戦士たちをめぐるこのシリーズは、組み
立てる障害物コースやスピードーズ™、「チ（気）」が入ったセットで、
たがいに競争しながら遊ぶことに重点が置かれています。アニマル
戦士たちが登場するセットのほか、テレビシリーズ、コンピュータ
ゲーム、多人数参加型オンラインゲームもリリースされました。

チ（気）

さまざまな種族がうばいあう魔法のエネルギー源「チ」は、レゴ®のセットでは
ブルーまたは金色のクリスタル型パーツで表現されています。チーマの物語では
「チ」がすべてのパワーの源となるため、「チ」のパーツは戦闘用の乗り物や
スピードーズのほか、胸のハーネスを介してミニフィギュアに取り付けられるように
なっています。

エリス　　　ラバル　　　ローゾム　　　ウォリズ　　　クラッガー

チーマの種族

レゴ チーマの舞台は、アニマル戦士がエネルギー源「チ」をうばいあうドラマチックな世界。
初期のセットには、5つの種族（正義のライオン族とイーグル族、悪のワニ族、カラス族、ウルフ族）のミニフィギュアが登場しました。それぞれの種族に特有のプリントや武器、アクセサリがあります。

**70226 マンモス族の
アイス要塞（2015年）**

マンモス族の王子
モットロット

マンモスの頭の
形をしたコ司令
センター

ファイヤー・チを
持つサイ族の
リノナ

エリスの
グラクソール・
アックス

伝説のビーストの背中にはミニフィギュアを取り付けることができる

**70124 伝説のビースト
「イーグル」（2014年）**

伝説のビースト

2014年には、初期の5種族の"伝説のビースト"セットが発売されました。
伝説のビーストは種族本来の特徴をもつ動物たちで、人間のように歩いたり話したりするようには進化していません。スコーピオン王スコームがつかまえてアウトランドにとじこめていたビーストたちを、5種族が結束して解放しました。

アイス戦士

2015年、レゴ チーマにアイス戦士という新たな脅威が登場しました。絶滅した太古の種族がスコーピオンによってよみがえったのです。
新たな種族の名はマンモス族、サーベルタイガー族、コンドル族、シロクマ族。ファイヤー種族との戦いで、彼らはチーマを凍らすと脅しをかけました。
セットには、クールなアイスブルーの透明パーツが入っていました。

クレーンと
宙づりの独房

高速シューター

ワニ族の要塞

沼地にあるワニ族の要塞では、
ワニの口のゲートが侵入者を待ちかまえています！
クロミナス王と手下はライオン族のレオニダスを誘拐し、
宙づりの独房にとじこめて黄金の「チ」をうばいました。
レノックスはレオニダスを救い出すことが
できるでしょうか？

**70014 ワニ族・隠れ家要塞
（2013年）**

レノックスの
スワンプスキマー

パワーアップ!

「チ」の球を胸にはめると、アニマル戦士は強大化します。ビルダーは好きなキャラクターのフレキシブルな組立式フィギュアを手に入れることで、これを再現できました。「チ」でパワーアップしたゴーザンは、スパイク付きメイスと関節のある巨大なこぶしでゴリラ族を守ります。

アクションいっぱいのポーズが作れるフレキシブルな手足

70202 ゴーザン（2013年）

スパイク付きショルダーアーマー

金色の「チ」の球チェストプレート

からみつくクモの巣

シリーズ2年目、チーマを支配しようとする悪のスコーピオン族、コウモリ族、スパイダー族から伝説のビーストを救うため、アニマル戦士はチーマを離れアウトランドの地へ向かいました。スパイダー族のスパイダー・ウォーカーは強力な脚をもち、2基のウェブフリックミサイルを搭載しています。

スパイダー・ウォーカーギア

ギアを回すと脚が動く

70130 スパラタスのスパイダー・ウォーカー（2014年）

クモ族のスパラタス

ゴーザンのチ・バナナ・バスター

スピードーズに乗って障害物のファイヤー・リングをくぐるカラス族のリッゾ

スピードーズ™

ミニフィギュアが乗るスピードーズは、リップコードを引くと発進します。スピードーズどうしを競わせ、自分の種族の「チ」を勝ち取る遊びかたもできます。セットにはスピードーズのほか、発進用ホイール、ミニフィギュア、ゲームカード、そしてファイヤー・リングや滝、氷のタワーなど組立式の障害物が入っています。

70100 リング・オブ・ファイヤー（2013年）

チ・キャノンをあやつる王子ラバル

操縦席のロングトゥース

たてがみが調節可能なシールドになる

ライオンパワー

レゴ チーマの特徴がよく出ているのが動物型のユニークな乗り物で、種族とキャラクターのアーマーや性質がスタイルに反映されています。「ラバルのロイヤル・ファイター」はライオンの顔に似た乗り物で、たてがみや、牙の生えた動く口もついています。「チ」を動力とする後部のキャノンタワーは、高く引き上げて回転させることができます。

70005 ラバルのロイヤル・ファイター（2013年）

エンジンから「チ」のパワーが流れ出る

レゴ®ニンジャゴー®

カイ

ジェイ

コール

ゼン

ニャー

ロイド

ウー先生

ずっと昔、4つの黄金の武器──
大地の鎌、イナズマヌンチャク、アイス手裏剣、
炎の剣──をあやつる初代スピン術マスター
によって、神秘的なニンジャゴーの世界が
つくりだされました。
2011年に始まったレゴ®ニンジャゴー®
シリーズは、テレビアニメとともに、それまでの
レゴのニンジャたちに新たなスピン（ひねり）
を加えました。

勇かんなニンジャたち

ウー先生のもとで修業した6人は力を合わせ、悪の手からニンジャゴーの世界を守りました。6人の装束は、各自のカラーにそって数多く展開。2018年には、それぞれのエレメントパワー──炎（カイ）、イナズマ（ジェイ）、大地（コール）、氷（ゼン）、水（ニャー）、そしてエネルギー（ロイド）──にもとづく新たな2ピースのフードと装束が登場しました。

スピナー

スタンダードな組立セットのほかに、ニンジャと
ホネホネ・アーミーのスピナー付きセットも発売
されました。遊びかたは、「ニンジャゴー！」の
かけ声でミニフィギュアをスピンさせてぶつけあい、
最後までスピナーの上に残ったニンジャが勝ち。
2018年には、ミニフィギュアカプセルと組立式
ハンドル、リップコードが入ったスピン術マスターの
スピナー付きセットが新登場。

**70637 スピン術
マスター コール
（2018年）**

ミニフィギュアカプセル

取りはずせる
ニンジャマスク

ゴールデン・
カタナ

スピン術の
スピナー

2111 カイ（2011年）

ホネの王座にすわる
ガーマドン卿

動くホネの脚を
もつ、着脱可能な
クモ

墓から出てくる
ガイコツ

サムカイ　　カイ　　ニャー

ガーマドン卿

シリーズ初年、ウー先生の
邪悪な兄ガーマドン卿は、
強大な将軍たちが率いる
ホネホネ・アーミーを意の
ままにあやつりました。
闇の世界にあるガーマドン
卿の要さいのセットには、
武装した4本腕のサムカ
イ、ニンジャのカイとその妹
ニャーを含む6体のミニフィ
ギュアが入っていました。
門の上のスカルは、はずせ
ば巨大グモになり、侵入者
を攻撃できます。

**2505 ガーマドンの
要さい（2011年）**

ホネホネの将軍たち

ニンジャチームの敵ホネホネ・アーミーもスピナー付きで
発売され、そのなかには、最強の敵ガーマドンに仕える
強大な将軍たちもいました。スピナー付きセットには、
数種類の武器、カード、スピナー強化のために使用する
ブロックが入っていました。

2173 ヌッカル（2011年）

セパレート
型の甲冑

取りはずせる武器

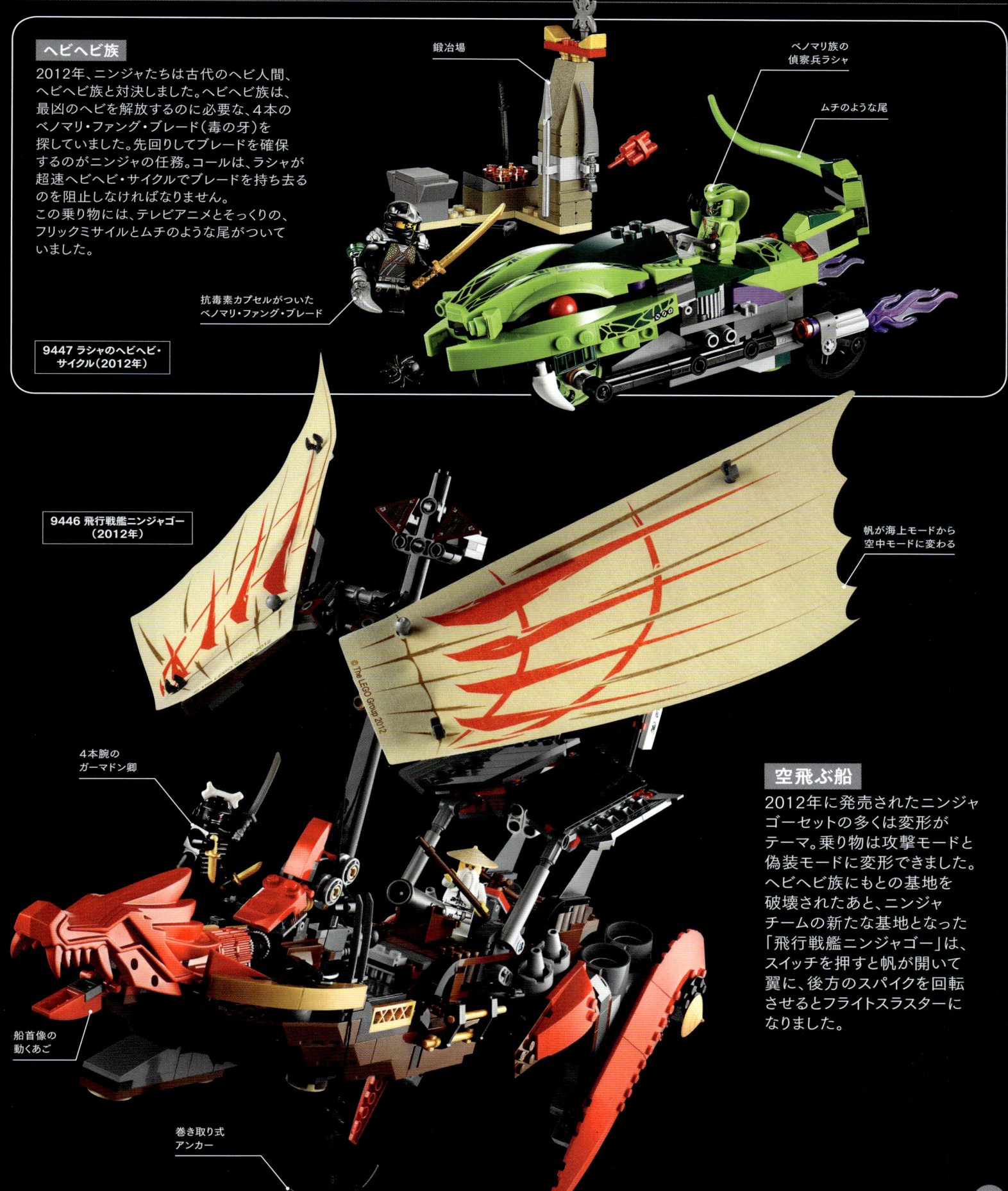

ヘビヘビ族

2012年、ニンジャたちは古代のヘビ人間、ヘビヘビ族と対決しました。ヘビヘビ族は、最凶のヘビを解放するのに必要な、4本のベノマリ・ファング・ブレード（毒の牙）を探していました。先回りしてブレードを確保するのがニンジャの任務。コールは、ラシャが超速ヘビヘビ・サイクルでブレードを持ち去るのを阻止しなければなりません。この乗り物には、テレビアニメとそっくりの、フリックミサイルとムチのような尾がついていました。

鍛冶場

ベノマリ族の偵察兵ラシャ

ムチのような尾

抗毒素カプセルがついたベノマリ・ファング・ブレード

9447 ラシャのヘビヘビ・サイクル（2012年）

9446 飛行戦艦ニンジャゴー（2012年）

帆が海上モードから空中モードに変わる

4本腕のガーマドン卿

空飛ぶ船

2012年に発売されたニンジャゴーセットの多くは変形がテーマ。乗り物は攻撃モードと偽装モードに変形できました。ヘビヘビ族にもとの基地を破壊されたあと、ニンジャチームの新たな基地となった「飛行戦艦ニンジャゴー」は、スイッチを押すと帆が開いて翼に、後方のスパイクを回転させるとフライトスラスターになりました。

船首像の動くあご

巻き取り式アンカー

巨大メカ

360度回転するコマンドセンター、前面のチョップ・ブレード、強力なメカ・アームにシールドをもつ「デストラクトイド」は、手ごわい乗り物だ！メカを乗り物仕様にできるテクノ・ブレードを守るため、ニンドロイドのゼンは人型ロボットがあやつるメカと対決しなければなりませんでした。

巨大なメカ・アーム

テクノ・ブレードを持つゼン

伸縮式の回転ソー・ブレード

70726 デストラクトイド（2013年）

チョップ・ブレード

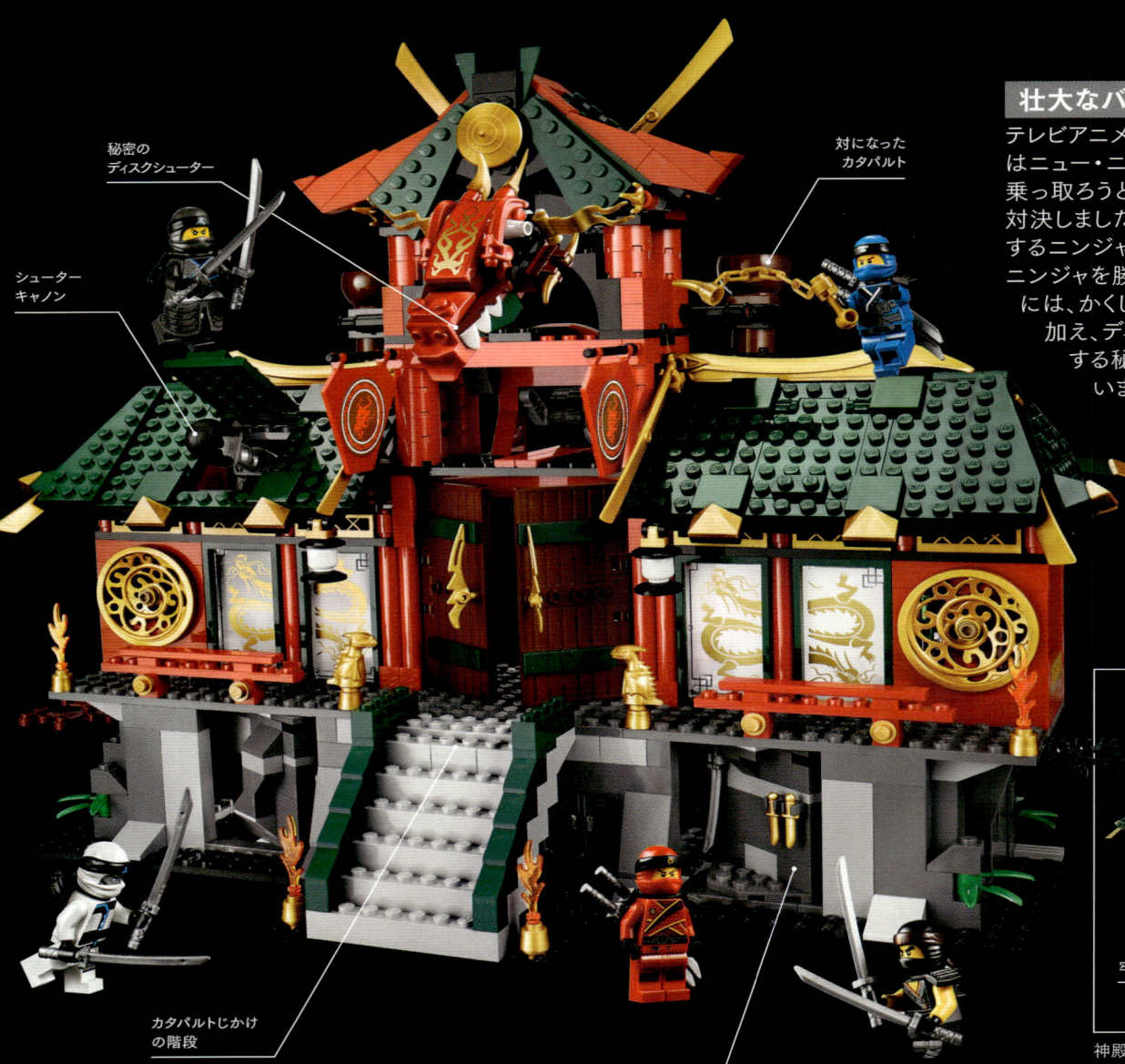

秘密のディスクシューター

シューターキャノン

対になったカタパルト

壮大なバトル

テレビアニメのシーズン3で、ニンジャたちはニュー・ニンジャゴー・シティを乗っ取ろうとする邪悪なオーバー卿と対決しました。自分たちの拠点を守ろうとするニンジャたち——まずは神殿から。ニンジャを勝利へと導くために、このセットには、かくし回転扉やジップラインなどに加え、ディスクシューターをはじめとする秘密の武器がたくさんついています。

70728 ニンジャゴー・シティの戦い（2014年）

カタパルトじかけの階段

360度回転するかくし扉

牢屋

レバーで階段のカタパルトが作動する

神殿内には、ニンジャが寝るスペースやコンピュータがあるコントロールルーム、グリルとソーセージがあるキッチン、敵を入れる牢屋などがある。

村のくらし

この2,028ピースの超大型セットは、ニンジャたちが
エアー術を身につけて空を飛べるようになった、
テレビアニメのシーズン5と連動しています。
ディテール満載の「旋風の神殿」は、
ニンジャ全員がせいぞろいした
はじめてのセット。村の建物や橋、
幻想的な影絵を写し出すライトブロックも
入っていました。

70751 旋風の神殿（2015年）

ニンジャ・グライダー

鍛冶場

ヤミ市場

ヤン先生の像

石のドラゴン

ゴーストの襲撃

2015年、ニンジャたちは邪悪なゴースト戦士モローの
巨大なドラゴンから、初代スピン術マスターの墓を
守らなければなりませんでした。カイとジェイは
エアー術とニンジャ・ジェットボードを使い、
かみつこうとするドラゴン、スクリーマーという
ゴースト、モローの仲間のゴースト戦士を
阻止して墓を守りました。

70736 ゴースト・モロードラゴン
（2015年）

ポーザブルな
布製の翼

開く大あご

ニンジャ・
ジェットボード
に乗るカイ

ダイナマイトを
持つスクリーマー

透明な脚をもつ
ゴースト戦士
カウラー

ゴースト戦士ヨカイ

飛行船との空中対決

2016年、ニンジャたちは悪党ドゥブルーン率いる天空の海賊と
対決しました。海賊の飛行船は、キャノン砲やトラップドア、
ディスクシューターなど戦いの装備が充実。
ゼンはジェットボードから透明なブルーのアイススタッドを
放ち、海賊たちを打ち負かしました。

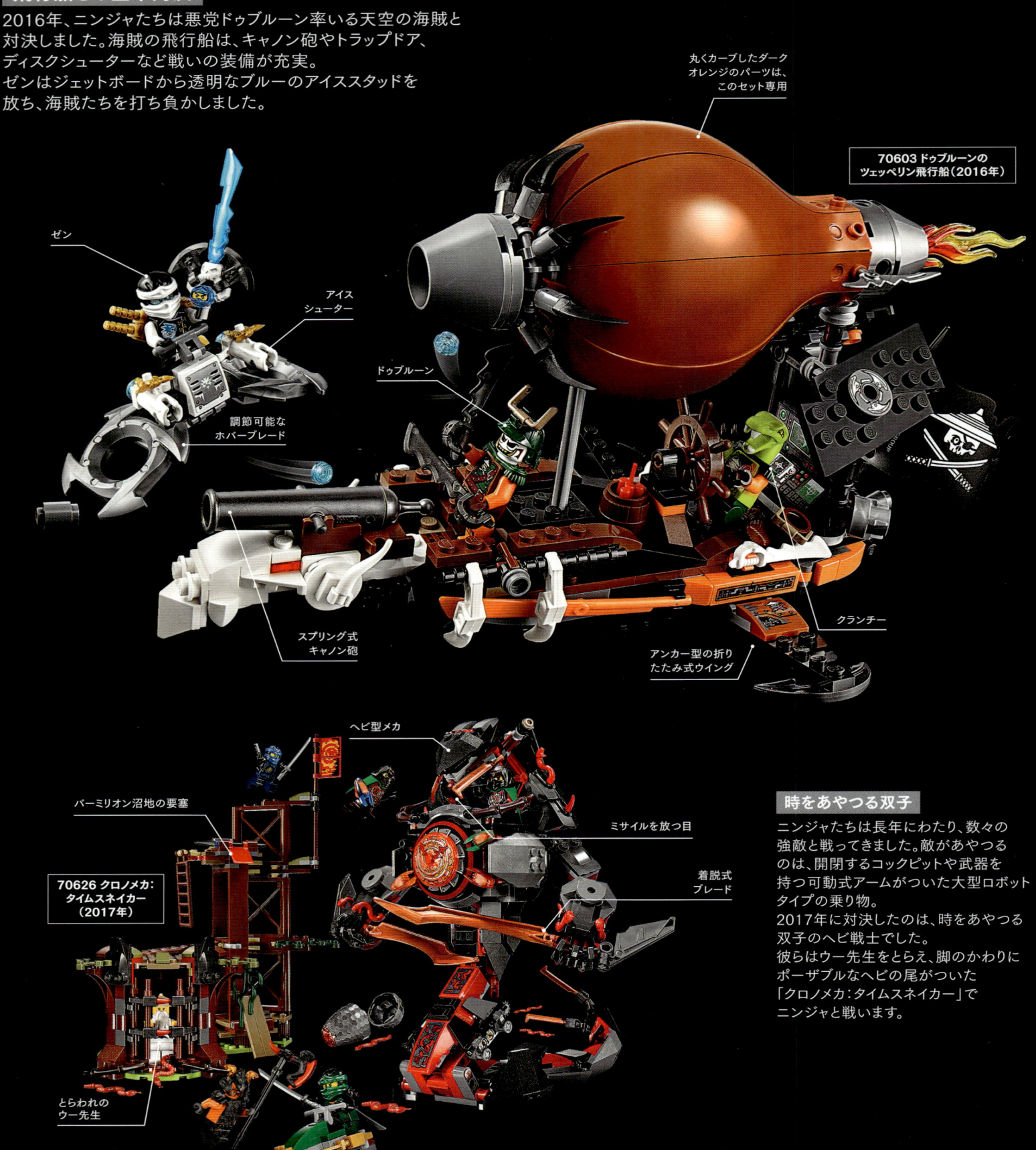

丸くカーブしたダーク
オレンジのパーツは、
このセット専用

70603 ドゥブルーンの
ツェッペリン飛行船（2016年）

ゼン

アイス
シューター

ドゥブルーン

調節可能な
ホバーブレード

スプリング式
キャノン砲

アンカー型の折り
たたみ式ウイング

クランチー

ヘビ型メカ

バーミリオン沼地の要塞

ミサイルを放つ目

70626 クロノメカ:
タイムスネイカー
（2017年）

着脱式
ブレード

とらわれの
ウー先生

時をあやつる双子

ニンジャたちは長年にわたり、数々の
強敵と戦ってきました。敵があやつる
のは、開閉するコックピットや武器を
持つ可動式アームがついた大型ロボット
タイプの乗り物。
2017年に対決したのは、時をあやつる
双子のヘビ戦士でした。
彼らはウー先生をとらえ、脚のかわりに
ポーザブルなヘビの尾がついた
「クロノメカ:タイムスネイカー」で
ニンジャと戦います。

熾烈なバイクバトル

2018年、ニンジャのゼンと
ガーマドン卿の将軍Mr.Eは、
ニンジャゴー・シティでバイクバトル
をくりひろげました。目的は、
かぶると4本腕の剣の達人に
なれるONIの仮面を先に手に
入れること。「スネーク・ジャガー
のバイクバトル」のセットには、
バイク2台（1台はバイクを押すと
動くチョップ・ブレード付き、
もう1台は着脱式ドローン付き）の
ほか、誰もがほしがる復讐の
仮面、ゼンの限定版ミニフィギュア
が入っています。

チョップ・ブレード

スタッド
シューター

ONIの復讐
の仮面

台座

屋根の角度が
逆転し邪悪な
顔があらわれる

取りはずせる折り
たたみ式ドローン

**70639 スネーク・ジャガー
のバイクバトル（2018年）**

ロイド

カタナ

城壁が
開閉する

**70643 復活の神殿
（2018年）**

コール

ガーマドン卿の復活

2015年にガーマドン卿が死んだあと、悪の"チーム・
ブラックガーマドン"は彼を復活させようとしていました。
「復活の神殿」がガーマドン卿復活に使われるのを
阻止しなくては！
神殿を守るため、剣やカタナで武装したニンジャたちが
チーム・ブラックガーマドンに立ち向かいます。
ミステリアスな神殿には、回転するかくし扉や落とし戸
がありました。

ドラゴンコロシアム

ニンジャたちは、アイアン男爵に
とらえられたドラゴンの救出に
かけつけます。「挑め！ドラゴン
コロシアム」のセットには、見張り
やぐらのデュアルミサイルシューター
や牢屋の落とし戸など危険が
いっぱい。ホイールで動く門を開けて
ニンジャをしのびこませ、ドラゴンを
自由にしてあげよう！

**70655 挑め！ドラゴン
コロシアム（2018年）**

ドラゴンスカルの
王座にすわる
アイアン男爵

落とし戸

ホイールで動く
牢屋のとびら

取りはずせる
見張りやぐら

アース・
ドラゴン

レゴ®ニンジャゴー® ザ・ムービー™

レゴ社がレゴ®ニンジャゴー®のテーマを立ち上げてから約7年後、
威勢のいいニンジャスターたちの超大作映画ができました！
2017年にリリースされたこの映画は、おなじみの人気ヒーローたちが
登場する一方で、それまでにない新たなニンジャゴーの世界を
見せてくれました。また、映画にちなんだ組立セットも
20種類以上発売されました。

帆には赤いドラゴン
が描かれている

セットには、ウー先生と秘密のニンジャ軍団——
ロイド・ガーマドン（グリーン・ニンジャ、リーダー）、カイ（炎系ニンジャ）、
カイの妹ニャー（水系）、ジェイ（イナズマ系）、ゼン（アイス系）、コール（大地系）、
あわせて7体のミニフィギュアが入っている。

70618 空中戦艦
バウンティ号（2017年）

さあ出発だ！

この空中戦艦は、ニンジャたちが
尊敬するウー先生の移動トレーニング
基地。2015年に発売されたレゴ®
ニンジャゴー®シリーズの同名
戦艦（セット70738）より1,000個
以上多いパーツでできています。
上下3段に分かれるモジュール式
の船体には、道場、トイレ、ウー先生
の寝室など、たくさんの部屋が
あります。巻き上げ式イカリやりっぱな
秘密の武器もあり、映画のアクション
シーンを再現できます。

ドラゴンの目は、白い
カップケーキのパーツ

つりざお

新たな背景

映画では、テレビアニメにはなかった新たな
背景が使われました。実在する場所の映像と
レゴのパーツを使ったCGアニメをミックス
して、実写版アクション映画のように仕上げた
のです。

取りはずせる
杖型の武器

わざの
トレーニング
器具

ガーマドンの
ダミー

イメージチェンジ

映画仕様のセットにもレゴ
ニンジャゴーやテレビアニメと
同じニンジャたちが登場しますが、
イメージはだいぶ変わりました。
装束は映画のキャラクターが
着ていたものに合わせ、
カイの赤いバンダナやショルダー
アーマーなど、クールなディテール
が加わりました。

70606 スピン術トレーニング道場※
（2017年）

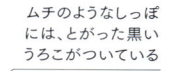

ガーマドンの武器ラック

シェルドローンの
ドッキング
ステーション

燃えさかる悪意

シャークアーミーを使ってニンジャゴー・
シティを乗っ取ろうとたくらむガーマドン卿が
邪悪な計画を練っている火山基地。
その入り口は、彼の頭の形に似ています。
このセットには、火山の頂上からミニフィギュア
を発射するしかけや、コンピュータラボ、回転
するクレーンがついた武器製造ゾーン、
ガーマドンの王座と水槽が置かれた部屋が
あります。

70631 ガーマドンの火山基地
（2017年）

ムチのようなしっぽ
には、とがった黒い
うろこがついている

70612 ロイドの
メカドラゴン（2017年）

スタッド
シューター

舌はピンクの
旗のパーツ

サメの襲撃！

ニンジャと対決するガーマ
ドン卿のメカは、いかにも
恐ろしげなサメ型の乗り物。
彼はそこからアーミーを
指揮します。
このセットの目玉は、トリガー
で開閉するサメの大あごと、
背中に搭載された2基の
大砲。ミニフィギュア6体と、
組み立てて作るホット
ドッグが屋根にのった
"ホット・ヌードル・ドッグ"
カートも入っています。

ガーマドンアーミーの
ロゴ

コックピットにいる
ガーマドン

ポーザブルな
足と調節可能な
カギ爪

70656 ガーマドンのシャークメカ※
（2017年）

究極の武器

大迫力のメカドラゴン

ニンジャたちもメカを使い、
ガーマドン卿とシャークアーミー
に対抗します。ロイドのドラゴン
メカは体長60cm、ホイールで
ムチのようにしなるしっぽと、
スタッドシューター2基、秘密の
スラスター、開閉するあごが
武器。セットには"究極の武器"、
ガーマドンのレーザーポインター
も入っています。

ニンジャゴー・シティのくらし

テーマ最大のセットは、ディテール満載の「ニンジャゴー
シティ」。ビルダーはフィッシュマーケットをのぞいたり、
買い物や寿司バーで食事をしたり、ロイドの部屋ですごし
たりできます。エレベーターでつながる3つのフロアには、
お金を引き出すATMに、貼りかえられる映画ポスター、
ソーラーパネル、昔ながらの釣り船もあり、
映画に登場するミニフィギュアも16体います。

70620 ニンジャゴー
シティ（2017年）

フグの像

ロイドの部屋

サクラの木

街の地下へ
通じるトンネル

グリルコーナーのあるカニ料理店か、
見はらしのいい屋上のモダンな寿司
バー。このセットのミニフィギュアたち
は、好きなほうで食事が楽しめる。
寿司バーには、動く寿司コンベアに
ブロックの寿司のパーツがある。

思い出のセット

6195 アクアノーツ海底基地※（1995年）

6190 デビルシャークブラックベース※（1996年）

6769 バイソンとりで※（1996年）

6494 タイムクルーザーラボ※（1996年）

5978 エジプトの魔神※（1998年）

5956 ジョーンズの飛行船※（1999年）

4980 レイダースホーバー（1999年）

6776 オグルのロケット基地（2001年）

4797 オグル キラー・ホエール
（2002年）

7419 ゴールデンドラゴンの城※（2003年）

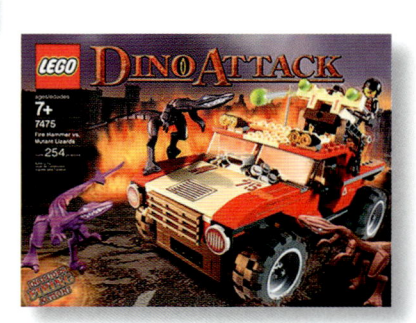

7475 ファイヤー・ハマー vs
ミュータント・リザード（2005年）

7298 ダイノの空輸（2005年）

7713 ブリッジ・ウォーカー対
ホワイト・ライトニング（2006年）

7775 アクアベース・インベイション（2007年）

8634 ミッション5：ターボカー強奪作戦※（2008年）

8970 ロボの襲撃※（2009年）

8191 ラバトラズ（2010年）

7327 スコーピオン・ピラミッド※（2011年）

7985 海底都市アトランティス（2011年）

8898 シティ・レース（2010年）

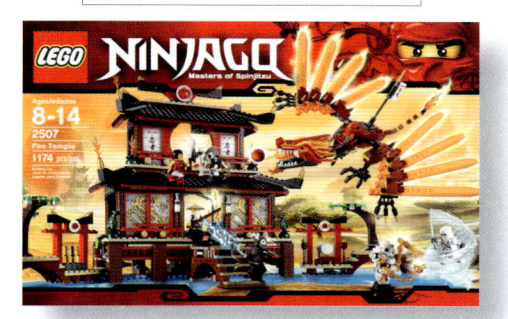

2507 ファイヤー神殿（2011年）

9464 バンパイアれいきゅう車（2012年）

70813 スーパーレスキュー（2014年）

70800 ゲッタウェイ・グライダー
（2014年）

70224 タイガー族の移動基地
（2015年）

70656 ガーマドンのシャークメカ※（2017年）

レゴ レーシング

ぶっとばすぜ！

4584 ホット・スコーチャー※
（2002年）

1975年のF1カーモデルに始まり、1980年代には
レーストラックをテーマにした街シリーズも発売
されましたが、車やトラックがリアルなスピードや
レース競技を意識してデザインされるようになった
のは、2001年にレゴ®のレーサーシリーズが華々しく
登場してからのことでした。コンパクトなタイニィターボから
スタントドライブ用のパワーレーサーまで、レゴ レーシングの
テーマは、いまも走りつづけています。

ドロームレーサー

2002年、レゴ レーサーの世界で、
2015年を舞台にしたストーリーが
誕生！ レーシングカーに乗った
ヒーローと悪党が、名声と富を求めて
危険なドロームレースにいどみます。レースを運営
するのは、謎の人物ドロミュラスとペットのロボット
モンキー"モンキュラス"。コンピュータゲームと
コミックで、プルバックモーターで走る大小
さまざまなレーシングカーの物語が展開しました。

ラジコンレース

赤外線リモコン付きの、この133ピースの
RCレーサーセットには、4×4オフロード
カー、ピットレース用デューンバギー、緊急
車両のいずれも組み立てられる説明書
が入っています。レゴ レーサーのほかの
セットとタイヤを交換
すれば、別の走行
面やスピードでも
走れます。

4589 RCニトロ
フラッシュ※（2002年）

3つの赤外線
チャンネルで、干渉を
気にせず3台まで同時に
競走できる。

過激なマシン

初期のレゴ レーサーセットは、その後の
ラインとはだいぶちがっていました。
シュレッド、サーファー、スパイキー、
ダスターに、それらのライバル──
8ピースのシンプルなマシンはどれも、
牙をむくモンスター！ 車が何かに
ぶつかると、その衝撃でドライバーが
勢いよく飛び出します。

セットには、高速スラ
マーランチャーにも
なる収納ケース
がついて
いた。

4570 シュレッド※
（2001年）

タイニィターボ

2005年、レゴ レーサーのサブテーマとして、
タイニィターボシリーズが登場しました。
一般的なミニカーと同じポケットサイズの車
やトラックは、タイヤ型の持ち運び用ケース
付き。タイヤの表面がなめらかなので、
押したり坂道を転がしたりするとかなり
のスピードが出ます。
これまでに、クラ
シックなマッスル
カーやパトカー、
暗闇で光るパーツを
使った市街地用レー
シングカーなどが発売
されました。

6111 タイニィターボ・
チェイス＆レース（2006年）

折りたたみ式レース
トラックを組み合わせる
と、より大きくりっぱな
トラックになった！

組立式レーストラック

2009年のタイニィターボシリーズには、
広げるとT字型のレートラックになる
収納ケースと2台の車がセットに
なったものもありました。アイス・ラリー
用、砂漠のでこぼこ道、ストックカー
レース用など、さまざまな環境のレース
トラックが作れるパーツや標識も入って
いました。

8124 アイス・ラリー（2009年）

8146 ニトロマッスル
（2007年）

後部のニトロブースターを回すとフロントタイヤが動く。

フードやエンジンが吹き飛ぶ

マッスル・マニア

巨大な後輪、むきだしのエンジン、メタリックなレーシングステッカー。レゴ レーサーシリーズでいちばん派手なのは「ニトロマッスル」かもしれません。ニトロ燃料で走る"おかしな"ドラッグレーサーは、全長38cm以上。大部分がレゴ® テクニック ビームと曲線的なボディプレートでできています。

フレームが大きく開き、複雑な構造が見える。

ルーフライト

飛び散るボディ

パワーレーサー

レゴ® パワーレーサーのモデルでは、マシンにさまざまな機能を組みこむために、ふつうのブロックとレゴ テクニックのパーツを組み合わせています。プルバックモーターやパワースラマーランチャー、開くグライダーの羽がついているもの、スロープや炎のリングが入っているもの。さらにはこのピックアップトラックのように、クラッシュしてばらばらになるようにできているものもあります。

2012年、クラッシュするとドライバーが飛び出す、モンスタートラックのコンセプトが復活した。
9094 スター・ストライカー（2012年）

大型オフロードタイヤ

スタントアクション用バンパー

8141 オフロード・パワー（2007年）

内装のデザインも、できるだけ本物に近づけている。

スタントアクション

スタント用の車「アクションホイーリー」には巨大なリアスポイラーがついていて、それをうしろへ引いて手をはなすと、ピョコピョコはずみながら勢いよく前進します。ジャンプやスピン、サイドホイールでの走行など、ほかにもさまざまなスタントレーサーがあります。

ランボルギーニ

2009年、レゴ レーサーシリーズにライセンス製品が新登場。1/17サイズの「ランボルギーニ・ガヤルドLP560-4」は、クーペまたはスパイダーのどちらかを組み立てることができます。開閉するドア、カバーが開く精巧なエンジン、可動式ルーフやランボルギーニ仕様の特製ホイールリムもついています。

8169 ランボルギーニ・ガヤルドLP560-4（2009年）

8667 アクションホイーリー（2006年）

スピードチャンピオン

2015年にスタートしたスピードチャンピオンは、実在のレーシングカーをミニフィギュアスケールで再現したシリーズです。レゴ社は、マクラーレン、アウディ、メルセデス、ポルシェといった自動車メーカーと提携し、本格的なレーシングカーやロードカーと、それを運転するミニフィギュアたちを生み出しました。

勝利へのレース

このレーシングカーのセットには、アウディのロゴ、交換可能なホイールリム、レーサーのミニフィギュア、勝ってトロフィーを手にするための表彰台が入っています。

75873 アウディ R8 LMS ウルトラ（2016年）

カスタムカー

本格派のレゴ メルセデスAMGは、フロントの着脱式スプリッターと調整や取り外しができるリアウイング付きで、レーシングモードまたは路上走行モードにカスタマイズできます。

75877 メルセデスAMG GT3（2017年）

レゴ® フェラーリ

2004年、イタリアのスポーツカーメーカー "フェラーリ" 社がレゴ® レーサーの
チームに加わり、フェラーリの有名なフォーミュラ1（F1）カー、プレミアム・
スポーツカー、そして世界に名だたるスピードとクオリティをもたらしました。
まぶしい赤のフェラーリセットは、たちまち車好きの子どもや熱心な大人の
ファンに人気のライセンステーマとなり、レーシングトイや
いろいろなスケールの精巧なレプリカ、さらには
幼児向けのレゴ® デュプロ® のセットまで、
新たな製品が次々に誕生しました。

8375 フェラーリ F1 ピットセット（2004年）

オーソドックスな黄色い顔は、このミニフィギュアが実在のレーサーをモデルにしたものではないことを意味している。

8142 フェラーリ F1 1/24（2007年）

レーシング専用タイヤ

動くジャッキや支持フレーム付きミッドマウントエンジンなど、ディテールや機能も充実。

8143 フェラーリ F430 チャレンジ（2007年）

勝利のカラー

エアロダイナミックなフェラーリF430のレゴモデルは、オプショナルパーツ入り。スタンダードな黄色のスポーツカー、またはより軽量で速い、赤いボディのレーシングカーを組み立てることができます。スポンサーロゴとホイールリムもそれぞれ別です。

フェラーリ・フォーミュラ1

2004年と2007年、かの有名なフェラーリのフォーミュラ1カーの1/24サイズ版がプルバックモーター付きで登場。2007年版では構造が新しくなり、本物に合わせてスポンサーのステッカーも最新のものになりました。ミニフィギュアが乗っているように見えますが、サイズが合わないため、ヘルメットをかぶったドライバーの頭がじかにコックピットについています。

レーシングクルー

ツールや器材がならぶガレージやピットのセットが登場し、裏でこつこつ働くスクーデリア・フェラーリのピットクルーもようやく脚光をあびました。マシンを整備し、記録更新にいどむ準備をととのえるクルーは、レースになくてはならない存在です！

このセットには、フェラーリF1カー2台、給油ピット付きガレージ、ドライバーステーション、サービスバイクも含まれる。

8144 フェラーリ F1チーム（2007年）

8155 フェラーリ F1ピット（2008年）

小さなスポーツカー

2008年、ポケットサイズのフェラーリセットが登場。ガレージ、給油ピット、トラック付きで、F1カーはタイニィターボシリーズと同じ大きさです。

4693 フェラーリ F1レースカー
（2004年）

レゴ デュプロ フェラーリ

小さい子どもたちもレースが大好き！
公式ライセンスを受けた3〜6歳向けのこのフェラーリ
カーは、すでに組み立てられた1個のパーツですが、幼い
ビルダーはリアスポイラーに何かをくっつけたり、表彰台を
組み立て、子どもレースで優勝して輝くトロフィーをかざした
りできます。同じ年に発売された「4694 フェラーリ F1レーシ
ングチーム※」には、車、トラック、メカニック、レースピットが
入っています。

ピットストップ

レゴ® フェラーリ発売初年に出たこの
セットには、カスタムロードプレート付き
レーシングピット、メカニック6人、
レース中にすばやく交換できるスペア
タイヤ、持ち運べる整備ツールのほ
か、スターティンググリッ
ドに作りかえるための
説明書もついています。

8375 フェラーリ F1
ピットセット（2004年）

2556 フェラーリ F1
レーシングカー※（2000年）

フェラーリセット第1号

はじめて登場した
レゴ フェラーリセットは、これ！
上級ビルダー向け"モデル
チーム"シリーズのレーシング
カー（上）は、シェルのガソリン
スタンドでしか買えない販促
製品でした。

運転席と助手席

レゴ テクニックの
ボディフレーム

8145 フェラーリ
599（2007年）

グランツーリスモ

フェラーリのフラッグシップ、
2シーター・グランツー
リスモ。本物の曲線美を
再現するためにレゴ®
テクニックのロッドが
使われています。1,340
ピース、全長46cm、
動く前輪ステアリング
システムとピストン稼働の
V12エンジンが搭載されて
います。

8156 フェラーリ FXX
1:17（2008年）

稀少なレーシングカー

本物のフェラーリFXXは、
わずか30台しか製造され
ませんでした。さいわい、レゴ
バージョンならば、ずっと
かんたんに手に入れられます！
リアエンジンカバーとフロント
トランクが開き、上に開くドアは
本物そっくり。

たのもしいデュオ登場

2009年、スクーデリア・フェラーリ
に新たなレーサーが加わりました。
フィンランド人のキミ・ライコネン
は、2007年のドライバーズ・
ワールド・チャンピオンシップ
優勝。そして、ブラジル生まれの
フェリペ・マッサは2008年に準優
勝。ふたりのおかげで、これまでで
最強のチームになりました。

8168 フェラーリの勝利（2009年）

究極のフェラーリ体験

スピードチャンピオンシリーズのこのセットでは、
フェラーリの伝説の3台──フェラーリ 250
GTO、フェラーリ 488 GTE、ビンテージの
フェラーリ 312 T4──がせいぞろい。レース
トラックセクション、ワークショップ、博物館、
7体のミニフィギュアも入っています。それでも
まだ遊びたりなければ、フェラーリ 312 T4には、
1979年のF1世界選手権で勝利したこのマシン
で使われたような、ダウンフォースを得る
ウイングをつけることもできます。

75889 フェラーリ・アルティメット・ガレージ（2018年）

博物館に展示
されたモデルカー

古いスタイル
の給油ポンプ

ロープで仕切られた、
フェラーリ 312 T4の展示エリア

レゴ® スポーツ

スポーツ競技とブロックは、意外に相性がいいのです。2000年から2006年にかけて、レゴ社は実際のスポーツをベースにしたシリーズをいくつか生み出しました。こうしたライセンステーマは、ほかにはないユニークなミニフィギュアや、ビルダーが腕をふるえるアクションシーンに満ちあふれています。

レゴ®バスケットボールのミニフィギュアは脚にバネが組みこまれていて、腕もボールをつかんだり、スローやダンクができるようにできている。

「お城にいるミニフィグたちじゃ、これはできない!」

3427 NBA スラムダンク（2003年）

レゴ®バスケットボール

NBAのライセンスを受け、2003年にスタートしたレゴ バスケットボールシリーズで、ビルダーは大好きなバスケの激しい動きを再現できるようになりました。レバーで動かしスラムダンクさせるストリートフープのセットや、両チームの選手がそろうコートのセットなどがあります。

3432 NBA スーパーチャレンジゲーム（2003年）

レゴ®フットボール

国によって「レゴ®フットボール」または「レゴ®サッカー」の名前でリリースされたこのシリーズは、レゴ スポーツで最も早く登場し、最も大きく、最も長く続いたテーマです。2000〜06年に製造された25以上のモデルには、代表チームのバスや練習場、ミニフィギュアの台がついたフィールドなどがあります。台を回転させ、ねらいを定めて指でたたくとボールを"キック"できます。

3569 卓上サッカー（2006年）

スタジアムのサイズは55×35cm

3544 ゲームセット※（2003年）

レゴ®ホッケー

NHLとNHLPAのライセンスを受けて2003年に発売された最初のレゴ®ホッケーセットでは、頑丈なロボットタイプのプレイヤーを組み立てるために、バイオニクル®スタイルのパーツが使われました。頭を強くたたくと、プレイヤーがスティックを振ります。ほかにも、スラップショット、フリップショット、パスなどができるセットもあります。

バスケットボールのテーマで、実在の人物をもとにしたミニフィギュアが初登場。

シャキール・オニール（2003年）　ポール・ピアース（2003年）

有名人のフィギュア

レゴ バスケットボールのセットに入っている一般の選手はおなじみの黄色い顔ですが、新たな試みとして、レゴ社では実在のNBAプレイヤーと同じ肌の色のミニフィギュアを登場させました。これはすぐに、ライセンスを受けたフィギュアのスタンダードとなりました。

レゴホッケーの
パック

2年目のレゴ®ホッケー

発売2年目の2004年、レゴ ホッケーは
スケールを小型化。ほかのレゴ スポーツと
同じように、スタジアム型のベース上で
ミニフィギュアを対戦させて遊べるように
なりました。ライセンスを受けた
実在のチームや選手は登場
せず、ミニフィギュアの選手が
着ている肩パッド入りのユニ
フォームにNHLのロゴが
入っているだけでした。

フリッパー付き
スライディングベース

3578 NHL チャンピオンシップチャレンジ※
（2004年）

長いロッド（棒）でフィギュア
の台を移動させ、フリッパー
を動かしてパックをパス
またはシュートする。

街なかの対決

3579 NHL ストリート・
ホッケー※（2004年）

新しいスタイルで発売されたレゴ ホッケーセットが、
2つだけあります。ひとつは、アイスリンクと4人ずつの
2チームが入った「3578 NHLチャンピオンシップチャ
レンジ」。もうひとつの「3579 NHLストリート・ホッケー」
は、うらぶれた街の
通りで1対1で
対決したい人
におすすめ。

ストリート・
ホッケーセット
も、NHLの
ライセンスを
受けている。

グラヴィティ・ゲーム

夏のグラヴィティ・ゲームとし
て、このスケートボードパークの
セットがリリースされました。
カスタマイズ可能な急勾配の
ランプとレールのほか、スケート
ボーダーにつけて空中でトリックや
スタントをさせるための"スタント
スティック"も入っています。

3537 スケートボードパーク・
チャレンジ※（2003年）

曲面ランプ（斜面）
のパーツ

セットを組み合わ
せれば、大きな
スケートパークが
できる。

モジュール式の
デザイン

スノーボード
ランチャー

3538 スノーボード
クロスレース※（2003年）

真冬の対決

冬のグラヴィティ・ゲームとして作られたスノーボード競技
のセットには、頂上に2人分のランチャーがついた雪山
スロープが入っています。ボーダーを放つと、スロープ上
の障害物やスタントランプにのりあげて宙に舞ったり
はずんだりしながら、下のゴールまですべりおります。

宙を舞う
スノーボーダー

でこぼこのスロープ
をミニフィギュアが
たおれずにすべり
おりるように、ボード
におもりが入って
いる。

ミニフィギュアは、
シリーズごとに色分け
されたパッケージに
ランダムに入っている。
どれが入っているか
は、お楽しみ！

コレクション用 ミニフィギュア

30年以上にわたり、レゴ®のテーマにはさまざまなミニフィギュアが
登場しました。大人も子どもも、ミニフィギュアが大好き――ならば、
もっともっと登場させない手はありません。2010年にコレクション
用のレゴ®ミニフィギュア・シリーズがスタートし、ブロックの世界の
人口は、いちどに16体ずつ増えていきました。

ダイバー
足ひれ
ゾンビ
ナース
スケーター
スケートボード
カウボーイ
2丁拳銃
森の人
レトロ・ロボ
マジシャン
覆面レスラー
インディアン
忍者
テストドライバー
ピエロ
新登場のポンポン
原始人
チアリーダー

ミニフィギュアには、
台とキャラクター特有の
アクセサリがついている。
もともとあるパーツも、ほかには
ない新しいパーツもある。

8683 レゴ®ミニフィギュア（2010年）

シリーズ1

2010年5月に発売された最初のレゴ ミニフィギュ
ア・シリーズでは、シティ、キャッスル、スペース、
ウエスタンなどおなじみのシリーズに新顔
が加わったほか、覆面レスラーやピエロ、
ゾンビといった完全にオリジナルのキャラ
クターも登場。スポーツ、モンスター、SF、
戦士など、各シリーズ共通のカテゴリーも
あります。

シリーズ2

2010年9月、ソンブレロをかぶったマリアッチ、3種類の顔をもつパントマイマー、スパルタ戦士、アイドル、すっかりレトロなディスク・ジョッキーが仲間入りしました。

8684 レゴ®ミニフィギュア・シリーズ2（2010年）

シリーズ3

このシリーズぶっちぎりのスターは、フラダンサー、妖精の戦士、ブラックトロンIIのマークをつけた宇宙の悪者、野球選手、ゴリラの着ぐるみ。

8803 レゴ®ミニフィギュア・シリーズ3（2011年）

シリーズ4

キャラクターをもっとおもしろくするために、レゴ社のウェブサイトには、ミニフィギュアひとつひとつの紹介がのっています。シリーズ4では、危険物処理班がかかえる仕事上の不安、見たものをなんでも（どこにでも！）描かずにいられなくなる画家の心情、芸者の俳句への情熱、組み立てを手伝いたくなるフランケンシュタインの親切心が明かされています。

8804 レゴ®ミニフィギュア・シリーズ4（2011年）

新しい絵柄のスケートボード

ノームのつりざお

バイキングの黄金のつの

サッカー選手の銀のトロフィー

シリーズ5

2011年のこのシリーズでは、小さなピエロのクリームパイと山高帽、トカゲ男の取りはずせるマスクとしっぽ、剣闘士のかぶとと剣、探偵の鳥打ち帽、ギャングの開閉できるバイオリンケース、動物飼育係が連れたチンパンジーなど、新しいパーツが加わりました。

8805 レゴ®ミニフィギュア・シリーズ5（2011年）

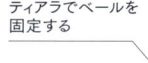

宇宙飛行士

エレクトロザップ・ブラスター

シリーズ6

シリーズ6はさらにワイルドになり、黄金のつぼを持ついたずら妖精、ゼンマイのつまみがついたゼンマイ・ロボット、宇宙を救う銀河ガール、パジャマ姿のねぼすけ、けむりの尾を引くアラブの魔法使い、たいまつをかかげる女神像が登場しました。

8827 レゴ®ミニフィギュア・シリーズ6（2012年）

魔法のランプを手に持つことも、上に立つこともできる

取りはずせるティアラでベールを固定する

シリーズ7

シリーズ7のラインナップは、いさましいアステカ族の戦士、キルトをはいたバグパイプ奏者、ラップトップパソコンを持つコンピュータ・プログラマー、ベールをつけブーケを持つ花嫁、銀河パトロール隊のパワードスーツ戦士、謎の着ぐるみうさちゃん。

8831 レゴ®ミニフィギュア・シリーズ7（2012年）

新登場のプレッツェル

シリーズ8

2012年に発売されたシリーズ8の
メンバーは、宇宙の支配をねらう
エイリアン女、袋を持ったサンタ
クロース、悪いロボット、ビーチで
のんびりするのが好きなバンパイア
こうもり。プレッツェル、投げなわ、
新聞など、新しいパーツも新登場。

首をくるりと回すと、
演技力たっぷりの
別の顔があらわれる

8833 レゴ®ミニフィギュア・
シリーズ8（2012年）

レコードのタイトルは、レゴ社の2人の
デザイナーの名前にちなんだもの

ジャッジの小づちも
新登場

新登場の
ペイントローラー

ミスター・ゴールドは
5000体限定で
作られた

新登場
のトレイ

オールド・
タイムズ紙

シリーズ10

このシリーズには、特別に17体目となる限定版
ミニフィギュア"ミスター・ゴールド"が入っていました。
トレンドセッターのチワワや野球選手のグローブ、
船長のカモメなどのパーツも新登場しています。

71000 レゴ®ミニフィギュア・
シリーズ9（2013年）

新登場のローラースケート

71001 レゴ®ミニフィギュア・
シリーズ10（2013年）

シリーズ9

シリーズ9は時空を超えて、巻き物を持つローマ帝王
や、賞に輝いたハリウッドの新星、オーバーオール姿の
配管工をブロックの世界にもたらしました。

ティキマスク

改良されたジンジャー
ブレッドマンの頭

シリーズ11

2013年で3番目のシリー
ズには、子猫を抱くおばあ
ちゃん、ぬれても平気なジン
ジャーブレッドマン、すきっ歯
のホリデー・エルフのほか、
シリーズ6のゼンマイ・
ロボットのお相手レディー
ロボット、シリーズ8の
チロルの男といっしょに
おいしいおやつを食べる
プレッツェル・ガールもいます。

71002 レゴ®ミニフィギュア・
シリーズ11（2013年）

新登場のサクソフォン

女性初の
白黒ミニフィギュア

シリーズ12

剣をあやつる剣士からピザ屋さんまで、
誰もが楽しめるシリーズ。
シリーズ6のアラブの魔法使いと張りあう
精霊の女の子、カエルにキスするおとぎ話の
お姫さま、命を救うマッチョなライフガード、
ブタのきぐるみを着た男もいます。

ウシのつの

71007 レゴ®ミニフィギュア・
シリーズ12（2014年）

めずらしい、とがったえり付きのケープ

木目調の
タイル

シリーズ13

いつも歌って踊ってのディスコシンガーに、
ターバンを巻いたヘビ使い、ホットドッグマンと、
今回もまた、いろいろなコスチュームのミニフィギュア
が登場しました。

めずらしい
鎌型の武器

71008 レゴ®ミニフィギュア・
シリーズ13（2015年）

ジャック・オー・
ランタンのバケツ

長くのびた頭のパーツ

シリーズ14

過去のシリーズにもぶきみな生き物は登場して
いましたが、2015年にはじめて、16体のミニ・モンスター
をそろえたシリーズが発売されました。植物モンスターや
チアリーダーゾンビなどが入っています。

71010 レゴ®
ミニフィギュア・シリーズ14
（2015年）

グラップリング
フック

シリーズ15

ブタや初登場のスカンク、サメ男が
うろつき、ファウヌスまでいる
シリーズ15には、動物管理官が
どうしても必要でした！
優美なバレリーナや、モップを
持った管理人、ケガをした人
（バナナですべったらしい）も
仲間入り。

71011 レゴ®ミニフィギュア・
シリーズ15（2016年）

新登場のチュチュ

初登場のワイドスカート

布にくるまれた
赤ちゃん（ポッチ
ホルダー付き）

シリーズ16

ペンギンボーイやバナナマン、そんなアイデア
が浮かんだ人におすすめなのがシリーズ16！
赤ちゃんを抱いたベビーシッター、陽気な
ハイカー、口ひげを生やしたマリアッチも
います。

71013 レゴ®ミニフィギュア・
シリーズ16（2016年）

アコースティック
ギター

新登場の白いテリア

レトロな
携帯電話

シリーズ17

シリーズ17も期待を裏切りません。
コノサー（美食家）のフレンチブルドッグ、
動物のお医者さんの白いふわふわウサギ、
トウモロコシ男。そしてシークレットキャラクターの
……（ネタバレ注意！）ハイウェイマンもいます。

71018 レゴ®ミニフィギュア・
シリーズ17（2017年）

手書き風の
クラシックな
レゴ®スペース
のロゴ

スペシャル・コレクション

さあ、ミニ・レッドカーペットを広げましょう！
レゴ®ミニフィギュア・シリーズ1〜8の成功を
うけて、レゴ社は2012年からスペシャル版
ミニフィギュア・シリーズを数多くリリースして
きました。サッカーのドイツ代表チームから、
ザ・シンプソンズ、レゴの映画に登場する
スターたち、さらにアニバーサリー
コレクションまで。レゴの世界にこれほど
すごいキャラクターがせいぞろいしたことは
いまだかつて
ありませんでした。

映画スター

『LEGO®ムービー™』に登場したエキサイティングなニュー
キャラクターが、そっくりそのままスペシャル・コレクションに
なりました。パンダガイの腕にはミニパンダのぬいぐるみ、
ウィリアム・シェイクスピアの手には「組み立てるべきか、
組み立てないべきか…」と書かれた巻き物、
「ぼくのズボンはどこ？」の俳優の手には……ズボン！

71004 レゴ®ミニフィギュア
レゴ®ムービーシリーズ（2014年）

パンダガイ

ナチョスの皿

ほかにはないデザインの
紫色の尾びれ

スプリングフィールドへようこそ

アニメシリーズ25周年を記念して
発売された最初のレゴ®ザ・シン
プソンズ™セット、「71006 ザ・シン
プソンズハウス」と「71016 クイック
Eマート」に合わせてリリース
された、待望のミニフィギュア
コレクション。
シンプソン一家のほか、バーンズ
社長、ネッド・フランダース、クラス
ティ・ザ・クラウンなど、スプリング
フィールドの住民がおおぜい
登場します。

イッチーのこん棒

「雲にむかってどなる老人」
の見出しがおどる新聞

71005 レゴ®ミニフィギュア
ザ・シンプソンズシリーズ（2014年）

ネッド・フランダース
のツールボックス

シンプソンズ第2弾

おもしろいキャラクターが多すぎて1つのシリーズ
にはおさまらず、シンプソン一家がよそおいも
新たに再登場！
おばのパティとセルマ、グラウンド・キーパー・
ウィリー、スミサーズのほか、自著『エブリマン』を
持つコミックブックガイもいます。

71009 レゴ®ミニフィギュア
ザ・シンプソンズ 第2弾（2015年）

パティの紫色の
パーマヘア

スノーボール2世

ドイツ代表チーム "ディー・マンシャフト"

2016年、フランスで開催されたUEFA欧州選手権。
ドイツ代表の選手15人とヨアヒム・レーヴ監督は、
ミニフィギュアとして永遠にその姿をとどめます。

アディダスの
公式ユニフォーム

71014 レゴ®ミニフィギュア
サッカードイツ代表シリーズ※（2016年）

作戦
ボード
を持つ監督

魚を持つゾディアック・マスター

71017 レゴ®ミニフィギュア
レゴ®バットマン ザ・ムービー（2017年）

フェアリー・バットマン

レゴ®バットマン ザ・ムービー

2017年、ファンはついに、グラムメタル・バットマンやフェアリー・バットマンを含む5種類のバットマンのミニフィギュアを手に入れました。ゴードン市警本部長、ジョーカー、ナース姿のハーレー・クイーンなど、15体の敵と味方も加わりました。

リトル・ニンジャ

『レゴ®ニンジャゴー® ザ・ムービー™』に合わせて発売されたこのスペシャル・コレクションには、2種類のロイドと3種類のガーマドンが登場。ゴング＆ギター・ロッカーや、包丁とのり巻きを持った寿司シェフ、ピンクのテディベアを抱いたN-ポップガールもいます。

71019 レゴ®ニンジャゴー®
ザ・ムービー（2017年）

クロック・キング

ロイドのメカドラゴンの設計図がプリントされた新しいタイル

ウー先生のコーンフレーク

バットマン・リターンズ

選びきれないほどのキャラクターがいるバットマンシリーズ、第2弾のセットが出るのも当然です。イルカの浮き輪を持ったスイムスーツ・バットマン、バットマン・ファンクラブの服を着たバットメルク・バットガールに加えて、敵と味方が18体。彼らはバットマン™のロゴが入った新登場の展示プレートにのってやってきました。

71020 レゴ®ミニフィギュア
レゴ®バットマン ザ・ムービー 第2弾※（2018年）

アパッチ・チーフ

パトロールカー※（セット600）がプリントされたタイル

パーティータイム！

レゴ ミニフィギュア誕生40周年をパーティーで祝いましょう！このスペシャルシリーズのミニフィギュアたちは、パーティー用の楽しいコスプレをしています。ケーキから飛び出すケーキ男、レゴブロックマンにレゴブロックガール、動物のバルーンを持つパーティーピエロ。最初のミニフィギュアのひとつ、1978年の警察官の貴重なレプリカも入っています。

71021 レゴ®ミニフィギュア・
シリーズ18※（2018年）

プレゼントの中身は、レゴ ミニフィギュアのパッケージの絵柄がついたタイル2枚

レーシングカーのコスプレ

レゴ® フレンズ

2012年にスタートしたレゴ® フレンズの
テーマは、ビルダーをハートレイクシティへ、
そして日常生活やごくふつうのキャラクターに
フォーカスした組み立てへといざないました。
主役はオリビア、エマ、アンドレア、
ステファニー、ミアのなかよし5人。
テレビアニメの放送と同時に発売された
セットで、新しい"ミニドールフィギュア"が
デビューしたのです。

3061 パークカフェ（2012年）

カフェにおでかけ

レゴ フレンズのセットは、組み立てかたは
オーソドックスで、ディテールを重視。
新しいパーツやアクセサリ、色がいっぱいです。
「パークカフェ」は5人のお気に入りのお店。
カラフルな調理器具やカップケーキホルダー
など、食べ物関連のアクセサリがいろいろ
あります。

カフェには、ハンバーガーから焼きたての
カップケーキやパイまでなんでもある。

3933 サイエンス
スタジオ（2012年）

発明スタジオ

フレンズのキャラクターは、みな個性的で、
それぞれの趣味をもっています。
オリビアはサイエンスや自然、発明が
大好き。彼女のスタジオには、さまざま
な器具や採集容器、それに顕微鏡
まであり、もちろん自分で作ったロボット
もいます。

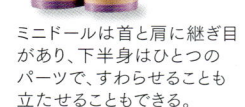

ミニドールは首と肩に継ぎ目
があり、下半身はひとつの
パーツで、すわらせることも
立たせることもできる。

エマ（写真左）の夢は、
服やジュエリーの
デザイナーになること。
インテリア装飾や乗馬、
武道にも興味がある。

3187 ビューティーサロン（2012年）

ビューティーサロン

ハートレイクシティの中心にあるサロンには、
ミニドールの髪につけるリボンやヘアクリップのほか、
口紅やサングラス、ドライヤーもそろっています。
マネキンにかぶせたスペアのヘアピースもあり、
思いきったイメチェンができます。

オリビアの家

レゴ フレンズ1年目最大のセット「ラブリーハウス」。サイエンススタジオとツリーハウスに続いて、オリビアが登場しました。彼女が両親とペットのネコとくらす家には、キッチン、バスルーム、リビング、ベッドルーム、それに屋上のパティオもあり、ママのアナとパパのピーター（初の男性ミニドールフィギュア）もいます。

庭には郵便受け、家庭菜園、芝刈り機、ブランコのほか、友だちや家族とバーベキューができるグリルもある。

屋上のパティオ

オリビアはベッドルームのひきだしに日記帳をしまっておく

ラブリーハウスはセクションごとに組み立てられているため、自由にならべかえてままごと遊びができる。

アナ

回転いすにすわるピーター

3315 ラブリーハウス（2012年）

3932 ミュージックショー（2012年）

CDラジカセ

シンガーソングライターのアンドレアは、すでにスターへの道を進みはじめている。彼女のステージにはマイクスタンドやピアノ、CDラジカセ、色とりどりのライトがついたエントランスもあり、本格的なコンサートが開ける。

ピアノといす、グラスもある

移動できるステージライト

車でおでかけ

ステファニーのオープンカーのセットには、子犬のココ、街灯と蛇口とバケツのついた洗車スタンド、レゴのタイルにプリントされた小さなMP3プレイヤーも入っていました。ほかのセットで、ステファニーはペット・パトロールのジャングルバイクやデリバリーピザのスクーター、水上飛行機にも乗ります。

3183 オープンカー（2012年）

3942 ハートレイクのドッグショー（2012年）

ペットのおひろめ

「ハートレイクのドッグショー」には、ランウェイ付きの舞台、シーソーとハードルのある障害物コース、グルーミングコーナー、入賞リボン、優勝トロフィーが入っています。ほかにも皿にのった骨や、よく訓練されたペットの写真をとるカメラもあります。

動物が大好きなミアは、訓練するのも病気を治してあげるのも好き。

ジャングルへ

2014年、少女たちはハートレイクシティを遠く離れた大自然へ冒険に出かけました。目的は、動物たちを保護しケアすること。5人はジャングルで危険な状況におちいったパンダやトラの赤ちゃん、子グマを救出します。7つ発売されたジャングルのセットのひとつ「ミステリージャングルパラダイス」には、すべり台とジップラインのついた見張りデッキがあります。ヒャッホー！

41038 ミステリージャングルパラダイス（2014年）

ジップライン

屋根にソーラーパネルがついた住居

移動診察室

五つ星の泊まりごこち

1,552ピースの「ハートレイクホテル」は、いまのところレゴ フレンズシリーズで最大のセットです。少女たちは回転ドアをくぐり、エレベーターで上の階へのぼって、ぜいたくな一夜をすごすことができます。屋上にはプールもあります！

41101 ハートレイクホテル（2015年）

子犬、大好き！

レゴ フレンズのテーマと少女たちの生活では、動物たちが大きな役割をはたしています。「41124 子犬の幼稚園※」のような大型セットから、かわいい子犬のクッキーを訓練するこの小さなセットまで、レゴ フレンズシリーズには、幼いビルダーたちがお世話できる動物のフィギュアがたくさん登場します。

犬小屋

子犬の頭にリボン

訓練用スロープ

41304 子犬のスケートボード（2017年）

キャンプ生活

2016年、ハートレイクの少女たちはふたたび大自然にあこがれ、キャンプに出かけました。ミアはアーチェリーの練習（セット41120）、エマとステファニーはツリーハウスを探検（セット41122）、アンドレアとオリビアは、この楽しいラフティングのセットで急流下りを競いあいます。木がたおれるしかけもあって、レースにエキサイティングな障害物が加わります。

41121 アドベンチャーキャンプ"ラフティング"（2016年）

組立式のビニールテント

クライミングウォール

優勝トロフィー

滝

ゴールの旗

ここを押すと木が川にたおれる

ポップスター

2015年に発売された8セットは、テレビアニメの
エピソードにちなんだものでした。少女たちは、
国際的ポップスターのリヴィが審査員をつとめる
新人スターオーディションに出場します。パネルが
回ってポップスターがあらわれるこのセットを
はじめとするリディ・シリーズで、少女たちは
アイドルの生活を少しだけ味わったのです。

**41105 ポップスター
"ライブステージ"（2015年）**

遊園地

2016年の「遊園地"ジェットコースター"」
で、レゴ フレンズのファンは自分だけの
遊園地を組み立てることができました。
このセットの目玉であるジェットコースターは、
「41127 遊園地"ミニゲーム"※」や
「41128 遊園地"スペーススライド"※」
を含む5つのセットと組み
合わせが可能。誰もが行きたく
なる最高の遊園地が
作れます。

楽しいスキーリゾート

つねにアクティブでいたい
5人は、2017年発売の7つの
スキーリゾートセットで雪山へ出発。
「ハートレイク キラキラスキー
リゾート」で、ミアとオリビアはリフトで
山頂に行き、ウインチとスライド機能
を使ってゲレンデをすべりおりる
ことができます。

**41324 ハートレイク キラキラ
スキーリゾート（2017年）**

ゲレンデ

貸しスキー
カウンター

観覧車

フリー
フォール

**41130 遊園地"ジェット
コースター"（2016年）**

回転バーがある
入場ゲート

コースター・
カメラ

**41339 ミアの
キャンピングカー（2018年）**

ミニドールが乗ると
ライトブロックが光る

第二のわが家

2018年にルックスやプロフィールが新しくなったなかよし
5人ですが、冒険に出かけるのが好きなのは同じ。
ミアとステファニーのキャンピングカーには、
トイレにキッチン、開閉式のルーフ、ベッドもあり、
星空の下でねむりたいときのためにテントまで
用意されています。

レゴ®エルフ

2015年、エミリーというふつうの女の子が、ある日とつぜんレゴ®エルフのふしぎな世界へ入っていきました。このファンタジーのテーマは、ディズニー・チャンネルでのスペシャル番組とともにスタート。発売されたセットには、エルフ（妖精）と人間のすてきなミニドールフィギュアや優美なドラゴン、その敵である謎のゴブリンやコウモリなどが入っていました。

41075 木の上の隠れ家（2015年）

うずまく魔法のポータルからエミリーがあらわれる

森の家

「木の上の隠れ家」は、レゴ エルフの最初のセットのひとつ。おばあさんの庭で見つけた魔法のポータル（とびら）を通ってエルフの世界エルブンデールへやってきた、冒険好きなエミリー・ジョーンズが初登場。カラフルなこのセットは、大地の妖精ファランの家です。

エルブンデールには、ヒョウの子エンキ（左）や、キツネのフレイミー、ウミガメの赤ちゃんカリプソなど、ユニークな模様のふしぎな生き物がたくさんいる。

城の牢屋とドラゴン

2016年放送のスペシャル番組『Dragons to Save, Time to be Brave』で、ドラゴンの女王エランドラは、邪悪なエルフの魔女ラガーナにとらえられています。「女王ドラゴンの救出」のセットには、エランドラと彼女がとじこめられていた2階建てのお城が入っています。なお2016年には、エランドラのほかに4頭の大型ドラゴンが登場しました。

ユニークな翼のデザイン

レバーで牢屋のとびらが開く

41179 女王ドラゴンの救出（2016年）

海の冒険

水の妖精ナイダと風の妖精アイラといっしょに船に乗り、貝殻の中にかくされた魔法の水のカギを見つけにいきましょう。舵をとると帆の向きが変わります。船にはギャレーもあり、かんたんな食事も作れます。

41073 ナイダの船の冒険（2015年）

赤ちゃん誕生

ドラゴンの登場とともに、卵から生まれるかわいいベビードラゴンもやってきました。ドラゴンチェリーをつんでいたエミリーは、エランドラの生まれたばかりの赤ちゃんフレッジと出会います。

41171 エミリー・ジョーンズと風のベビードラゴン（2016年）

動かせる翼

回転プロペラ付き
のバルーン

**41184 アイラの飛行船
（2017年）**

41191 ナイダと水のカメの
待ち伏せ※（2018年）

闇の世界で

2018年、エルフたちは悪の魔女
ノクターナとその手下シャドーバット
と対決しました。魔女は守護動物
たちが守る魔法のエレメントの
かけらを手に入れようとしています。
ポーザブルな組立式守護動物の
セットは、水のカメ、火のライオン、
風のドラゴン、大地のキツネの
4種類が発売されました。

高く、高く、そして遠くへ！

2017年のストーリーには、ゴブリンキングと
エミリーの妹ソフィーが登場。エミリーと風の
妖精アイラは飛行船に乗って、邪悪なゴブリン
にとらえられたソフィーを探しにいきます。
セットには、シードシューターがついたゴブリン・
グライダーに乗るデュークリンも入っています。

ドラゴンにも
使われている
翼のパーツ

エレメントの
かけら

悪のシャドーバット

水のカメ

ソフィーの救出

勇かんなエミリー・ジョーンズは、妹を助けるため、
ゴブリンキングの要塞へとしのびこみます。
セットには、食肉植物の上に吊るされた檻、
カタパルト、押すと開く魔法のポータルのほか、
動く舵がついたエミリーのいかだも入っています。

回転する王座

ソフィー・
ジョーンズ

ゴブリンキング

タフリン

ゴブリンキングは、じつはゴブリン
ではなく、パワーを手に入れ
エルブンデールと地球を支配
しようとたくらむエルフだった！
彼は2つのセットに
入っており、ここでは
ゴブリンのタフリンと
ともに登場。

ひっかけ錨

ポータル

41188 ゴブリンキングの城（2017年）

持ち上がる跳ね橋

シーズナル・セット

1999年以降、クリスマスをテーマとした小さな
セットが、レゴ®定番の季節商品となりました。
つづいてイースターや感謝祭、ハロウィーン、
バレンタインデーなどにちなんだ製品も登場。
ごく最近では、チャイニーズ・ニューイヤーや
季節のうつりかわりをテーマとしたセットも
リリースされています。
季節感あふれるレゴ セットは、デコレーションや
プレゼントにぴったり。いつでも新しいものに
組み立てなおせるので、"季節はずれ"になる
こともありません！

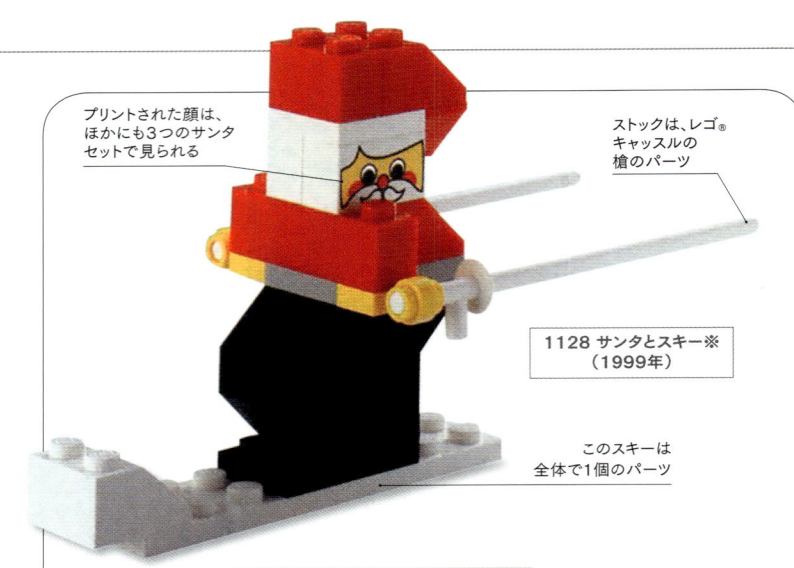

プリントされた顔は、
ほかにも3つのサンタ
セットで見られる

ストックは、レゴ®
キャッスルの槍のパーツ

1128 サンタとスキー※
（1999年）

このスキーは
全体で1個のパーツ

スポーティーなサンタさん

あるときはミニフィギュアとして、あるときはブロックで組み
当てる形で、サンタクロースは1970年代以降20以上の
セットに登場。1999年には2つのセットで、トナカイの
背中であお向けになる姿と、さっそうとスキーをする姿を
ひろうしました！

ツリーの枝を、ほかの
レゴのパーツで
かざることもできる

40236
バレンタイン・
ピクニック※
（2017年）

40057
秋のシーン※
（2013年）

5つの大きな透明のパーツで"
雪"を囲んでいる

雪よ、降れ！

このクリスマス用デコレーションは、
2016年、レゴ ストアとshop.LEGO.
comで一定額以上の買い物をした
お客にプレゼントとして配られた、中
でパーツがパラパラと動くめずらしい
製品です。
振ると、丸くて白いパーツがサンタと
クリスマスツリーに雪のように降って
きます。

40223 スノーグローブ※（2016年）

台の部分は
ひきだしになっている

40271 イースターバニー
（2018年）

40260 ハロウィーン・ハント※
（2017年）

40207
さる年
ミニキット※
（2015年）

40270
バレンタインの蜂
（2018年）

40091 ターキー※
（2014年）

40203
吸血鬼と
コウモリ※
（2016年）

41326 レゴ®フレンズ
アドベントカレンダー
（2017年）

クリスマスの
セーターを着た
ステファニー

アドベントのアドベンチャー

2000年代はじめにレゴのアドベントカレンダー
が発売されてから、クリスマスまでのカウント
ダウンがますます楽しみになりました。
レゴ®シティ、レゴ®スター・ウォーズ™、
レゴ®フレンズなどのテーマごとに、
それぞれ24個のミニ組立トイが
入っていて、組み合わせると
楽しいクリスマスのシーンが作れます。

40235
いぬ年
ミニキット※
（2017年）

30478
サンタクロース※
（2017年）

40123 サンクスギビングの
ごちそう※（2015年）

イッツ・ア・レゴ® デュプロ®・ワールド！

幼いビルダー向けビルディングシステムのなかで最もよく知られ、最も長く愛されてきたのがレゴ® デュプロ® です。デュプロ® ブロックは、小さな手でも容易につかんだり、組み立てたり、はずしたりできるように、ひとつひとつのパーツが大きくできています。1歳半から6歳向けにデザインされたこのシリーズは、40年以上にわたって就学前の子どもたちの創造性を刺激し、運動能力をのばすお手伝いをしてきました。

2940 ツーロ・ファイヤートラック※（1992年）

2×4のスタンダードなレゴブロック

レゴ デュプロブロック

レゴ デュプロブロックは、レゴブロックと比べて高さも2倍、長さも2倍、幅も2倍。1969年に製造された最初のデュプロブロックのパーツは、ポッチがもう少し低く、裏側の連結部分も少しちがっていましたが、現在のものと同様、標準サイズのレゴブロックにぴったりはまりました。

子ども用の工具

1990年代に発売されたデュプロツーロセットの乗り物には、大人のまねをして工具を使ってみたい子どもたちのために、おもちゃの工具でしめたりはずしたりできる黄色い連結部品がついていました。工具を回すと、カチッといい音がします。
2009年、このビルディングシステムが、子どもたちに大人気の安全なドライバーとレンチがついた新たなセットとして復活しました。

思いつくまま……

おうち、動物、船、車、飛行機……特別な形や色、模様のデュプロブロックを使って、幼い子どもたちは想像力のおもむくままになんでも作ることができます。

ロゴ（1978年）

ロゴ

パッケージにデュプロのウサギのロゴがはじめて表示されたのは1979年。1997年には、新シリーズ「プリモ」のゾウのロゴに合わせて、より愛きょうのある顔に変わりました。2002年にデュプロが幼児向けのレゴ® エクスプロアに組みこまれるとウサギのロゴは姿を消しますが、2004年にデュプロの名前が復活し、ロゴもふたたび使われるようになりました。

ロゴ（1997年）

新しいほうのロゴは、かわいらしくカラフルなデザインで、見るとウサギと目が合う。

最初の人形

1970年代、幼児向け製品の箱にはかならずしもDUPLOの文字はなく、PreSchool（就学前）と表示されているものや、まったく表示がないものもありました。そのころにはじめて登場した幼児向けの人と動物の人形は、印刷された顔に、ブロック1個の体でした。

537 メアリのおうち※（1977年）

屋根には
テレビアンテナ

1980年代なかばには、すわらせたり手に物を持たせたりできる新しいデュプロ人形が2サイズ展開で誕生。従来の人形も1990年代までセットに登場しつづけた。

2770 プレイハウス※
（1986年）

レゴ デュプロ のプレイハウス

1986年に発売されたデュプロの「プレイハウス」は、組みかえられる家のほか人形のファミリーと家具が入っていて、室内のシーンを作ることができました。別売のアクセサリセットとして、バスルームやキッチン、リビングルームを組み立てるパーツのほか、追加の壁や屋根用のパーツもありました。

引き戸がついた
壁は、これで1個の
パーツ

おはよう！

2015年発売のこのプレイハウスで、子どもたちはごっこ遊びやお話をしながら1日の活動を学べます。朝食や歯みがきなど、1日のおもな活動がブロックにプリントされています。

すべる部分は
1個のパーツ。
2個のブロックと
連結させる

この長ーいワンちゃんは、おなかにブロックを入れて運べるだけじゃない。首輪のところにブロックをはめることもできる！

5503 レゴ®デュプロ ワンちゃん
（2005年）

増えていくブロック

子どもが大きくなるにつれて、デュプロブロックの数も増えていきます。じょうぶなプラスチック製のバケツなど、べんりな容器がいろいろありますが、なかにはこんなかわいいダックスフント型チューブも。ワンちゃんの細長い透明なおなかには、32個のブロックが入っていました。

10616 はじめての
デュプロ®"おうち"
（2015年）

1、2、3……

このカラフルでずんぐりした列車は、ブロックに0から9までの数字がプリントされ、数をおぼえるのにぴったり。新バージョンのネコ、男の子、女の子の人形も入っていて、ごっこ遊びも楽しめます。最新のデュプロ人形には、指がついた手と回せる頭部、小さな丸い鼻があり、頭にははずれない帽子や髪がついています。

10847 はじめてのデュプロ®
"かずあそびトレイン"（2017年）

デュプロの人形には、子ども（写真）、大人、赤ちゃんの3サイズがある。

ブロックを拾い集めます

「ブロックを食べちゃうぞ！」
これは、ブロックを拾い集める
道具と容器をかねたすぐれもの！
床に散らばるデュプロブロックを
ペロリとたいらげてくれるので、
足でふんでけがをする心配はもう
ありません。中にはおまけの
ブロックが入っていて、背中は
基礎板になっています。

基礎板

持ち運び用
ハンドル

安全なゴム
製のブロック
すくい

5359 ブロッコダイル※（2004年）

2階にはベッドルームと
バスルームがあって、
お泊りできる。

植木箱の
プリント

ひもを引くと
ベルが上下に
動く

大昔の遊び

恐竜と原始人の子どもが遊ぶって？ それができるのは「きょうりゅうのもり」の中だけ。石器時代の陽気な一家には、背中に乗れる恐竜の友だちがいて、壁画が描かれたブロックなどで作る住みごこちのいい洞穴でくらしています。布の服、カヌー、巨大な魚、それにデュプロのポッチがついたローストステーキもあります。

5598 きょうりゅうのもり（2008年）

10869 たのしいぼくじょう
（2018年）

牧場のくらし

レゴ®デュプロ®のまちシリーズは、日常のシーンの楽しさを教えてくれます。「たのしいぼくじょう」で、子どもたちは牧場ごっこをし、動物の世話を学び、じょうずな鳴きまねも練習できます。

3515 サファリの動物
組立ゴッコ（2003年）

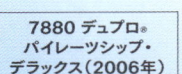

おふろで遊べる海賊船

レゴ®パイレーツのセットが発売されなかった何年ものあいだ、就学前の子どもたちはデュプロ パイレーツで楽しさをひとりじめしていました。この巨大な海賊船は水に浮き、車輪で床も走ります。縄ばしごにはサル、帆にぶらさがるためのウインチや、玉を放つ大砲、宝箱に檻、新米水夫がバスタブの海に飛びこむ板までついたこのセットを、大人たちは指をくわえて見ていたことでしょう。

7880 デュプロ®
パイレーツシップ・
デラックス（2006年）

動物を組み立てて遊ぶ

このシリーズでは、首や体を柔軟に動かせるアコーディオンヒンジや、口が開閉する頭部、細いひもでできたしっぽなどのめずらしいパーツが使われ、子どもたちが自分で組み立てたおもちゃと触れあいながら遊べる工夫がなされていました。予備ブロック（目が描かれたものなど）もたくさん入っていて、箱に表示されたもの以外にもいろいろな動物が作れました。

レゴ エクスプロアの1歳半以上向け"エクスプロア・イマジネーション"シリーズでリリースされた動物セットは、翌年デュプロが復活すると、2〜5歳向けとして再リリースされた。

色分けして組み立てる

このしっかりした箱には、ふたにもなる青、黄、赤のプレートがついてきます。幼いビルダーはプレートを使ってブロックを色分けし、ゾウやキリン、オウムを作るのに必要なパーツを見つけたり、正しい組み立てかたを思い描いたりできます。

6784 デュプロ®ブロック・パズルボックス（2012年）

5506 デュプロ®ラージ ブロックボックス（2010年）

箱入りのベーシックなデュプロブロックは、作品の可能性を広げ、創造的な遊びのきっかけを与える。多くのセットには、アイデアいっぱいの組立ガイドが入っている。

レゴ®のまち

レゴ®のまちのスーパーマーケットには、子どもたちが自分の作品を使って遊べる方法がいっぱい。フルーツや野菜などの食品を選んだり、カートでレジまで運んだり、店員さんのレジ打ちを手伝ったり。レジはチンと音が出ました。

マーケットやスーパーなど日常の場面にフォーカスしたレゴのまちシリーズは、その後レゴ デュプロのまちシリーズになった。

5683 マーケット（2011年）

5604 スーパーマーケット（2008年）

楽しいケーキづくり

メレンゲやマフィン、キャンドルの特製ブロックを含む55個のカラフルなデュプロブロックで、幼いケーキ屋さんはいろいろな形や大きさのおいしそうなデザートを"組み立てる"ことができます。セットが入っている箱のふたは、トレイとしても使えます。

6785 デュプロ®ピンクのケーキブロックセット（2012年）

レゴ®デュプロ®のお城

どうだ、火を吹く馬だぞ！

荒々しいドラゴンに強そうな騎士、秘密のトラップドアに宝物——デュプロのお城シリーズで、子どもたちは自分だけのお城を組み立てました。なかでもみごとなお城は、2005年に発売された「4785 ブラックキャッスル※」。特大サイズのブロック386個で作るこのお城は、デュプロ最大級のセットです。お城から高さ170cmの塔に組みかえるためのイラスト入り説明書も入っていました。

4776 ドラゴンの塔※（2004年）

翼とあごが動くドラゴン

口に炎のパーツがはまる

レゴ®ジュニア

2014年以降、幼いレゴ ファンにレゴ デュプロに次ぐ最適なステップを提供してきたレゴ®ジュニア。4〜7歳がターゲットのセットは、基本ブロックを使ってかんたんに組み立てられるようデザインされています。レゴ シティやレゴ®フレンズなど定番テーマのほか、レゴ®DCコミック スーパー・ヒーローズやレゴ®ディズニープリンセス™といったライセンステーマのセットもあります。

10679 海賊のお宝探し（2015年）

壁やフレーム、ボートなど初心者向けの大型パーツで、幼いビルダーも組み立てに自信がつく。

アクションいっぱいのレゴ シティのセット。組み立てやすいヘリと警察署が入っている。

10751 シティ "山のドロボウたいほ"（2018年）

思い出のセット

514 プリスクール・ビルディングセット※（1972年）

010 ビルディングセット※（1973年）

524 レゴのまち※（1977年）

534 客船※（1978年）

2623 デリバリー・トラック※（1980年）

2705 プレイトレイン※（1983年）

2355 デュプロ 基本セット
乗り物※（1984年）

2629 トラクターと農具※（1985年）

2770 プレイハウス※（1986年）

2666 ミニどうぶつえん※（1990年）

1583 デュプロ スペシャル
バケツ※（1992年）

2679 デュプロ エアポート※（1993年）

2338 子猫のビルディングセット※
（1995年）

2223 ゆうれいやしき※（1998年）

2281 デュプロ 基本セット デュプロランナー※（1999年）

2400 かわいい乗り物たち※
（2000年）

1403 レーシング・レオパード※（2001年）

2952 マリーちゃんのお散歩
（2001年）

4691 楽しいポリスステーション
（2004年）

4683 ポニーカート（2004年）

4973 刈取り機（2007年）

4864 城（2008年）

5604 スーパーマーケット（2008年）

5655 キャンピングカー（2010年）

6158 どうぶつびょういん（2012年）

10850 はじめてのデュプロ®"ケーキ"（2017年）

10840 デュプロ®のまち"おおきな遊園地"（2017年）

2024 ラトル※
（1983年）

ベビーのためのブロック

レゴ®製品には、デュプロ®ブロックを組み立てるようになる前の赤ちゃん〜幼児向けにデザインされたものもたくさんあります。赤ちゃんにも安全な組立玩具や教育玩具には、試験的に発売されてはすぐに消えてしまったものもある一方で、人気が高く、名称や色を変えて何度も再リリースされたものもあります。
ここでは、長年にわたって幼い子どもたちが遊び、創造性をはぐくんできたレゴのおもちゃをいくつか紹介しましょう。

振って、鳴らして、しゃぶって

このアヒルのラトル（がらがら）は、見た目はシンプルですが、赤ちゃんの遊びかたや学習のしかたを何年もかけて研究して作られたものです。赤ちゃんは動く目に反応するため、ラトルを振るとアヒルの目玉がはずむように動き、中央のボールはクルクル回って音が出ます。両わきににぎりをつけたのは、お母さんたちからのアドバイスによるものでした。てっぺんにはポッチが、底には穴があり、赤ちゃんが大きくなってから、デュプロブロックやレゴブロックと連結できます。

ベビー用ブロック

レゴ プリモとレゴ ベビーのカラフルなブロックは、安全でじょうぶでシンプル。赤ちゃんでも重ねたりはずしたりできました。

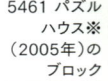

5461 パズル
ハウス※
（2005年）の
ブロック

レゴ® プリモとレゴ® ベビー

1995年、生後6〜24カ月の赤ちゃん向けに、各パーツが大きく歯でかんでもあぶなくない組立玩具レゴ プリモが発売されました。1997年、レゴ プリモは黄色いゾウのロゴがついた独自のブランドとなり、パズルハウス、音の出るボート、組立式のネズミなど、積みかさねて遊ぶカラフルでじょうぶなおもちゃがたくさん登場。
2000年にはプリモからレゴ®ベビーに名称が変わり、2002年にはレゴ®エクスプロアに組みこまれ、2004年にふたたび、テディベアの新ロゴとともにレゴ®ベビーが復活しますが、2006年には正式に製造中止となりました。

2503 ミュージカル・アップル※（2000年）

虫をリンゴに押しこむと、虫がピョンと飛び出て音楽が流れる。

くねくねむし

生後6〜18カ月向けの「くねくねむし」は、世界中の赤ちゃんのお気に入り。背中を押すと平らになって、手をはなすとまたピョコンと浮き上がり、赤ちゃんは大喜び。
床をころがしたり、背中のこぶにお友だちの虫たちを乗せることもできます。

くねくねむしは、1997年のレゴ プリモでは深緑と赤、2001年のレゴ ベビーと2002年のレゴ エクスプロアでは黄色と深緑の配色で登場した。

5443 ガラガラ
ぶらさがりくん
（2003年）

新生児用おもちゃ

笑顔がかわいいレゴ エクスプロアのラトルは、"エクスプロア・ビーイング・ミー"のレーベルで新生児向けに開発されたもの。布とひも、ソフトプラスチックでできており、ベビーベッドやベビーサークルの手すりにぶらさげることができます。

5465 くねくねむし
（2005年）

5470 はじめてのクワトロ™
フィギュア（2006年）

2004～06年でわずか
10種類ほどのセットしか
発売されなかったため、
これは"はじめて"で"唯一"の
クワトロ人形となった。

レゴ®クワトロ™

レゴ デュプロとレゴ®クワトロ™の関係は、レゴブロックと
デュプロブロックの関係と同じです。
クワトロの噛んでもあぶなくないパーツは1～3歳向け。
デュプロブロックよりももっと丸みがあり、長さも幅も高さも2倍。
クワトロシリーズは、モデルを組み立てるというよりも思いのまま
に高く積みあげて遊ぶためのブロックで、ロゴはプリモのゾウの
ロゴを青くしたものでした。

歌うカスバートとおともだち

0～2歳向けのプリモシリーズのセット。
ラクダのカスバートはオルゴールで、
体をひねって手をはなすと、ほのぼのと
したメロディーが流れます。
カスバートの足はプリモのブロック
と連結できます。また背中のこぶ
はポッチになっていて、丸い体を
したプリモ人形のおともだちなど、
ほかのパーツを重ねることが
できます。

2007 プリモの
メロディペット
（1998年）

色と形

プリモがデュプロから分離して
独自のブランドとなった年にリリース
されたこのセットは、どのパーツが
どのキューブにぴったりはまるかを
発見することで、生後8～24カ月の
赤ちゃんが色と形を学習する
おもちゃです。キューブどうしを
重ねて遊ぶことも、箱の蓋になって
いる緑色の基礎板にならべることも
できます。

2099 パズルハウス※
（1997年）

車両には荷物を
積めるポッチが
ついている

2974 プレイトレイン※
（2001年）

ベビートレイン

生後6カ月以上の赤ちゃん向けのこの列車は、
7つのパーツでできています。くねくねむしと同様、
2000年から2005年にかけて、ベビーブランドが
変わるごとに配色を変えて製造されました。
機関車の煙突を押すと音が出ます。

レゴ® ファビュランド™

りっぱな外輪船の船長は、セイウチの
ウィルフレッド・ウォーラス。サルのマイク・
マンキーはデッキのそうじ、もう1匹の
サルは蒸気機関のかかり。

3673 観光船※
（1985年）

1979年に最初のセットが出た瞬間から、レゴ®
ファビュランド™はほかのシリーズとはひと味ちがって
いました。組み立てやすいモデルと、動物の顔をした
親しみやすく楽しいフィギュアは、デュプロ®とレゴの
あいだをうめるものとして、男の子にも女の子にも
受けたのです。ファビュランドシリーズはまた、ストーリー
ブックや子ども服、テレビアニメにもなった最初のテーマ
でした。

350 市庁舎のライオネル・
ライオンと仲間たち※（1979年）

おとぎ話の世界

レゴ ファビュランドは、ごっこ遊び
が大好きな子どもたちにぴったり
のテーマです。カラフルなかわいい
建物や乗り物は、パーツが大きい
のですぐに組み立てられ、フィギュア
を入れて遊べるように、おうちの中も
ゆったりしていました。

ライオネル・ライオン（またの名を
レオナード・ライオン）は、ファビュランド
の市長。市庁舎のセットには、消防士
のバスター・ブルドッグと、トラブル
メーカーだが根はやさしいキツネの
フレディー・フォックスも入っている。

3660 漁師の
コテージ※
（1985年）
のボート

ファビュランドの仲間たち

ファビュランドに住む動物たちは、デュプロの人形と
ミニフィギュアの中間の大きさ。それぞれに名前と
アクセサリがあり、帽子や制服を身につけることも
ありました。エドワード・エレファントは1985年、ボートと
漁師のコテージとともに登場。チャーリー・キャットは、
町を離れていっしょに釣りを楽しもうとついてきました。

さあお乗りください、
ミス・ヒポポタマス！

ビリー・ベアがいる
ガソリンスタンドに
ふらりと立ちよる
ベルナール・ベア。
スタンドには給油
ポンプと車修理の
工具があった。

3670 ガソリン
スタンド※（1984年）

3662 2階だてバス
※（1987年）

ストーリーを聞きながら

3歳以上の子どもたちはファビュランドの
セットで、おうちや船、遊園地の乗り物、警察
署、消防署など、いろいろなものを作ることが
できました。大型のセットにはわかりやすい
組立ガイドがついていて、ストーリーを読んで
もらいながらモデルが作れます。

わたしは友だちのお手伝いが
大好き。
たのまれなくても
やっちゃうの!

ストーリーブック

「ファビュランドの市長ライオネル・ライオンが、
仲間たちを仮装パーティーに招待しました。
招待状をもらったみんなは大こうふん──
仮装のチャンピオンを決めるんだって! 『ぼくは車に
なろう』マックスは古いダンボール箱を見つけてくると、
横にタイヤを描きました……」
こんな冒険いっぱいのストーリーブックがたくさん
ありました。

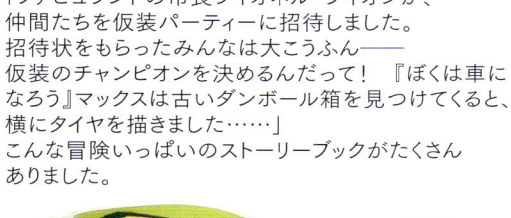

頭と手足が動くファビュランドの
住人は、空想好きな
エドワード・エレファント、
親切なボニー・バニー、
冒険好きのマックス・マウス、
花屋のハンナ・ヒポポタマス、
不器用なクライブ・クロコダイル、
ナースのルーシー・ラムなど、
おおぜいいる。

ボニー・バニー　　マックス・マウス　　マイク・マンキー

なつかしい夢の世界

10年にわたり楽しい想像の世界を
くりひろげてきたファビュランドのテーマは、
1989年に終わりをむかえます。最後に
発売されたのは、学校の教室とメリー
ゴーランド、すべり台やブランコがある公園
のセットでした。大空を飛ぶカラスのジョー・
クローやその仲間と遊びながら育った子ども
たちは彼らをなつかしく思い出し、楽しい
ファビュランドの世界はいまも多くのファンや
コレクターに愛されています。

3671
ファビュランド空港※
（1984年）の
飛行機

ファビュランドへは、どうやって行くの?
「そう遠くじゃない──北へむかって
ちょっと左へ行くか、南へむかって
ちょっと右へ行く。そこには、エドワード・
エレファントや仲間たちがみんないるよ」

バイオニクル®

"バイオロジカル・クロニクル"は、テクノロジーと神話をブレンドしてつくられた、組み立てられるヒーローやクリーチャー、ヴィラン（敵）がいっぱいの世界。2001年にスタートして大人気となりました。コミックや小説、映画、オンラインゲーム、アニメを通じて語られたバイオニクル®の舞台は、マタ・ヌイというミステリアスな熱帯の島。バイオメカニカルな島民たちは、マクータという邪悪な生命体があやつる恐ろしい生き物たちに攻撃されていました。もう勝ち目はないと思われたそのとき、世界を闇から救うと予言されていた6人のヒーローがやってきたのです。

マタ・ヌイ島

眠れるグレート・スピリットの名をとったこの島には、氷原、岩だらけの砂漠、地下の洞窟、深い密林、巨大な湖、火山があり、カノイと呼ばれるマスクをつけたメカニカルな生命体が住んでいます。

8543 ノカマ※（2001年）

8544 ヌジュ※（2001年）

8540 ワカマ※（2001年）

8542 オネワ※（2001年）

村のかしこい長老たちはツラガと呼ばれ、多くの秘密を守っていました。ツラガのトイは、レバーを押すと杖を高く持ち上げます。ノーブルカノイは、念力や、姿を消したり相手の心をあやつったりする力を彼らに与えます。

8545 ウェヌア※（2001年）

8541 マタウ※（2001年）

村人たち

マタ・ヌイ島の住人は、自然環境のことなる6つの村に住んでいます。はじめはトフンガと呼ばれていた村人たちは、侵略者ボロックを打ち負かしたマタ・ヌイをたたえ、マトランと呼ばれるようになりました。

8595 タクア＆プーク（2003年）

クロニクラーと呼ばれていたタクアは、のちにマスク・オブ・ライトによって7人目のトーア、タカヌーバに変えられる。

トーア

6人のトーアを乗せたキャニスター（トイが入っている容器と同じ）が、遠い海のかなたから島の浜辺に流れつきました。エレメンタルパワーをもち、グレートカノイをつけたトーアたちは、島につたわる伝説のヒーロー。いつか彼らがやってきて、眠れるグレート・スピリット"マタ・ヌイ"を目覚めさせ、邪悪なマクータから世界を救ってくれる、島民たちはそう信じていました。

8568 オワツ ヌーバ（2002年）

8567 レーバ ヌーバ（2002年）

8566 オヌー ヌーバ（2002年）

トーア・ヌーバのツールは2つの機能をもつ。たとえば炎のトーア"タフー・ヌーバ"のマグマソードは、足につければ溶岩の上をすべるサーフボードになる。

トーアは、マクータやラヒなど島をおびやかす敵と戦った。シリーズ2年目、彼らはトーア・ヌーバ（下の写真）となり、新しいアーマーやツール、パワーアップしたマスクを手に入れた。

カノイは、セットのほかマスクのアソートメントパックにも入っている

ラヒ

8538 バイオニクル・ムアカ＆カネラ（2001年）

蚊のようなヌイ・ラマも強大なカネラも、バイオニクル®に登場するビーストはすべて「ラヒ」と呼ばれます。シリーズ初年には、ラヒが2体入ったセットが5種類発売され、パーツを合わせて別の大きな動物に組みかえる説明書も入っていました。
モデルはレゴ®テクニックのアクション仕様。ラヒとトーア、またはラヒどうしを戦わせ、相手のマスクをたたき落として遊ぶものでした。

アイスブレードはスキーになる

8571 コパカ ヌーバ（2002年）

8570 ガーリ ヌーバ（2002年）

マクータ

暗黒の支配者マクータは、トーアがやってくるまで何世紀ものあいだ、マタ・ヌイ島の人々を支配しようとしていました。ウイルスに感染したマスクを使って野生のラヒをあやつり、ボロックの群れ（スウォーム）を島に放ち、ハ虫類ラクシをけしかけ、光のトーアの発見をことごとく邪魔したのです。

8593 マクータ（2003年）

スウォーム

トーアサイズのヴィラン（敵）セット第1号は、昆虫に似た6種類のボロックでした。彼らはプラスチック容器の中で丸くなって冬眠し、頭突きや、ゴムのような寄生"脳"クラナで攻撃します。クラナはマスクに置きかわってヒーローたちをコントロールしました。

8562 バイオニクル・ガーロック（2002年）

アクアアックスは足ヒレになる

155

新たな島々、新たな冒険

2003年のバイオニクル®映画『マスク・オブ・ライト』の結末で、マタ・ヌイのヒーローたちは、自分たちの島の地下深くにある第2の島を発見しました。バイオニクル®のストーリーはここではじめてマタ・ヌイ島を離れ、まずハイテク都市メトロ・ヌイの伝説の世界へ、次に危機にさらされたヴォヤ・ヌイ島から海へ沈んだマーリ・ヌイへの壮大な旅、そして最後に、バイオニクルの世界の中心をなすカルダ・ヌイへと移っていきます。

8605 トーア・マタウ（2004年）

ヴィソラックの侵攻

過去の物語はさらに続き、トーア・メトロは突然変異して凶暴な怪物トーア・ホーディカと化し、クモのようなヴィソラックと戦います。メトロ・ヌイの物語は、『メトロ・ヌイの伝説』（2004年）と『ウェブ・オブ・シャドウ』（2005年）としてアニメ映画化されています。

6人のラハガ（2005年）は、トーア・ホーディカの仲間

トーア・メトロ

メトロ・ヌイ島が再発見され、ツラガが1,000年前のことを語ります。彼らはそのころ、古代都市メトロ・ヌイを守るトーア・メトロでした。トーア・ヌーバのセットと同様、彼らのツールも移動のための道具に変わります。ひじ、ひざ、首に関節があるバイオニクルのヒーローは、彼らのアクションフィギュアが最初でした。

ライフブレードは
長さ13cm

アクソンの斧は、石や激しい炎のエネルギーをも切り裂き、投げると彼の手に戻ってくる

8733 アクソン（2006年）

護衛ロボットのマキシロスは、じつは邪悪なマクータが変装した姿だった

8924 マキシロスとスピナックス（2007年）

イグニッション

2006年、物語の舞台は現代に戻り、6人のマトランがヴォヤ・ヌイへと旅してトーア・イニカになりました。
　グレート・スピリット"マタ・ヌイ"を救うことができるマスク・オブ・ライフをめぐって、彼らは傭兵ピラカと戦います。
　バイオニクルのフィギュアにはレゴ®テクニック式の歯車機構はなく、かわりに新しいパーツや動かしかたが工夫されました。

トーア・イニカの味方アクソンは、指にも関節がある。

深い海の底へ

2007年、トーア・イニカはマスク・オブ・ライフを求めて深い海へ入っていきます。水中動物トーア・マーリに変身した彼は、スキッドを放つバラッキ将軍の手から崩壊した水中都市を救ったのです。彼らのセットには、エアホース、潜水マスク、速射式コルダックブラスターが入っています。その年の終わり、マタ・ヌイを救うため、トーア・マトロはみずからを犠牲に……さらに物語は続きます。

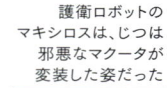

カノイ・イグニカ（マスク・オブ・ライフ）

空のかなたへ

2008年、カルダ・ヌイの巨大洞窟へ
入っていき、空や沼地用に特化した
トーアが、ふたたびトイになりました。
ミダック・スカイブラスターやニィンラー・
ゴーストブラスターを装備した彼らは、
ブラザーフッド・オブ・マクータと対決、
世界を救う最後のバトルをくりひろげます。

2008年、キャニスターに入ったヒーローと
ヴィランのアクションフィギュアが
初のアソートメントパックとして
発売された。

8689 トーア・タフー（2008年）

ミダック・スカイブラスターは、
いくつもの光球を速射する

8697 トーア・イグニカ
（2008年）

光球

スカイボードは、
飛行モードか戦闘モードかで
ウイングを調整

マスク・オブ・ライフ

トーア・ヌーバに思いがけない味方が登場──それは、
みずからトーアの体を作りあげトーア・イグニカとなった
マスク・オブ・ライフでした。彼はヒーローたちとともに
戦い、ついにグレート・スピリットを目覚めさせます。
ところが、1,000年の眠りからよみがえったマタ・ヌイは、
最初のマクータの精神に支配されていたのです……。

物語の終わり、そして新たな始まり

8年のあいだ謎につつまれていた、バイオニクル®の世界最大の秘密がときあかされました。グレート・スピリット"マタ・ヌイ"は、じつは体長1万2,200kmの宇宙飛行ロボットで、物語に登場する島や都市はすべて、彼のとてつもなく巨大な体の一部だったのです。2009年、マタ・ヌイの新たな冒険が始まりました。

もうひとつの世界

荒れ果てた古代世界バラ・マグナには、村の住人アゴリ、屈強なグラトリアン戦士、さすらいのボーンハンター、どう猛なビーストたちが住んでいました。そのなかで最も危険なのは、好戦的なスクラール族かもしれません。この恐れを知らない岩部族の戦士たちは、戦いと、自分たちの惑星を支配することに命をかけていました。

8978 スクラール（2009年）

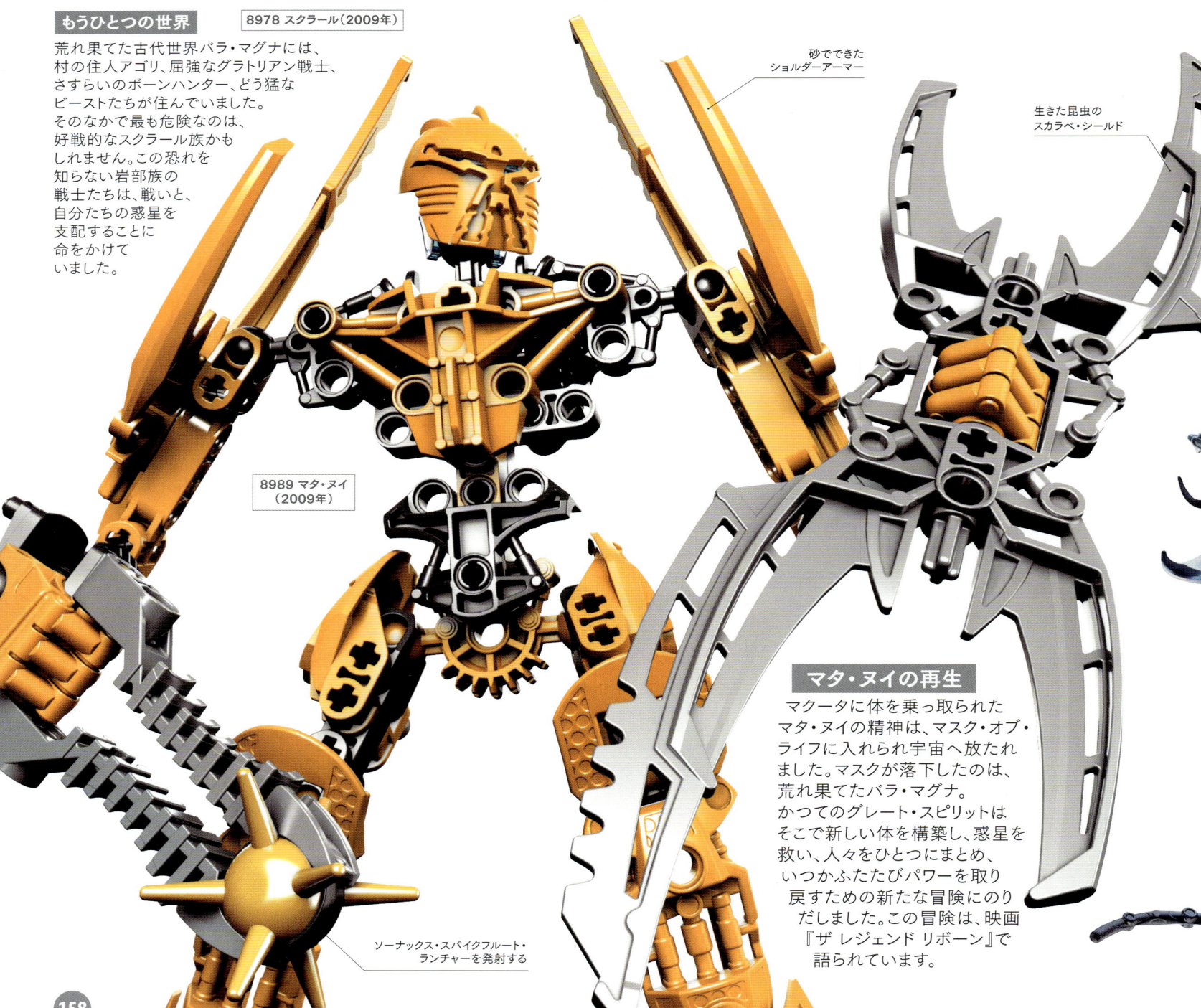

8989 マタ・ヌイ（2009年）

砂でできたショルダーアーマー

生きた昆虫のスカラベ・シールド

ソーナックス・スパイクフルート・ランチャーを発射する

マタ・ヌイの再生

マクータに体を乗っ取られたマタ・ヌイの精神は、マスク・オブ・ライフに入れられ宇宙へ放たれました。マスクが落下したのは、荒れ果てたバラ・マグナ。かつてのグレート・スピリットはそこで新しい体を構築し、惑星を救い、人々をひとつにまとめ、いつかふたたびパワーを取り戻すための新たな冒険にのりだしました。この冒険は、映画『ザ レジェンド リボーン』で語られています。

ソーナックス・
ランチャー

フレイム・
クロー

8979 マルム
（2009年）

グラトリアン

バラ・マグナでは、村どうしの全面
戦争をさけるため、領土紛争は
戦闘アリーナで解決しました。
各部族はグラトリアンと呼ばれ
る戦士を雇い、自分たちに
かわって勝負させるのです。
すぐにかっとなる火の部族
の戦士マルムは、アリーナの
ルールを破り、荒地へ追放
されました。

バトルホイール

2009年に発売されたグラトリアン
などの大型セットにはライフカウ
ンターホイールとソーマックス
ボールがついていて、フィギュ
アどうしを戦わせて遊ぶこと
ができました。フィギュアや乗り
物、キャニスターにソーマックス
ボールが当たるとライフカウント
が下がり、先にどくろマークに
達したほうが負け！

バイオニクルの世界は、
アクションたっぷりの
独創的な乗り物でいっぱい
だ。シリーズ初期の、ボロックに
パンチをくらわすボクサーやエクソ・トーアのバトルアーマー、
カルダ・ヌイのロケットパワード・フライヤー、荒れ果てたバラ・
マグナを走るスクラップメタル製デザートローラーなどなど……

8993 カクシウムV3
（2009年）

小さなヒーロー、大きなバトル

大きなアクションフィギュアに合わせてシーンを組み
立てるのはむずかしくても、ミニフィギュアスケールの
バイオニクル セットなら、大型の乗り物や巨大な
モンスター、要塞、それにメトロ・ヌイ、ヴォヤ・ヌイ、マーリ・
ヌイでのバトルシーンもつくりあげることができます。

8927 トーア・テレイン・クローラー
（2007年）

突然変異したイカ

速射式コルダックブラスター

腕、腰、首が動かせる
ミニサイズのトーア・マーリ

159

バイオニクル®リターンズ

2015年、5年間の中断を経て、伝説の島オコトを舞台とした
新たなストーリーとともにバイオニクル®のテーマが復活！
エレメントからパワーを得る6人のトーアたちも、力を合わせて
島を守るために帰ってきました。トーアは協力者たちとともに、
シャドー・レルム（影の王国）と呼ばれる邪悪な世界から
やってきた侵略者と戦いました。

このセット
独自の、刃の
ついたパーツ

70784 マスター・
オブ・ジャングル
"レワ"（2015年）

ジャングルの支配者

トーアの2015年のミッションは、黄金の
マスク・オブ・パワーを探すことでした。
このマスクをつけると、スカル・スパイダーと
戦うパワーが得られるのです。
マスクを見つけたトーアは、スカル・スパイ
ダーの王を倒します。第1弾のトーアは
とてもポーザブルで、バトルプレイ機能を
そなえていました。たとえばこのレワは、
背中のクランクを回すと腕が動きます。

プロテクターの
マスク・オブ・
パワー

エレメントのサンド
ストーンブラスター

プロテクター

オコト島には、ジャングル、ストーン、ウォーター、アース、
アイス、ファイヤーのプロテクターである6人の長老が
いました。それぞれ別の場所に住む長老たちは集まり、
いっしょにスカル・スパイダーの侵略から島を守って
ほしいとトーアをオコトへ呼びよせます。プロテクターの
マスク・オブ・パワーは、すべて型は同じですが、
それぞれ色がことなります。

70779 プロテクター・オブ・
ストーン（2015年）

71300 ジャングル・
クリーチャー "ウクサー"
（2016年）

ウクサーの背中に
あるギアを回すと
羽ばたく

マスクは、ぱっと
はずせる

クリーチャー

トーアの背中にある特殊なパーツで
エレメンタル・クリーチャー（ジャングル・
クリーチャーのウクサーなど）と
合体すると、全能のトーアが誕生し
ます。
エレメンタル・クリーチャーのセット
には、敵の生きたトラップが入ってい
ます。クリーチャーはこのトラップから
逃げなくてはなりません。

ギアを回すと、
第2の武器の
ナイフが突き出る

透明な炎のパーツ
は2013年に
初登場

燃える炎

2016年、トーアは新たな武器とアー
マー、そして目標を与えられました。
ユナイターと呼ばれるようになったトーア
は、エレメンタル・クリーチャーを見つけて
合体しなければなりません。ユナイターの
腰には、以前のトーアにはなかった関節
があり、チェストピース（胸部）は
形こそ同じですが、色と模様は
それぞれことなります。

すねのパーツは、
このセットにしか
入っていない

71308 ファイヤー・ユナイター
"タフ"（2016年）

ビースト・マスク・オブ・
コラプション
（邪悪のビーストマスク）

開くカギ爪

バイオニクルの世界では、やはりマスク
が重要な役割をはたす。この邪悪の
ビーストマスクのように、トリガー機能で
対戦中に相手がぱっとはずせるものも
ある。

固有の装飾がついた
アーマーのチェストピース

邪悪な支配者

エレメンタル・クリーチャーを探しているのはトーアだけ
ではありません。邪悪なマスク・メーカー"マクータ"は、
クリーチャーが見つかるかもしれないと、ハンターのウマラク
と彼の生きたトラップにトーアを追跡させます。ウマラクの
手に落ちれば、クリーチャーはエネルギーを吸い取られて
しまうかもしれません。高さ26cm以上のウマラクは、新ライン
で最大のフィギュアのひとつ。３体のビーストと合体すれば、
さらに大きなモンスターに！

71316 ザ・デストロイヤー
"ウマラク"※（2016年）

マスク・オブ・クリエーション
（創造のマスク）

クリスタル・ハンマー

クリスタル・
ソーシールド

コパカの
ユニティー
マスク

71314
ストーム・ビースト※
（2016年）

生きた伝説

エキムとマクータは兄弟で、ともに
マスク・メーカーですが、マクータの
裏切りで対立しました。オコトを破壊
するほどの戦いをくりひろげた
ふたりはともに深い眠りにつきます。
トーアがエキムを目覚めさせると、
彼はトーアのために新しい装備を
作り、悪との戦いに加わります。
エキムの背中のギアを回すと、
強力なクリスタル・ハンマーが
上下に動きます。

ビーストを生み出す

マスク・オブ・コントロールを手中におさめたハンターの
ウマラクは、生きたトラップを恐ろしいビーストに変えること
ができるようになりました。ウォータートラップはストームビー
ストとなりイナズマと波を起こします。このストーム・ビースト
は、コパカのユニティーマスクを尾でしっかりとつかんで
います。モデルの尾を曲げると、腕が動きます。

71312 マスク・メーカー
"エキム"※（2016年）

邪悪なハンター
のマスク

レゴ®ヒーロー・ファクトリー

2010年にバイオニクル®のテーマが中断期間に入ると、レゴ®ヒーロー・ファクトリーがスタートしました。物語の舞台は、未来都市マクヒーロー・シティにある巨大なファクトリー。そこでは、危険な犯罪者から宇宙を守るロボットヒーローたちが製造されていました。それから4年にわたり、ヒーローたちは大脱獄事件やマインドコントロール攻撃、地下から襲ってくるぶきみな敵に立ち向かったのです。

7164 プレストン・ストーマー（2010年）

プレストン・ストーマー、またの名を"ザ・プロ"。アルファ1チームのリーダーをつとめるベテラン戦士だ。2010年に発売された6体のヒーローはそれぞれファーストネームをもち、手と腕に大きな武器がついている。

ファースト・ジェネレーション

初代のロボットヒーローたちは従来のバイオニクルのトーアよりも小型。組み立てスタイルはバイオニクル スターズと同じく、頭部、肩、手首、腰、足首に関節があり、アーマーをカチッとはめこむ方式でした。胸には、各ロボットの性格やパワーのみなもとであるヒーローコアがついています。

乗せていこうか？

「ドロップ・シップ」は、ミッションのためにはるか遠くの惑星へ向かうヒーローたちを運ぶ光速の輸送船。トリガー起動の翼をもち、ヒーローが入った"ヒーローポッド"キャニスターを持ち上げて落とすことができます。

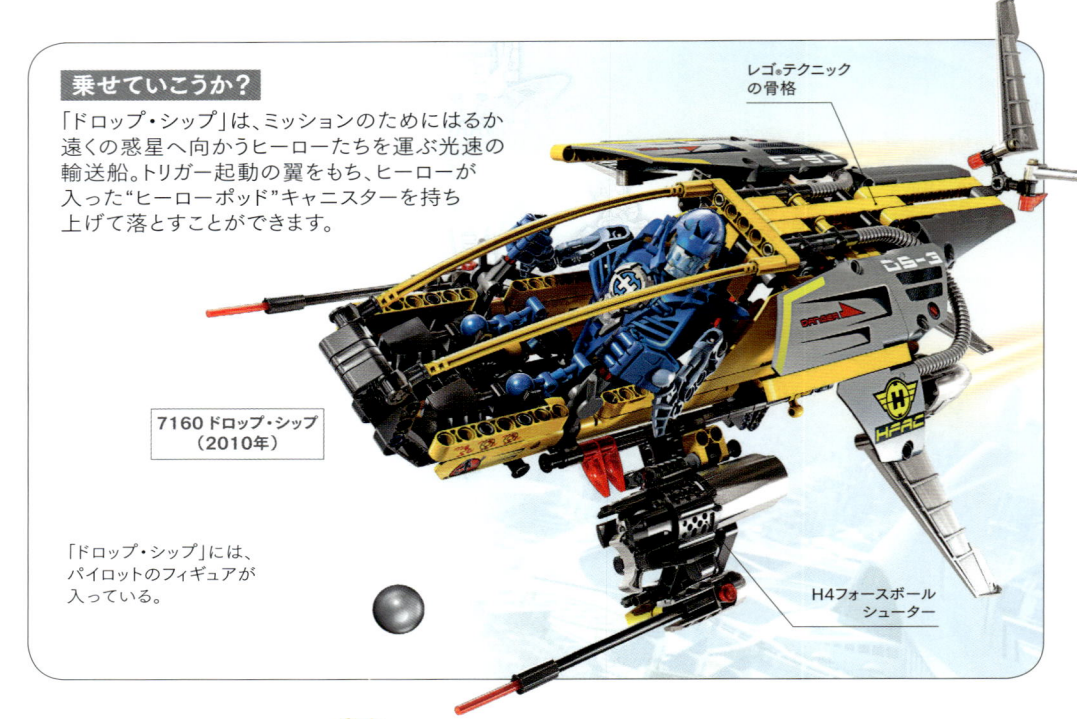

レゴ®テクニックの骨格

7160 ドロップ・シップ（2010年）

「ドロップ・シップ」には、パイロットのフィギュアが入っている。

H4フォースボールシューター

アップグレード

2011年にアップグレードされたヒーローたちは、より強いアーマーと能力を手に入れました。ファーノ、サージ、ブリーズのルーキーチームに新たに加わったのは、技術に強いネックスと武器スペシャリストのエヴォ。このアップグレードは、強力なファイヤーロードが指揮するマイニングボットとの対決にとても役立ちました。

キャラクターのアップグレード（バージョン2.0）にともない、フィギュアも新しく大きくなった。ひじとひざに関節がつき、アーマーの連結にはレゴ テクニックのコネクターではなくボールジョイントが使われるようになった。

2068 ネックス2.0（2011年）

2067 エヴォ2.0（2011年）

2141 サージ2.0（2011年）

2142 ブリーズ2.0（2011年）

6203 ブラック・ファントム（2012年）

ブラック・ファントムの武器は、ツインサーベルストライカー、ダブルエンドスタッフ、着脱式のアラクニックスドローン。

猛毒をもつ敵

ヒーローにはそれぞれ相対する敵がいます。エヴォの敵トクシック・リーパは腕から毒を放ち、触れたものをすべて汚染してしまいます。

トクシック・リーパは"Z'chaya"という星で生まれた。彼がたくらむ陰謀は、ふるさとの星にいる幼虫たちを汚染して邪悪な昆虫の群れを作ること……そうなる前に、エヴォは彼をとらえられるか。

6201 トクシック・リーパ（2012年）

新パッケージ

2012年以降、新たに発売されるヒーローやヴィラン（敵）の多くは、エキサイティングな新パッケージ（大小2種類の、ジッパーがついたじょうぶな袋）で登場。一方、ブラック・ファントムなどは従来の箱に入っていました。

ファクトリー

百万体ものロボットが住むマクヒーロー・シティ。そこに銀色のサメのひれのようにそびえたつヒーロー・ファクトリーのアセンブリタワーは、世界最古のロボットとして知られるアキヤマ・マクロが創設した工場。現実の世界では、子どもたちがヒーロー・ファクトリーFMのポッドキャストを聞いたり、電話でヒーローにトラブルを知らせたりできました。

レーザースパイク

プラズマボールシューター

ゲームポイント

2012年のセットには、裏にコードが印刷されたヒーローコアが入っていて、オンラインゲーム「Hero Factory: Breakout」（英語）でコードを入力すると、プレイヤーのヒーローをアップグレードするためのポイントを獲得できます。大型のセット（デラックスサイズのブリーズなど）では、獲得できるポイントが高くなります。

ヒーローコアリムーバー

コアコレクター

ヒーロー・ファクトリーの機械工だった残忍なコアハンターは、かつての仲間に仕返しする日を待っていました。ヒーロー・ファクトリーの牢屋から銀河一危険なヴィランたちが脱獄し、コアハンターに大好きな趣味を再開するチャンスが訪れます。その趣味とは、ヒーローを追跡し、ヒーローコアを盗んで集めることでした。

ステルスアーマープレート

6222 コアハンター（2012年）

コアハンターの略奪行為を支えるのは、プラズマボールシューター、6つの目がついたマルチビジョンマスク、レーザースパイクで覆われたアーマー。だがいちばん危険なのは、左腕のヒーローコアリムーバーだ。

ナタリー・ブリーズは自然を愛する空中わざのエース。彼女はヘックスシールドのブレードを横向きにして、ロケットブーツのステアリングウイングにする。

6227 ブリーズ（2012年）

思い出のセット

8534 バイオニクル・タフー（2001年）

8568 オワツ ヌーバ（2002年）

8811 トーア・リカーンとキカナーロ（2004年）

8755 キートング（2005年）

8557 スーパートーア（2002年）

8759 メトロ・ヌイの戦い（2005年）

8764 ヴェソンとフェンラック（2006年）

8723 ピルク※（2005年）

8548 バイオニクル・ヌイ・ジャガ（2001年）

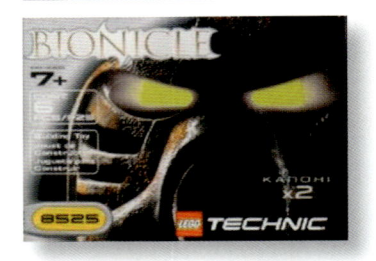

8525 カノイ※（2001年）

8596 タカヌーバ（2003年）

8918 カラパー（2007年）

8943 アクサラーラ T9（2008年）

8692 ヴァンプラー（2008年）

8998 トーア・マタ・ヌイ（2009年）

8991 トゥーマ（2009年）

7164 プレストン・ストーマー（2010年）

7116 タフー（2010年）

2183 ストリンガー3.0
（2011年）

2282 ロッカ XL（2011年）

6283 ボルティックス（2012年）

70783 プロテクター・オブ・ファイヤー（2015年）

71309 アース・ユナイター "オヌア"（2016年）

レゴ®クリエイター

テーマもキャラクターもストーリーもない、箱いっぱいのブロック。これで何が作れるんだろう？ ほとんどなんだって作れます！　こうしたセットは、レゴ®クリエイター、レゴ®デザイナーズセット、レゴ®インベンターと呼ばれ、かわいい生き物やみごとな建物、すごい乗り物が登場しましたが、そのすべてに共通するのは——なんのルールも制限もなく自由に組み立てられる、本来のレゴらしいレゴであることです。

ぶきみな生き物

弟や妹をおどかすのが大好きなら、このセットがおすすめ！ 巨大グモ、大きな虫、スルスルと地面をはうコブラが作れます。 どの生き物も可動部がいくつかあり、するどい牙をもっています。

関節でつながった クモの脚

4994 レゴ®クリエイター・スパイダー（2008年）

ポーザブルな羽

赤と黒の配色で、よりいっそうぶきみさが増す。

火を吹くドラゴン

ポーザブルなドラゴンの口から出る炎が、ライトブロックで光ります。 付属の説明書を見れば、レッドドラゴンから、しなやかなアジアの竜に、さらにとげとげのハンマーを持ついじわるそうなオグルにも組みかえることができます。このセットと似ている2006年の「4894 グリーンドラゴン※」は色がグリーンで、8種類のモデルに組みかえられます。

6751 レゴ®クリエイター・レッドドラゴン（2009年）

巨大な恐竜たち

2017年発売のあざやかなグリーンのセットで、恐竜ファンは太古の仲間たちを作れるようになりました。この174ピースの3-in-1セットは、恐ろしいT-レックス、つの3本のトリケラトプス、空を飛ぶテロダクティルの3通りに組みかえが可能。そのなかで最も背が高くどう猛そうなのが、パワフルな脚にカギ爪、するどい歯とポーザブルな口をもつT-レックス。えじきとなった不運な動物のあばら骨も組み立てられます。

カーブしたまゆ毛のパーツ

テロダクティルは、全幅25cmのみごとな翼とオレンジ色の目をもつ。

調節可能な翼

開くあご

歯のパーツを使った骨のえり飾り

草食のトリケラトプスは、がっしりした脚で背は低いかもしれないが、りっぱなつのと骨のえり飾りのせいで凶暴そうに見える。

つの

肩にはレゴ®テクニックのボールジョイントが使われている

31058 ダイナソー（2017年）

ポーザブルな脚

するどいカギ爪

31004 レゴ®クリエイター・イーグル（2013年）

ワシは舞いおりた

2013年発売のこのセットは、3種類の
すごい動物たちをもたらしました。
リアルなハゲワシには、羽ばたく
パワフルな翼とポーザブルな尾羽、
関節のあるカギ爪がついています。
本物そっくりの配色は、2つの組み
かえモデル（脚と尾を動かせる
毒サソリと、大きなブルーの目をした
かわいい出っ歯のビーバー）でも
うまく生かされています。

ポーザブルな尾羽

動かせる翼

関節のあるカギ爪

サソリの尾には関節があり、
先端に毒針がついている。

ビーバーには、ポーザブルな
前脚と後ろ脚、動かせる
しっぽがある。

カラフルな動物たち

じつはこの3-in-1セットで、
熱帯の動物を5種類も
作れます！
まずオウムとカエル、ハエ
を作り、それを分解して、
出目のカメレオンか、
あざやかなブルーのヒレを
もつ熱帯魚を組み立てる
ことができます。

ハエ

オウム

ポーザブルなしっぽ

熱帯魚

カエル

カメレオン

ヒンジプレートのおかげ
でリアルなポーズが
作れる。オウムの顔を
上に向けて1×1の
ラウンドタイルを食べ
させ、尾を持ちあげると
フンが出てくる！

31031 熱帯の動物たち（2015年）

歯を見せてにっこり！

2010年に発売された416ピースの
このセットは、どう猛な肉食獣がテーマ。
中心モデルのワニは体長45cm。しっぽ
が左右にゆれ、うろこにかくれたレバー
を動かすと大あごが開閉します。
恐竜と深海魚に組みかえることも
可能です。

背中につのがあるこの
恐竜は、たくましい2本脚
で立ちうなりを上げる。

しっぽが
左右に動く

レバーで口が開く

目はバイオニクル®
の歯

舌は赤いタイル

5868 レゴ®クリエイター・
ワニ（2010年）

メカ恐竜

このメカニカルな恐竜
のモデルは、付属の
パワーファンクション・
モーター、赤外線
リモコン、レシーバーを
使って歩かせたり腕を
動かしたりできるほか、
サウンドブロック内蔵で
うなり声も発します！
リモコンで動くクモと
ワニに組みかえることも
できます。

4958 レゴ®クリエイター・
モンスターダイノ（2007年）

このゴツゴツした魚には、
するどい歯がたくさん。
関節のある体でえものに
向かって泳いでいく。

ワニのカギ爪が
魚の歯になる

おうちをチェンジ！

おうちを大変身させたいと思ったことはありませんか？レゴブロックなら、それができます。2013年のこのセットは、ガラス張りの広々としたおしゃれなファミリーハウス。ドアが開閉するガレージに、町をドライブできる黄色い車もついています。この家は、プールとテラスドアのついた地中海風ヴィラ、さらに工場と配達用トラックにも組みかえることができます。

ライトブロックのペンダントライト

ベランダにはバーベキューのグリルがついている

心地いい暖炉

えんじ色と茶色のタイルで作る傾斜付き屋根

地中海風ヴィラには庭とプールのほか、ビーチチェアやバーベキューセット、芝刈り機もある。

工場の積みおろし場には、開閉する大型のガレージドアがついている。セキュリティは監視カメラで万全。

ファミリーハウスの煙突を押すとライトブロックが点灯し、やわらかな明かりがともる。

31012 レゴ®クリエイター・ファミリーハウス（2013年）

お菓子はいかが？

回転ケーキスタンドに、デコレーションした看板、お客がお金を引き出すATM。この楽しいセットには、レゴのケーキ屋さんを開くのに必要なものがすべて入っています。いろいろなモジュールを組み合わせて自分だけのお店を作りましょう。

ルーフテラス

赤と白の日よけ

カフェの目じるし

カップケーキ

このセットはオープンテラスのフード・コーナー・カフェ（上の写真）とプール・ハウスに組みかえられる。

31077 ケーキショップ（モジュール式）（2018年）

見張り台

白旗をつけた
バウスプリット
（円材）

ツリーハウスは
海賊船（上の写真）とどくろの
洞窟に組みかえられる。

31078 ツリーハウス（2018年）

プリントタイルが、クギで
打ちつけた木の板に見える

上の部屋に
のぼるはしご

タイヤの
ブランコ

宝の地図

宝箱の
かくし場所

最高の隠れ家

こりゃあ、いい！　2018年のこのセット
には3階建ての海賊船ツリーハウスが
入っていて、陸上で海の冒険を楽しめます。
2013年に発売された人気の「31010
ツリーハウス※」に似ていますが、こちらは
船の操舵輪や宝箱のかくし場所、
見張り台など、海賊らしい楽しい
特徴をそなえています。

屋根を押すと
ライトブロックが
点灯する

**4996 レゴ®クリエイター・
コテージ（2008年）**

組みかえができる建物

レゴ クリエイターの「コテージ」は、
発売とともに大人気となりました。
パティオの家具、花壇、郵便箱、
パラボラアンテナ、屋内の
階段や暖炉、開く天窓と
いったディテールが
充実。さらにコテージ
を3階建てアパート
やカフェに組みかえ
るための説明書も
入っています。

3階建てのアパート

めずらしい
えんじ色の屋根

川べりの
小屋

**5766 レゴ®クリエイター・
ログハウス（2011年）**

森のログハウス

「ログハウス」は、レゴ クリエイターで
はじめてミニフィギュアが入ったセット。
カヤックをこいで、最高の森の休暇が楽しめます。
たき火とロティサリーチキンも入っています。
355ピースのこのセットは、小川と橋のついた川べりの小屋と、
アヒルの池と街灯のついた田舎の別荘への組みかえが
できます。

パラソル

小さい桟橋

**5770 レゴ®クリエイター・
灯台の島（2011年）**

組みかえモデルは、ライトがつく
グリルがあるシーフードレストラン
（左の写真）とボートハウス。

闇を照らす光

小さな島に立つ赤と白の灯台、その横には
船つき場と灯台守の家。塔の側面にある
クランクを回すと、中でミラーが回って明かりが
回転し、岩場に近づくなと通る船に知らせます。
ブロックで組み立てるカモメもいます！

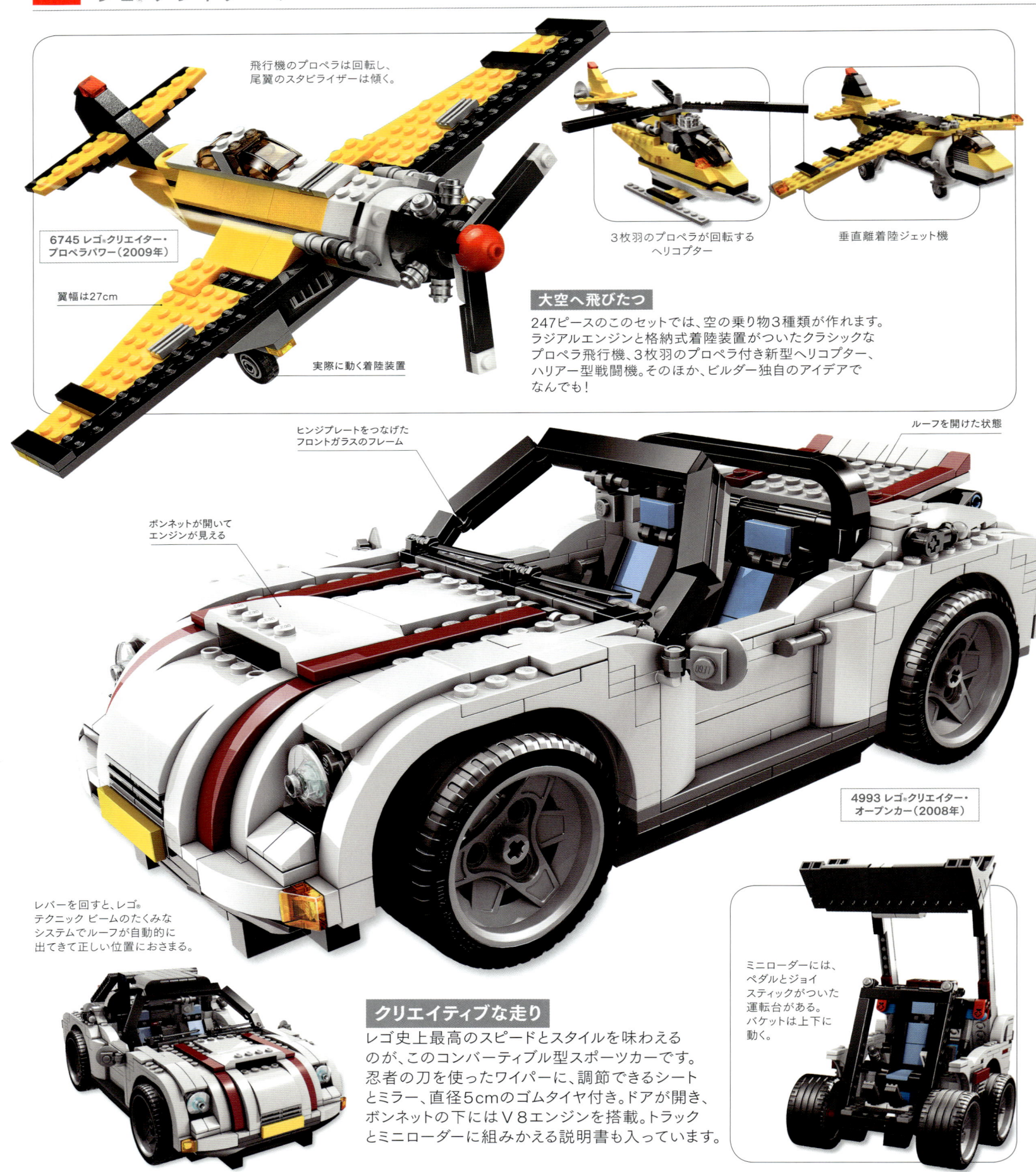

飛行機のプロペラは回転し、尾翼のスタビライザーは傾く。

6745 レゴ®クリエイター・プロペラパワー(2009年)

翼幅は27cm

実際に動く着陸装置

3枚羽のプロペラが回転するヘリコプター

垂直離着陸ジェット機

大空へ飛びたつ

247ピースのこのセットでは、空の乗り物3種類が作れます。ラジアルエンジンと格納式着陸装置がついたクラシックなプロペラ飛行機、3枚羽のプロペラ付き新型ヘリコプター、ハリアー型戦闘機。そのほか、ビルダー独自のアイデアでなんでも!

ヒンジプレートをつなげたフロントガラスのフレーム

ルーフを開けた状態

ボンネットが開いてエンジンが見える

4993 レゴ®クリエイター・オープンカー(2008年)

レバーを回すと、レゴ®テクニック ビームのたくみなシステムでルーフが自動的に出てきて正しい位置におさまる。

ミニローダーには、ペダルとジョイスティックがついた運転台がある。バケットは上下に動く。

クリエイティブな走り

レゴ史上最高のスピードとスタイルを味わえるのが、このコンバーティブル型スポーツカーです。忍者の刀を使ったワイパーに、調節できるシートとミラー、直径5cmのゴムタイヤ付き。ドアが開き、ボンネットの下にはV8エンジンを搭載。トラックとミニローダーに組みかえる説明書も入っています。

スーパーソニック

この3-in-1セットのメインモデルは、
モダンなスーパーソニック（超音速）ジェット。
ウイングフラップと尾翼を調節して自由自在に
飛びまわれます。いちばんすごい機能は
ライトアップスラスターで、機体上部のレバーを
引くと後方のエンジンスラスターが光り、
空を切って飛んでいるように見えます。

開くコックピット

5892 レゴ®クリエイター・
ソニックブーム（2010年）

ライトアップジェット
スラスター

ヒンジで連結した
ウイングフラップ

組立説明書にある2番目のモデルは、
ツインプロペラ機。
こちらもライトアップエンジン付き。

3番目のモデルは、
スピードボート。後方の回転
プロペラと、暗い海を照らす
ライト付き。

特徴と機能

このレゴ クリエイターのセットは、動くハンドルやサスペンション、
自動巻上げウインチ、開閉するドアやリアゲートパネルなど、
レゴ テクニックスタイルの機能をそなえています。
メインモデルのトラックでは、組み立ての過程で一時的に
シャーシを固定するブロックが、最終的にトレーラーの一部に
なるという、おもしろい手法が使われています。

ルーフライト

連結式トレーラー

5893 レゴ®クリエイター・
オフロード（2010年）

モンスタートラック大暴れ

スタント満載のセットで、スペクタ
クルショーを開きましょう。メイン
モデルはモンスタートラック。平台式輸送車と投光
照明、ジャンプ用と着地
用の折りたたみ式スロー
プもついています。2つの
組みかえモデル（ホット・
ロッド・ピックアップトラッ
クと2台のドラッグレー
サー）で、さらにアクショ
ンは続きます。

31085 スタントトラック
（モジュール式）（2018年）

31066 スペースシャトル
（2017年）

ペイロードベイを開けると、
ロボットアームと連結した
衛星が入っている

宇宙探査ミッション

2017年の独創的なセットで、
遠い宇宙へ旅立ちましょう。メインモデルは
スペースシャトル・エクスプローラー。
本物そっくりの配色で、翼を折りたためる
衛星とロボットアームもついています。
探査車と月面ステーションへの
組みかえが可能です。

探査車は月面ミッションに
最適の乗り物。
開くコックピットとドリル
アーム付き。

このモデルでは、
ロケットエンジンが
車輪になる

ミニビルド

マンモス級のモデルには圧倒されるけど、小さい
スケールの組み立てだって負けてはいません！
レゴ®クリエイターのセットは、モデルのサイズに
かかわらず工夫や独創性に富んでいて、
創造的な遊びにつながるのです。
同じパーツを使って複数のモデルが作れる
ミニビルドは、ほんのわずかなレゴブロックを、
いくつものカラフルですてきな作品に変える
近道。ここでは、動物や乗り物などの
身近な作品をいくつか紹介しましょう。

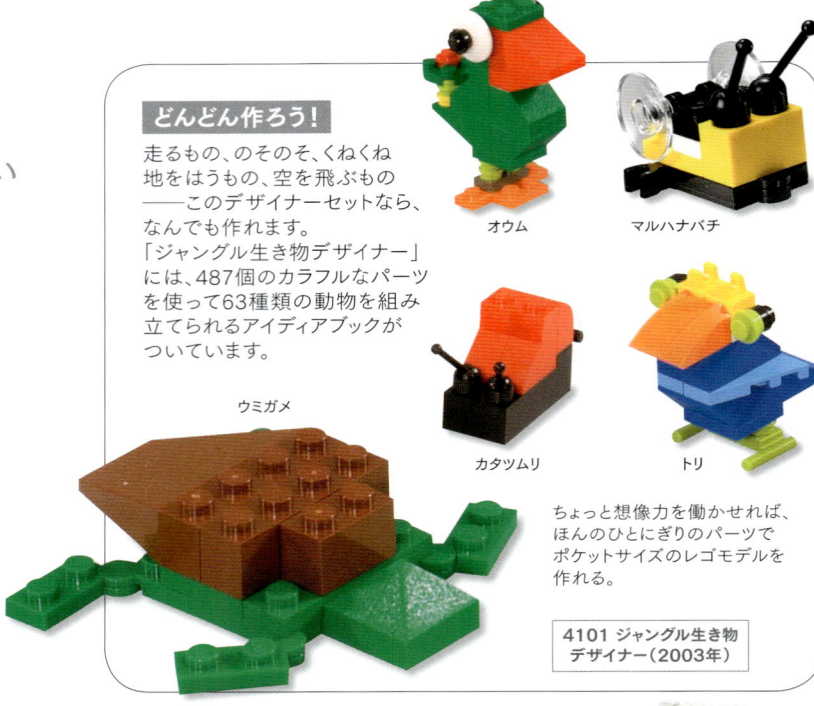

どんどん作ろう！

走るもの、のそのそ、くねくね
地をはうもの、空を飛ぶもの
──このデザイナーセットなら、
なんでも作れます。
「ジャングル生き物デザイナー」
には、487個のカラフルなパーツ
を使って63種類の動物を組み
立てられるアイディアブックが
ついています。

オウム

マルハナバチ

ウミガメ

カタツムリ

トリ

ちょっと想像力を働かせれば、
ほんのひとにぎりのパーツで
ポケットサイズのレゴモデルを
作れる。

4101 ジャングル生き物
デザイナー（2003年）

出発進行！

このミニ蒸気機関車は、レゴ®
トレインの「10194 エメラルド
ナイト※」（1,085ピースの蒸気
機関車）をヒントにしたもの。
56個のパーツは、ロケット
トレインと客車に組みかえ
られます。3セット買って
3種のモデルを作り、
つなげて長い列車を作る
ファンもいました。

古風な煙突

ロケットトレイン

運転室

客車

ヘッドライト

カウキャッチャー（牛よけ）は
グリルスロープのパーツ

31015 エメラルド
エクスプレス（2014年）

6911 ミニ
ファイヤートラック
（2012年）

30188 ネコ（2014年）

30475 オフローダー※（2017年）

31042
スーパーグライダー
（2016年）

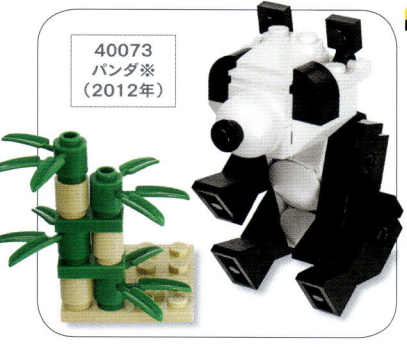

40073
パンダ※
（2012年）

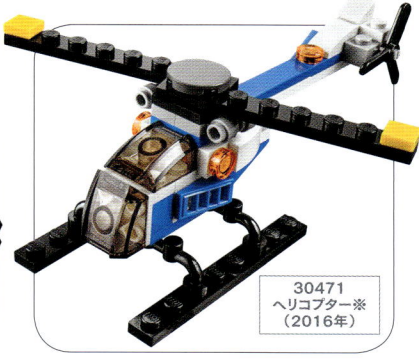

30471
ヘリコプター※
（2016年）

40025 イエロー
キャブ※（2012年）

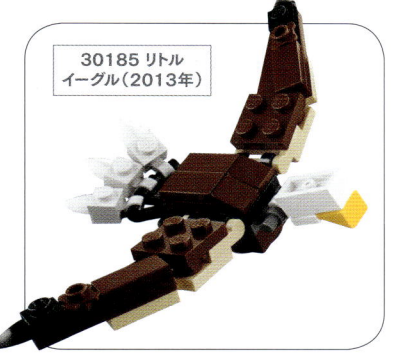

30185 リトル
イーグル（2013年）

関節部分
にはレゴ®
テクニック
ピン

消火器

七面鳥

かわいいわんこ

ほんの少しの黄褐色と黒のブロックが、遊び好きのパグと
消火器から、コアラや小さな七面鳥に変身。目のタイルも
2個入っていて、かわいい表情をつけることができます。

30542 パグ※
（2018年）

コアラ

30284 トラクター※（2015年）

40078 ホットドッグ
カート※（2013年）

30476 ウミガメ※（2017年）

30023 灯台※
（2011年）

31054 青い汽車
（2017年）

30540
黄色い飛行機※
（2018年）

楽しい遊園地

2014年にレゴ®クリエイター エキスパートの遊園地
セットがリリースされると、熟練ビルダーたちは
待ってましたとばかりに挑戦しました。手のこんだ
セットはどれもみな、遊んでもかざっても最高！
たくみなメカニカル機能で、遊園地でおなじみの
乗り物が本物のように動きます。

ぐるっと回って……

高さ約60cmの「観覧車」は
背面のクランクで操作しますが、
レゴ パワーファンクションを使って動かすことも
できます。ヒンジやレゴ®テクニックのパーツが
レゴ セットにはめずらしい形や角度を作り、
黄色とオレンジの透明なパーツが、
太陽のように美しい放射状の
中心部分をかたちづくっています。

……くるくる回り……

観覧車と同じ配色の「メリーゴーランド」は、
円形モデルの組み立てを一新させました。
屋根は多彩な曲線、土台はさまざまな
ビルディングテクニックを使った同心円構造。
すわる部分はゾウ、フラミンゴ、スワン、トラ、
カエルなどの形です！

10257 メリーゴーランド（2017年）

布でできた天がいの部分

チケット
売り場

各ゴンドラには、
開くドアとミニフィギュア4体分の
スペースがある

10247 観覧車
（2015年）

怖がるミニフィギュア。
首を回すとハッピーな
顔になる

モーターで
動かすことも
できる

ブロック4個分
以上の身長が
ないとローラー
コースターに
乗れない。この
小さい女の子は
ざんねん！

チェーン駆動

不安そうな
表情のお客

COASTER

10261 絶叫ローラー
コースター（2018年）

わた菓子売り

クランクハンドル

……のぼって、くだって……

この超大型「絶叫ローラーコースター」は、
これまでで最も大がかりな遊園地セットです。
クランクハンドルで発車させたら、
あとは重力におまかせ！
幅88cm、高さ51cmのこのコースターは、
手動でもレゴ パワーファンクションでも
動かせます。

ミキサー（回転する乗り物）は、たたむとポッチ
8個分の幅。44cmの連結トラックで会場から
会場へ運ばれる。

いちどに
ミニフィギュア12体
まで乗れる

力だめしタワー

ジャグラー

パワーファンクション
と互換性のある
メカニズム

10244 フェアグラウンド・
ミキサー（2014年）

ダンクタンク

乗り場の台が
レバーで上がる

……また回る！

昔ながらの移動遊園地の要素がすべてそろった「フェアグラウンド・ミキサー」。
大型トラックのトレーラーがメインのアトラクションに、小さいほうの乗り物は
チケット売り場とダンクタンク、力だめしタワーになります。
さらに、暗闇で光る安全柵と竹馬に乗ったジャグラーも入っています。

レゴ®のランドマーク

レゴ®クリエイター エキスパートのセットは、世界的に有名な建造物の組み立てを通じて、すぐれたビルディングの腕前をためすチャンス。ここに挙げた複雑なモデルは、これまでに作られたなかでも最大級のセットです。リアルで精巧なディテールに富んでいて、かなりの数のブロックが使われています。

ブロック製の銘板

聖火ランナー?

有名なアメリカの「自由の女神」は、上級者向けに発売された最初のビルディングセットです。像の高さは84cm、2,882個のブロックでできています。新色のサンドグリーンは、このモデルのために作られました。サンドグリーンのブロックがこれほどたくさん入っているレゴ セットはほかにありません。

3450 自由の女神※
（2000年）

開閉する
跳ね橋

インドのシンボル

世に名高い"インドの至宝"の
モデル。使われているブロックの
数は、なんと5,922個！
史上2番目に大きいレゴ セット
です。複雑な構造と装飾を実現
するためにレアなパーツが数多く
入っていて、組み立てるには
高度な技術が必要でした。
このモデルはやがて新しい
モデルに場をゆずりましたが、
人気は根づよく、2017年に
「セット 10256」として再リリース
されました。

10189
タージ・マハル※
（2008年）

7つのセットにしか
入っていない、
めずらしい金色のパーツ

吊りケーブル

ブルーの基礎板
がテムズ川になる

10214 タワーブリッジ（2010年）

パリの誇り

レゴブロック製のエッフェル塔は、
本物の1/300ですが、それでも驚きの
大きさ。高さが108cmあり、3,428個の
パーツでできています。2013年に発売
されたレゴ ®アーキテクチャー版（「セット
21019」）の3倍の高さで、パリにある
実際の塔の設計図をもとに
デザインされています。

10181 エッフェル塔※
（2007年）

展望台

見晴らし窓

エレベーター

テムズ川にかかる橋

ロンドンのランドマークを再現した大人気の
このモデルはレゴ史上最大級で、4,287ピース、
幅120cm、高さ45cmです。
めずらしい色やパーツ（黄褐色のアーチなど）が
使われ、窓の数は80以上。シーンづくりに役立つ
4台の乗り物も入っています。

10190 マーケット
ストリート※（2007年）

4階建ての
タウンハウス

HOTEL

10185 グリーン・グローサー※
（2008年）

10182 カフェコーナー※
（2007年）

シリーズ初期のセット

モジュラービルディング第1号の「カフェコーナー」（2007年）は、
2,056ピースのホテルとカフェ。第2号の「マーケットストリート」は、
ファンビルダーのエリク・ブロクがデザインしたレゴ®ファクトリー
限定セット。第3号「グリーン・グローサー」は、1階が食料品店の
アパートでした。

モジュラー
ビルディング

レゴ®モジュラービルディングで、熟達したファンは
精緻でリアルな建物を組み立てることができます。
エキスパートデザイナーが高度なテクニックを
生かしてつくりあげた建物は階ごとに切り離すことが
でき、カスタマイズや内部へのアクセスもかんたん。
モデルをいくつかつなげて、ミニフィギュアの住人
たちでにぎわう街角のシーンを作ることもできます。

10255 にぎやかな街角
（2017年）

ダンススタジオの天窓

にぎやかな街角

シリーズ10周年を記念して発売された、モジュラー
ビルディング史上最大のセット（4,002ピース）。
3階建ての建物には、はずしやすい部分が何ヵ所か
あり、ディテールいっぱいの室内にアクセスできます。
1階のお店、上の階の歯医者さんやダンススタジオ
には、それぞれサプライズがかくされています。
たとえば天板を引き出せるオーブンや、調節できる
ヴィンテージカメラ、マイクロスケールのセットで
あふれるレゴ ファンの部屋！

楽器屋さんの窓辺に
置かれたドラムセット

ミニ・タウン

2012年にレゴ ストアVIPプログラムのメンバーだけが入手
できた「ミニモジュールセット」には、モジュラービル
ディングの初期5作ミニ版が入っていた。

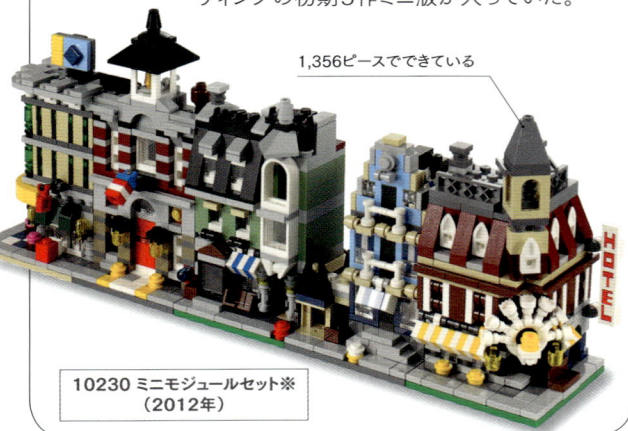

1,356ピースでできている

HOTEL

10230 ミニモジュールセット※
（2012年）

バリスタ

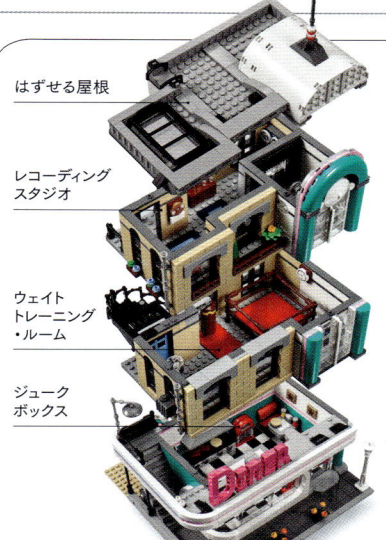

はずせる屋根

レコーディング
スタジオ

ウェイト
トレーニング・
ルーム

ジューク
ボックス

2階はボクシングの
リングとウェイトトレー
ニング・ルームがある
ジム。
3階レコーディング
スタジオのボーカル
ブースでは、ヒットソング
のレコーディングが
できる。

ボクサー

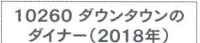

10260 ダウンタウンの
ダイナー（2018年）

レトロなレストラン

1950年代スタイルのこのダイナー
（食堂）は、角の丸い大きな窓と
よく目立つ看板が売り！
店内には、赤いブース席に
カウンタースツール、オープン
キッチン、ジュークボックスなど
など……。
いろいろな表情のミニフィギュア
が登場したのは、シリーズで
このセットが最初でした。

50年代スタイルのピンク
のコンバーティブルも
入っている

レゴ ファン
の部屋

歯医者さん

「カフェコーナー」
セットを持つ歯科医

屋根を開くと画家の
アトリエがあらわれる

おしゃれなフレンチレストラン

このレストランのセットは、
ディテールがいっぱい。
オープンエアで食事ができる
屋上テラス、フル装備の厨房、
上の階はアパートになっていて
裏口のゴミ箱にはネズミもいます！
バルコニーやファサードの繊細な
彫刻や吊りランタン、そして花々が、
パリらしい雰囲気をかもしだして
います。

10243 パリのレストラン
（2014年）

新登場、サンド
グリーンの窓わく

お金がいっぱい

4番目にリリースされた角の建物には、
めずらしいサンドブルーとダークグリーンの
ブロックがたくさん使われています。銀行内
には、模様入りの床や印象的なシャンデリア、
コイン計数機があり、となりのコインランドリー
は（ミニフィギュアたちが"資金洗浄"したい
場合にそなえて）ひそかに銀行の金庫と
つながっています。

10251 レンガの銀行（2016年）

スーパービークル

上級者向けのレゴ®ビークルを組み立てて
いく"旅"は、その乗り物でどこかへ
出かけるのと同じくらい楽しいものです。
長年のあいだに、このようなモデルが
たくさん生み出され、2013年からは
"クリエイター エキスパート"の
旗印のもとで旅をつづけています。

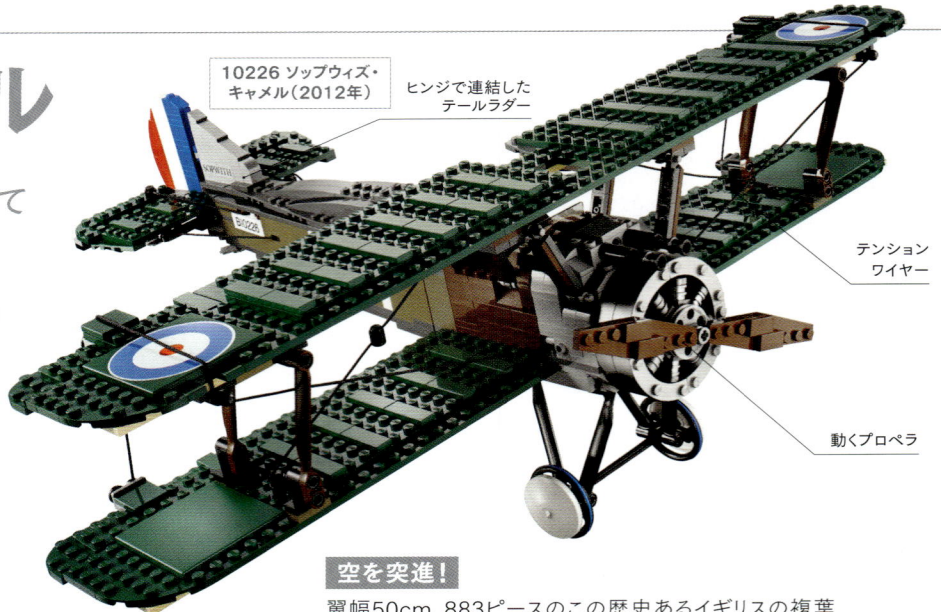

10226 ソップウィズ・キャメル（2012年）

ヒンジで連結したテールラダー

テンションワイヤー

動くプロペラ

空を突進！

翼幅50cm、883ピースのこの歴史あるイギリスの複葉
戦闘機は、驚くほどリアルなディテールをもりこむのに
十分な大きさです。プロペラが回るとエンジンシリンダーが
回転し、コックピットのジョイスティックで翼とテールフラップ
が動きます。

列車の宝石

機関車、炭水車、食堂車のついた美しい「エメラルドナイト」は、
1,085ピース、全長68cm。1920～30年代のA3形スーパー
パシフィック蒸気機関車をヒントに、ファンビルダーの意見を
とりいれてデザインされました。レゴ パワーファンク
ションを使ってモーター駆動やライトアップも
できます。

10194 エメラルドナイト※
（2009年）

車輪は標準的なレゴ
トレインの線路に
フィットする

人気のクラシックカー

レゴ®上級者向けモデル初のクラシックカーと
して2008年に発売された「フォルクスワーゲン
ビートル」は、動くシフトレバーや
調整可能なシート、開く
ボンネットなどが特徴。
2016年には、クリエイ
ター エキスパート
シリーズとしてビートル
第2弾が発売されました。

10187 フォルクスワーゲン
ビートル※（2008年）

開くドア

船のスター

世界最大のコンテナ船として船出したマースクライン・
トリプル-E。それにふさわしく、レゴ セットのほうも超大型！
驚くほどディテールにこだわり、幸運のおまじないとして
マストの下に置かれた金貨まであります。

10241 マースクライン・
トリプル-E（2014年）

のぞき窓から
エンジンが見える

発車します！

クリエイター エキスパートシリーズの乗り物として
は史上最大の1,686ピースからなる「ロンドン
バス」の目玉は、開けるとエンジンが見えるボン
ネット、精巧な運転席、リバーシブルの看板広告
（ロンドン観光と"上質なビスケット"の宣伝）。
屋根と2階部分をはずすと、ごみや忘れ物のかさ
など、さらなるディテールがあらわれます。

行き先は、サウスロンドンの
ブリクストン（Brixton）のもじり

10258 ロンドンバス（2017年）

ブリッカデリーサーカス
にも停車する

はてしない大空

発売から10年以上たったいまでも、
「ボーイング787 ドリームライナー」は
レゴ史上最大の飛行機です。
全長66cm、翼幅69cm。
実物の約100分の1の大きさです。

底面を
ディスプレイスタンドに
設置可能

ラウンドプレートがナビ
ゲーションライトになる

10177 ボーイング787
ドリームライナー※（2006年）

ホビーセットシリーズ

1970年代のホビーセット（国によってはエキスパート）
シリーズは、現行のクリエイター エキスパートシリーズの
前身。大きめのモデルは、ハーレー・ダビッドソンや
ロールスロイス、機関車サッチャー・パーキンス号など、
実在のクラシックな乗り物をベースにしていました。

THATCHER PERKINS 396

396 機関車サッチャー・パーキンス号※（1976年）

"組み立て"のライセンス

クリエイター エキスパートシリーズのこのモデルは、
架空のイギリス秘密情報部員ジェームズ・ボンドが
有名にした車を再現したもの。
防弾シールドにタイヤを引き裂くスラッシャー、飛び出す
シートなど、映画に出てくるガジェットがもりだくさん
です。

リアバンパーを引くと射出シート
が起動する

開くドア

回転する
ナンバー
プレート

BMT 216 A

タイヤ
スラッシャー

10262 ジェームズ・ボンド™
アストンマーティン DB5（2018年）

外部燃料
タンク

着脱式の
発射ロケット

抜群にリアル！

操縦席にミニフィギュアの宇宙飛行士が
2体乗れる「シャトルエクスペディション」
には、リアルな遊びの機能がいっぱい。
打ち上げロケットが燃料タンクから
離れ、次に燃料タンクがシャトルから
離れます。貨物室も開き、クレーンアーム
で衛星を送り出せます。

10231 シャトルエクスペディション※
（2011年）

ネコのフード
マスコット

5571
ブラックキャット※（1996年）

レゴ®モデルチーム

1986年に始まったレゴ®モデルチームは、70年代のホビー
セット路線をレベルアップさせたシリーズ。
最大のセット「ブラックキャット」は1,743ピースの超大型
モデル。いまのクリエイター エキスパートシリーズにも
負けません。

ウィンタービレッジ

ホリデーシーズンがやってくる！
2009年から毎年、クリスマスシーズンに
向けて、LEGO.comとブランドストア限定で
レゴ®ウィンタービレッジシリーズのセットが
発売されています。
10種類あるモデルを集めれば、雪や
デコレーション、プレゼント、季節に
ちなんだミニフィギュアでいっぱいの、
村のクリスマスシーンをつくりあげる
ことができます。

白いタイルが、
つもった雪に
見える

10222 ウィンター
ポストオフィス※（2011年）

古風な街灯

シリーズ第3弾は、山のようなプレゼントや
クリスマスカードを送るための、小さな町の郵便局。
郵便車と配達員、クリスマスソングを演奏する
パビリオン、公園のベンチのほか、
シーンに華やかな輝きをそえるライトブロックに、
局員を手伝う配達犬も
入っています。

おもちゃのシーズン

シリーズ第1弾は、素朴なおもちゃ屋さん。
大きなツリーに聖歌をうたう人々、クリスマス
のデコレーション——ミニフィギュアたちが
クリスマスの買い物をするのにぴったりの
楽しいお店は大人気となり、2015年には、
木の下のプレゼントが増えた新バージョン
「10249 冬のおもちゃ屋さん※」が
発売されました。

クリスマスリース

ライトブロックで
明かりがともる

煙突は店内の暖炉と
つながっている

10199 クリスマスセット※
（2009年）

透明なドーム2個で球形の
照明カバーができる

ツリーのてっぺんには
透明な黄色の星

高い枝の飾りつけに
使うはしご

おもちゃ製造
マシン

クリスマスの拠点

冬のおとぎの国に欠かせないのが、サンタとこびと
たちのワークショップ。
おもちゃ製造マシンに魔法のソリ、トナカイチームも
そろって、あとはプレゼントをとどけるだけ。
楽しいセットには、手づくりクッキーのトレイを持つ
ミセス・クロース(サンタの奥さん)、ブロック製
キャンディケーン、北極を示す看板も入っています。

10245 サンタのワークショップ(2014年)

ブロックでできた
トナカイ

手荷物ラックには、
きれいにラッピング
されたプレゼント

クリスマスの帰省

この村の駅は、2016年の「クリスマス・トレイン」
と組み合わせるのにぴったり!
切符を買ったら、雪がつもるプラットホームで
次の列車を待ちましょう。
お客を待つクリスマス仕様のバスや踏切、
時計台、クリスマスカードを投函するポスト、
熱い飲み物で体をあたためるカフェもあります。

10259 ウィンター
ステーション(2017年)

プラットホームに
つもった雪

ブロックで作るけむり

機関士

客車と車掌さん

クリスマスの特別列車

一周できる線路がついたこのセットは、ウィンタービレッジシリーズでもひときわ
目を引きます。きれいにかざられた蒸気機関車は、プレゼントを運ぶ平らな貨車と
乗りごこちのいい赤い客車があり、パワーファンクションで走らせることができます。
ミニフィギュア5体と、ベンチと街灯があるプラットホームもついています。

10254 クリスマス・トレイン
(2016年)

お客が列車を待つ
プラットホーム

レゴ® アーキテクチャー

レゴ社は1960年代にもアーキテクチャー（建造物）のセットを
いくつか発売しましたが、それから長い年月を経た2008年、
建築家でレゴ®ファンでもあるアダム・リード・タッカーとのコラボ
レーションにより、世界の象徴的な建物をマイクロスケールで
組み立てるレゴ®アーキテクチャーのテーマがスタートしました。

そびえ立つ
タワーの先端は
アンテナのパーツ

側面にはめた
タイルでなめらか
に見える

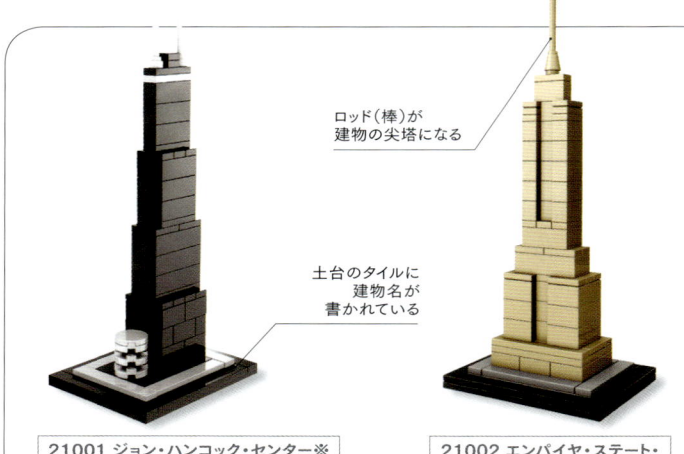

ロッド（棒）が
建物の尖塔になる

土台のタイルに
建物名が
書かれている

21001 ジョン・ハンコック・センター※
（2008年）

21002 エンパイヤ・ステート・
ビルディング（2008年）

デスクトップモデル

シリーズ第1弾として、「21001
ジョン・ハンコック・センター」、
「21002 エンパイヤ・ステート・
ビルディング」、「21004 グッゲン
ハイム美術館」など6セットが発売
されました。ライセンス製品である
各マイクロスケールのレプリカは、
実際の建物の歴史が書かれた
冊子付き。シカゴのジョン・
ハンコック・センターはわずか
69ピース、18ステップで、アール・
デコ様式のエンパイヤ・ステート・
ビルディングは77ピースで再現
できます。

圧倒的な高さ

2016年発売のこのセットは、
アラブ首長国連邦ドバイの
"ブルジュ・ハリファ"を完全に再現
しています。実物は高さ828mで、
世界一高い人工建造物。
333ピースからなるこのミニチュア
版はわずか26.9cmですが、
これまでに出たレゴ アーキテク
チャーセットではいちばんの
高さ。これはブルジュ・ハリファの
モデル第2弾で、2011年に
発売された最初のモデルは
208ピースでした。

21031 ブルジュ・ハリファ
（2016年）

Burj Khalifa

21020 トレヴィの泉
（2014年）

円すい形の彫刻

青い色がついた宮殿の窓

白いマイクロフィギュア
の彫像

海馬

願いがかなう？

高さ14cmのこのモデルは、ローマにあるバロック
建築の傑作のレプリカ。噴水と宮殿の壮麗さをみごとにとらえて
います。有名な像は白いマイクロフィギュアで、海馬はハーフアーチや
クリップ付きのパーツでうまく再現しています。

奇跡の街ヴェネツィア

2016年、ベルリン、ニューヨーク、ヴェネツィアなどの"スカイライン"セットが初登場。ミニチュアスケールなので、212ピースのセットで、リアルト橋やサン・マルコ寺院、サン・マルコ鐘楼、聖テオドーロと聖マルコの円柱、ため息橋がすべて再現できました。

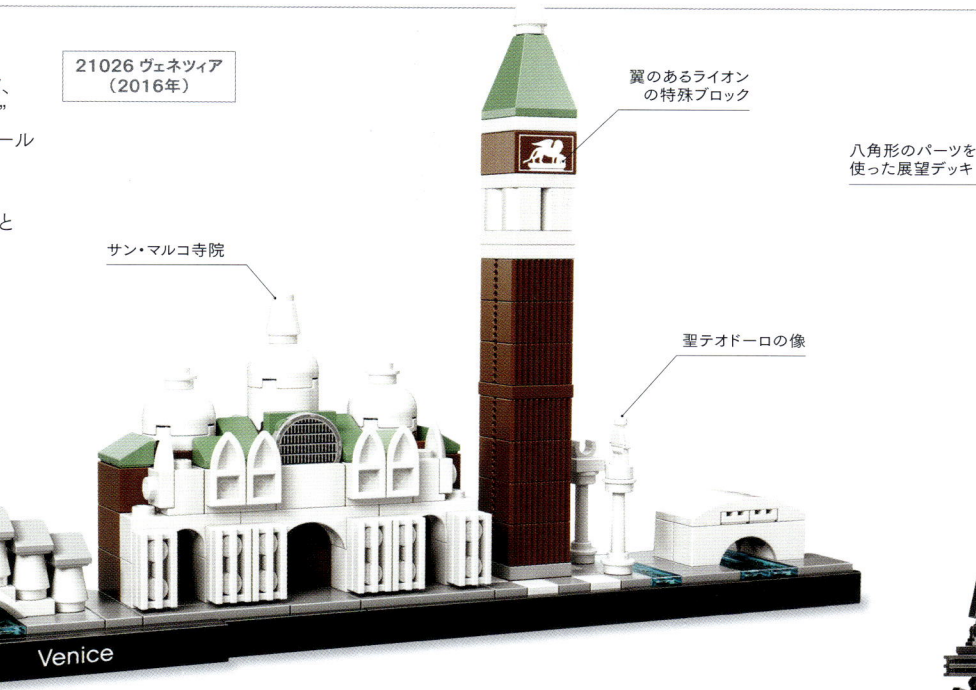

21026 ヴェネツィア（2016年）

翼のあるライオンの特殊ブロック

八角形のパーツを使った展望デッキ

サン・マルコ寺院

聖テオドーロの像

プレートとタイルをかさねる

Venice

フランスのシンボル

2014年、パリでいちばん高いランドマークがレゴ アーキテクチャーになりました。
実物は、18,038個の錬鉄と250万本のリベットで組み立てられたおしゃれな塔。
レゴならずっとかんたんに――たった321個のパーツで作れます。

21019 エッフェル塔（2014年）

やわらかいロッドを使ったアーチ

イギリス代表

エリザベス・タワーはロンドンで最も目立つ建物のひとつ。
2017年の「21034 ロンドン※」にも、ネルソン記念柱やロンドン・アイ、タワーブリッジなどとともに登場します。
じつは"ビッグ・ベン"は、このタワーの中にある最大の鐘の名前。
レゴ版のタワーの正面には、グリルタイルが32個使われています。

屋根は傾斜がついた1個のパーツ、てっぺんはコーン

コーンの小尖塔

21013 ビッグ・ベン（2012年）

緑のプレートで作られたスピーカーズ・グリーン（演説コーナー）

大統領の邸宅

アメリカ大統領が住む6階建てのホワイトハウスを、たった560個のレゴブロックで再現できます。
ディテールには、白い柱に煙突、玄関ポーチ、屋上の柵――さらに芝生の一部も含まれます。

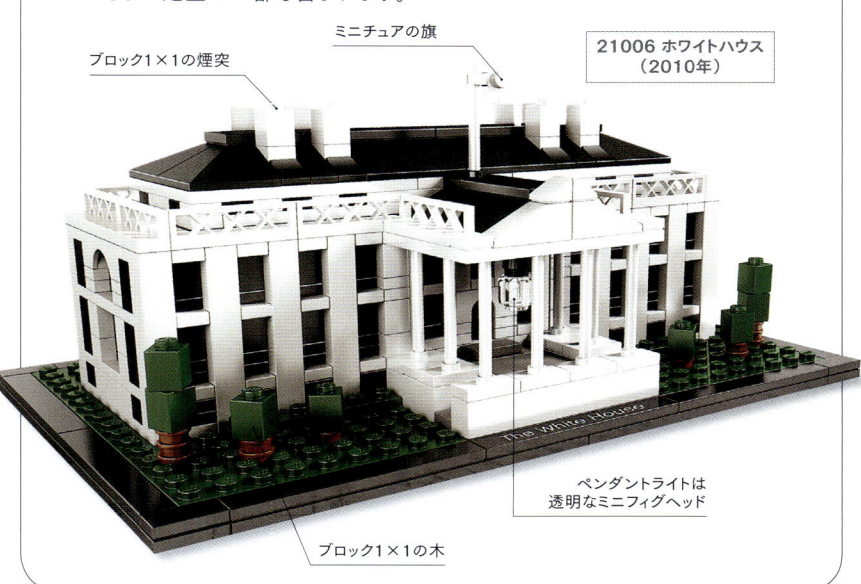

ミニチュアの旗

ブロック1×1の煙突

21006 ホワイトハウス（2010年）

The White House

ペンダントライトは透明なミニフィグヘッド

ブロック1×1の木

レゴ® テクニック

特殊なギア（歯車）セットと1970年代のエキスパートビルダーシリーズから発展したレゴ®テクニックは、レゴのモデルにメカニカルな動きをそえます。ギアや車軸、モーターを組みこむことで、実際に伸びるクレーンブームや、ハンドルと連結したステアリングシステム、調整可能なサスペンションなどのリアルな機能をもたせ、モデルを本物のように動かすことができます。

8300 アクションフィギュア※
（2000年）

レゴ テクニックのフィギュア

1986年から2001年まで、一部のレゴ テクニックセットには、大型の乗り物にドライバーとして乗せるフィギュアが入っていました。手足を自在に動かせ、黄色い顔と手は従来のミニフィギュアと同じですが、かなりの長身。
レゴブロック流の組み立てスタイルで、ブロックやレゴ テクニックのパーツと連結させることもできます。

フォルムとファンクション

このサイドカー付きオートバイは、いかにも1980年代のモデルチームのブロック製セットに見えて、じつはレゴ テクニックの機能をそなえています。
特徴は大きなゴムタイヤに前輪ステアリング、動くピストン、エンジン、26個の小さいパーツをつなげたドライブチェーン。

857 オートバイ※
（1979年）

究極のクレーン

6輪ステアリングとエアシリンダーを搭載した「8421 移動式クレーン※」の発売から8年。レゴ社は700ピース増えてアップグレードしたMK IIを発売しました。この究極のクレーンは、8輪ステアリングとパワーファンクション・モーターを搭載。コンテナスタッカーとトラックへの組みかえもできます。

42009 モービル・クレーン
MK II（2013年）

根元のホイールを回すと、ギアによりアームが伸びる

初期のレゴ テクニックのモデルはパーツにポッチがついていたため、現在のなめらかなレゴ テクニックよりも従来のレゴシステムの乗り物に似ていた。

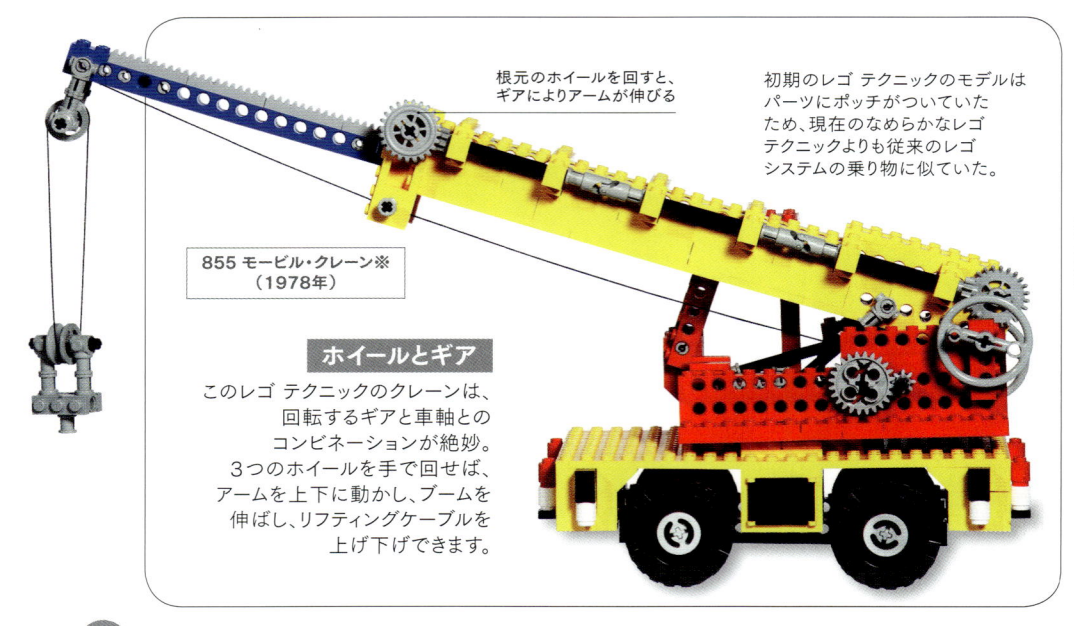

855 モービル・クレーン※
（1978年）

ホイールとギア

このレゴ テクニックのクレーンは、回転するギアと車軸とのコンビネーションが絶妙。3つのホイールを手で回せば、アームを上下に動かし、ブームを伸ばし、リフティングケーブルを上げ下げできます。

パワーとプレステージ

この2,793ピースのモデルは、大型パワーファンクション・モーターと空圧システム搭載で、多くの電動機能を制御できます。動くクレーンアームや伸ばせるアウトリガー、開閉するグラバー、傾く荷台、さらにはメルセデス・ベンツのロゴがついたハンドルもついています！

42043 メルセデス・ベンツ アロクス3245
（2015年）

すべるようなセーリング

最新のレゴ テクニックモデルは、ポッチのないなめらかなサポートビームと、角度をつけたカラフルな装飾パネルを組み合わせて作り、ギアなどの機構はモデルの内部に組みこまれます。ブロックをほとんど使わない組み立て方式が、モデルにリアルな形を与えるのです。「レーシングヨット」には、ハンドルとレバーで動く舵と、回して帆を調節できるウインチがついています。

42074 レーシングヨット（2018年）

モンスター級

全長66cm、1,877ピースの巨大なレッカー車には、実際に動くラックアンドピニオン式ステアリング、ピストンが動きラジエーターファンが回るV6エンジン、メタリック仕上げのブロックとデカル、さらにラチェット式ウインチがついた伸縮自在のレッカークレーンがついています。

8285 レッカー車（2006年）

サイドパネルの内側にある制御装置でクレーンを持ち上げ、ブームを伸ばし、メタルフックを下ろすことができる。空圧式アンダーリフトがついた伸展式の荷台や、重い荷物を運ぶためのリアスタビライザーもついている。

組みかえもできる掘削機

2016年発売のこの鉱山採掘機は、パーツ数3,929個。レゴ テクニック史上最大のセットです。動くコンベアベルト、ジョイスティックで操作する巨大な回転機構、回るバケットホイールがついた超大型ビークルは2-in-1モデルで、「骨材生産プラント」に組みかえることができます。

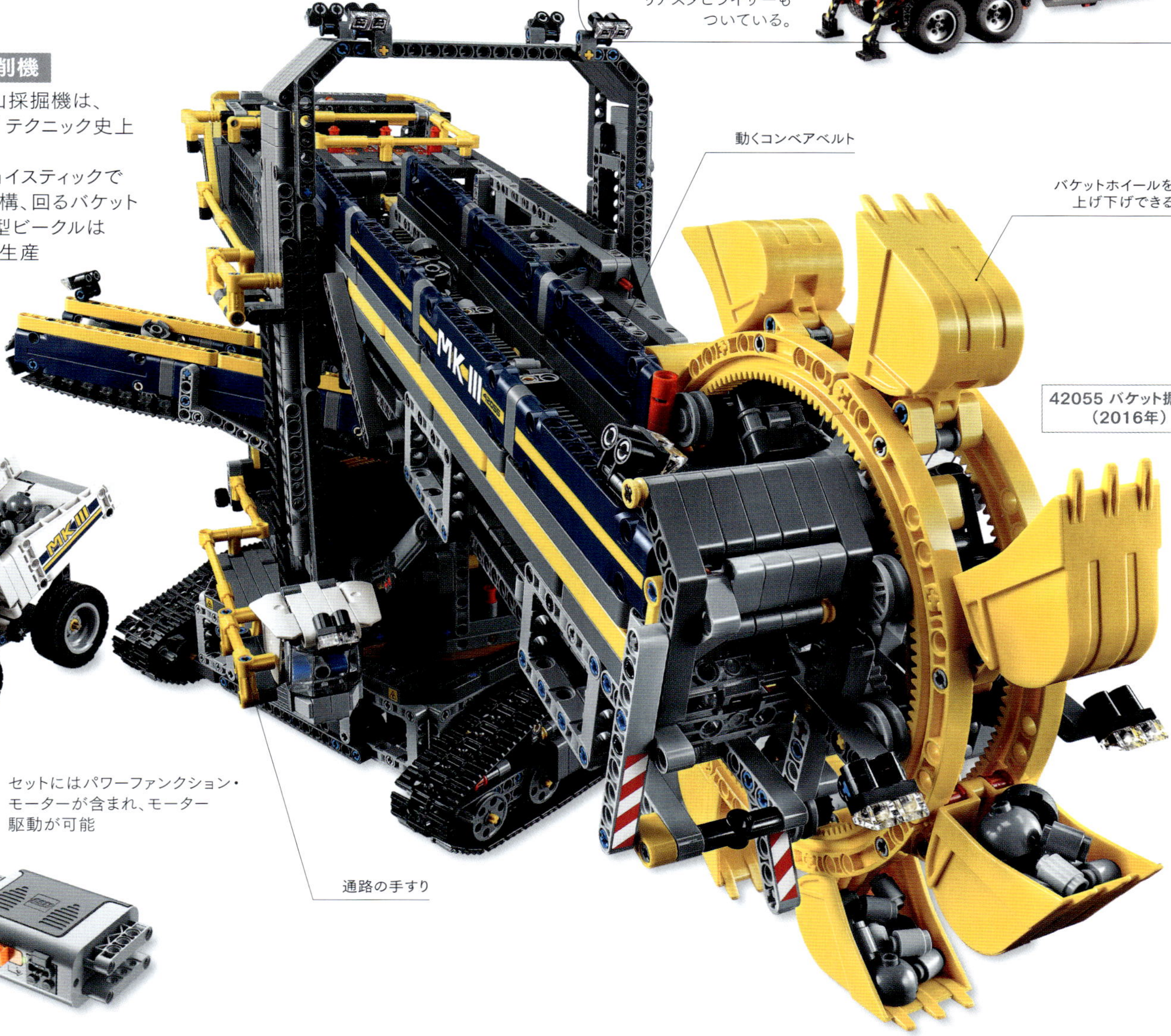

動くコンベアベルト

バケットホイールを上げ下げできる

42055 バケット掘削機（2016年）

鉱物をつんだ採掘トラック

セットにはパワーファンクション・モーターが含まれ、モーター駆動が可能

通路の手すり

プロッターのこの
部分にペンが入る

プログラム可能な
「コントロールセンター」

8094 コントロールセンター※
（1990年）

宇宙へ発進！

1,366ピース、9Vモーター搭載のこの宇宙船は、
けたはずれのセットでした。エンジンの噴射ガスを
光らせる最新鋭の光ファイバーケーブルが6本、
衛星を発射するための動くクレーンアームのほか、
新登場のアングルビームを使った電動式
ベイドアも2つついていました。

8480 シャトル イオ※（1996年）

光ファイバー
ケーブル

開くベイドア

コントロール機能

1990年、バッテリー式の「コントロールセンター」
の登場により、レゴ®テクニックのモデルに
ベーシックなプログラミング機能がもたらされ
ました。
9Vモーターが2個入って、4つのプログラム
可能なマシン──ロボットアーム、プロッター
（上の写真）、クレーン車、描画できる
ミニロボット──を組み立てることができ、
レゴ テクニックの文字が入ったこのセット限定
のペンもついていました。

回転翼がついた
組立式ヘリコプター

レーダーと煙突がある
船長のブリッジ

動くクレーン

ヘリポート

42064 海洋調査船
（2017年）

IMO 42064

SAFETY FIRST

OCEAN EXPLORER

満載喫水線

大海原のハイテクシップ

1,327ピースのこの船は、前年に発売された同名の
レゴ®クリエイターモデル「31045 海洋調査船※」（213ピース）の
グレードアップ版。組立式のヘリコプターと潜水艦もついていて、デッキのハッチから
船体内部へのアクセスも可能。プッシュボートとはしけへの組みかえもできます。

42069 エクストリーム
アドベンチャー
（2017年）

開くボンネット

ガソリン缶

グリップ力の強い
トラックベルト

オフロードのアドベンチャー

2017年はレゴ テクニック発売40周年。
この年に発売されたセットはすべて、
40周年バージョンのビーム入りでした
（ナンバープレートをチェック！）。
機能するサスペンション、スイングアップドア、
ロックできる後部ドア、精緻なV8エンジンが
搭載されたこのモデルは、どんな地形の冒険
にもいどめます！

フレックスシステムの
チューブを使った
ローディングアーム

荷台が45度以上
傾く

コードをスキャン

斬新なコードパイロット
（モーターとタッチセンサー
に連結した手持ち式コント
ローラー）が入っているモデル
は、このバーコードトラック
だけ。バーコードを読み取って
トラックを操作、スピードや
サウンドを変えることも
できます。

8479 バーコードトラック※
（1997年）

強力なプルバックパワー

数あるレゴ テクニックのビークルのなか
でも特徴的な「4WDポリスカー」は、
強力なバネがきいたプルバック
モーター搭載。エキサイティングな
チェイスの始まりだ！
「42046 疾走レーサー※」と
組み合わせれば、ポリス＆
レーサーの究極のコンビが
誕生します。

警告灯

頑丈なブルバー

低扁平タイヤ

42047 4WDポリスカー（2016年）

スーパーカー

1977年のカー・シャーシ・テクニカルセット
から2016年のポルシェのレプリカまで、
数々の画期的なモデルが登場。ギアと車軸と
ビームを組み合わせてリアルに動くエンジン
や、メカニカルな機能を生み出してきました。

8860 カー・シャーシ※
（1980年）

四気筒エンジン、ラック＆
ピニオン式ステアリング、
リクライニングシートのほか、
機能するリアサスペンションが
初搭載された。

8865 テストカー※
（1988年）

ボディがついた初のスーパーカー・シャーシ。
新開発のパーツで、レゴセットとしてはじめて4輪独立
サスペンションが実現。

8448 スーパー・
ストリート・センセー
ション※（1999年）

ポイントは、曲面パネルとリブホースによる見た目
の美しさ。たくみなメカニズムでオープンカーの
屋根が開閉する。

42056 ポルシェ
911GT3 RS（2016年）

Porsche AG社と共同開発した1:8スケールの伝説的
スーパーカー。機能するギアボックス、ステアリング、
サスペンション、エアロダイナミックなボディと調節可能
なスポイラーが特徴。

レゴ® マインドストーム®

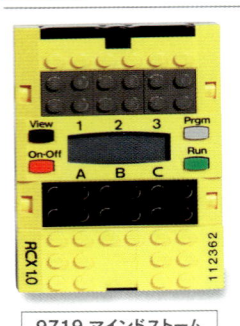

9719 マインドストーム 基本セット※(1998年)

1984年、レゴ社は米国マサチューセッツ工科大学メディア研究所とパートナーを組みました。この異色の提携によって生まれた成果の第1号が、1986年に発売された教育用のレゴ®テクニック コンピュータ・コントロールです。そして1998年には、革新的な製品「レゴ®マインドストーム®RCXコンピュータブロック」が誕生。これを使うことで、ロボットを組み立て、動作をプログラムし、実際に動かすことができるようになりました。

マインドストーム®第1世代

第1世代のRCX（ロボットコマンドシステム）ブロックは、8ビットマイクロコントローラCPUと32KのRAMを搭載していました。ユーザは自分のパソコンで構築したプログラムを赤外線インタフェースでRCXにダウンロードします。するとプログラムがコンピュータブロックに接続したモーターやセンサーに動作命令を与え、ロボットが動きました。

アップグレード

「9747 マインドストーム 基本セット1.5※(1999年)」と「3804 マインドストーム 基本セット2.0※(2001年)」は、レゴ社のそれまでのロボット技術を更新したものです。

レゴのパーツでできた飾りの目

自分だけのロボット

RISのセンサーやモーター、RCXブロックをレゴ テクニックのビームやギアと組み合わせれば、さまざまな外観や機能のロボットを無限につくりだすことができます。

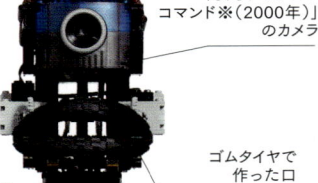

「9731 ビジョン コマンド※(2000年)」のカメラ

ゴムタイヤで作った口

RCX1.0ブロック

歯車で胴体が回転する

レゴ テクニックのギア

このバーテンダーロボットは、2001年にニュルンベルクで開催された玩具フェア用に作られたもの。緑と赤のカードを識別し、カードの色に応じて、バイオニクル®またはジャックストーンのドリンクを出すようにプログラムされていた。

ロボティクスインベンション システム(RIS)ロボット

3801 マインドストーム アクセサリ（2000年）

広がる可能性

レゴブロックのロボットをさらに改良するには？
拡張セットでセンサーやモーター、パーツを
追加すれば、プログラムの可能性がより広がり
ます。たとえばこのセットには、回転センサー、
白熱ランプ、そしてマインドストーム初のリモコン
も入っています。

3800 アルティメットビルダーズ
セット※（2001年）

新たな部品

すでにRISの基本セットを
もっているユーザのための
「アルティメット
ビルダーズセット」
には、より高度な
マインドストーム
モデルが作れる
追加部品のほか、
7種類の新しい
ロボットが作れる
デジタル説明書も
ついています。

この拡張キットには、
追加のギアモーターと
透明な空気圧部品に加え、
レゴ社認定ビルダーによる
くわしい組立説明が
入ったCD-ROMが
ついている。

レゴ®スペースの
インセクトイドの脚

ローバーを配備する
ためのスロープ

この宇宙時代のアクセサリセットには、
火星着陸船や惑星探査機を組み立てる
部品とプログラムに加え、プログラマが
クリアするべき数々のミッションが入った
チャレンジCDが含まれている。

9736 マインドストームマーズ（2000年）

スポーツボット

「ロボスポーツ」の拡張セットで、
スポーツをするロボットが作れます。
たとえばこのロボットは、バスケット
ボールのスター選手。ローラーで
走りダンクシュートをきめます。
セットには、チャレンジCD、
スポーツ用フィールドになる
マット、追加モーター、ボール
やホッケーのパックなどが
入っています。

ダンクシュートするカギ爪

バスケット
ゴール

9730 ロボスポーツ※
（1998年）

ロボティクスセットには、
昆虫ロボットを作る
「バグブック」をはじめ、
難易度ごとの組立説明書
がついている。

9735 ロボティクスセット
（1999年）

初心者向けの"スカウト"

マイクロコンピュータブロック"スカウト"は、
1999年発売の初心者向けキット「9735
ロボティクスセット」に入っていました。
青いスカウトには内蔵式光センサーのほか、
モーターとセンサーを2つずつ追加できる
ポートがついています。

マイクロコンピュータ
ブロック"スカウト"

当時未発売だった
「ビジョンコマンド」の
試作カメラが組み
こまれた火星探査
ローバー

9748 ドロイドキット
（1999年）

"マイクロスカウト"
コントローラ

ドロイドをデザインする

スター・ウォーズの映画にもとづく拡張セットで、レゴ
マインドストームの製品ははるかかなたの銀河系に進出
しました。「ドロイドキット」を使えば、R2-D2™のように
床をすべって移動するドロイドが作れます。一方、
「9754 ダークサイドキット※（2000年）」は、歩行する
デストロイヤー・ドロイドや帝国軍のAT-ATウォーカー
などが作れる部品と組立説明書入り。どちらもモーター
と光センサー内蔵の新型"マイクロスカウト"コントロー
ラがついています。

NXT & EV3

ロボティクスインベンションシステム（RIS）発売から
8年後、よりシンプルなロボットづくりをめざして
レゴ®マインドストームNXTが登場しました。
ねらいは、組み立てからプログラミングまで
30分以内にできるようにすること。
さらに7年後には、プログラミングのオプション
や機能がより拡充し、洗練された未来型の
外観をもつ、新世代型レゴ®マインドストーム
EV3が発売されました。

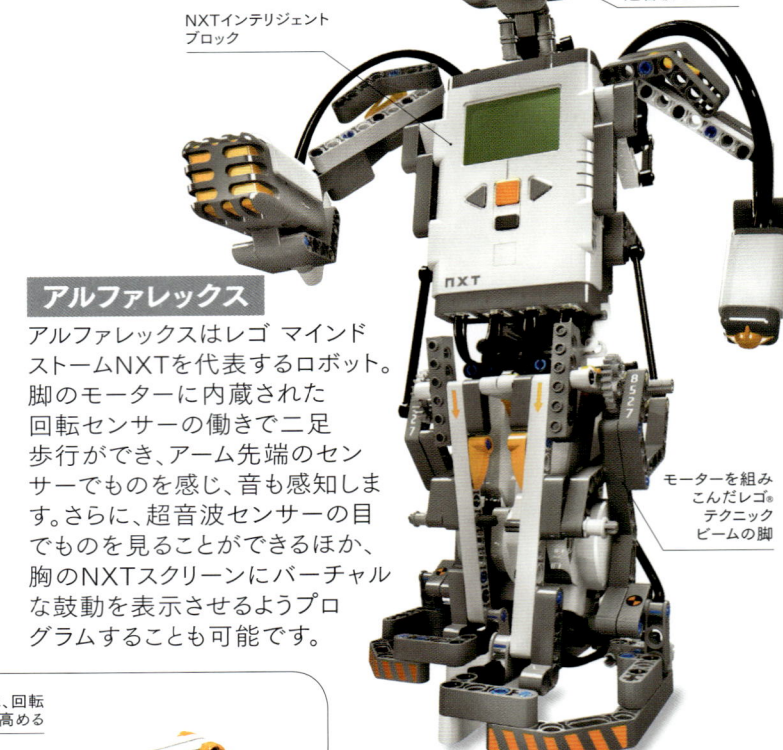

超音波センサー

NXTインテリジェント
ブロック

アルファレックス

アルファレックスはレゴ マインド
ストームNXTを代表するロボット。
脚のモーターに内蔵された
回転センサーの働きで二足
歩行ができ、アーム先端のセン
サーでものを感じ、音も感知しま
す。さらに、超音波センサーの目
でものを見ることができるほか、
胸のNXTスクリーンにバーチャル
な鼓動を表示させるようプロ
グラムすることも可能です。

モーターを組み
こんだレゴ®
テクニック
ビームの脚

8527 レゴ®マインドストームNXT（2006年）

オリジナルのNXTセットには、
ロボット（アルファレックス、
スパイク、トライボット）やロボ
アームT-56を作る組立説明
書がついている。

NXTインテリジェントブロック

ARM32ビット・マイクロプロセッサ、
256KBメモリ、USB2.0、Bluetooth
サポート、機能が強化された新型
センサーやモーターが搭載された
NXTで、プログラマブル・ブロックの
第2世代がスタートしました。

インタラクティブ・サーボモーターは、回転
センサー内蔵で動作の精度を高める

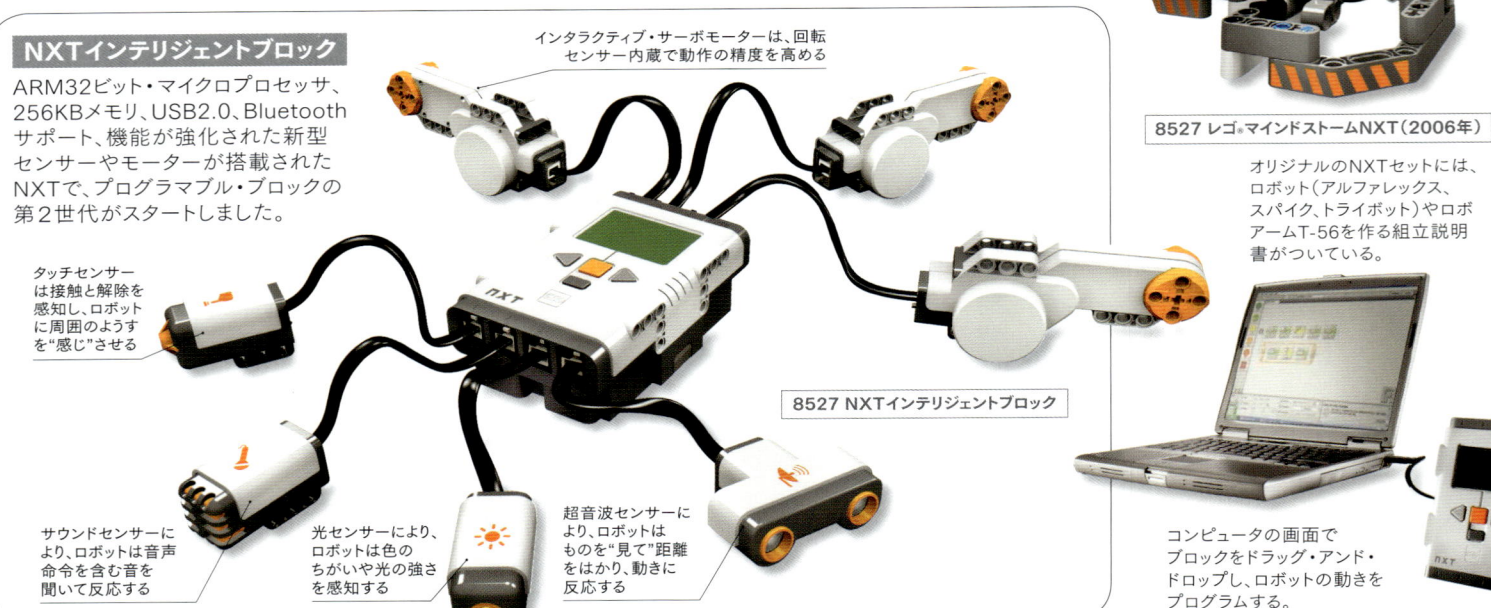

タッチセンサー
は接触と解除を
感知し、ロボット
に周囲のようす
を"感じ"させる

サウンドセンサーに
より、ロボットは音声
命令を含む音を
聞いて反応する

光センサーにより、
ロボットは色の
ちがいや光の強さ
を感知する

超音波センサーに
より、ロボットは
ものを"見て"距離
をはかり、動きに
反応する

8527 NXTインテリジェントブロック

コンピュータの画面で
ブロックをドラッグ・アンド・
ドロップし、ロボットの動きを
プログラムする。

「トライボット」は速くしな
やかな動きの3輪駆動
ロボット。音声命令を与え
ると、床に引かれた
ラインをたどって
ものをつかむよう
プログラムできる。

ボールに近づくとレバーがタッチ
センサーに触れ、カギ爪を
閉じるよう命令が発せられる

8547
トライボット

新バージョンNXT

2009年版レゴ マインドストーム
NXTでは、プログラミングの
カスタマイズの幅が広がり、
ロボットの種類が増え、カラー
センサーなどの新技術も加わり
ました！

2009年の新生アルファレックス
は、旧バージョンより大きく頑丈
で、プログラムの種類や内蔵
された機能も増えた。

8547 レゴ®マインドストームNXT2.0
（英語版 2009年）

拡張機能

ライセンス契約で他社が開発したものも含め、
追加部品はすべてレゴのオンラインショップで
購入できました。回転の角度を計測したり
赤外線を感知するセンサーや、ロボットに
方向やどれだけ速度が出ているかを知らせる
センサーもありました。

MS1034 コンパスセンサー

RFIDセンサーはキート
ランスポンダーを使い、
NXTのプログラムのロッ
クを解除し起動させる。

コンパスセンサーは地球の
磁場を計測し、ロボットが
どちらの方向を向いている
かを検知する。

MS1048 RFIDセンサー

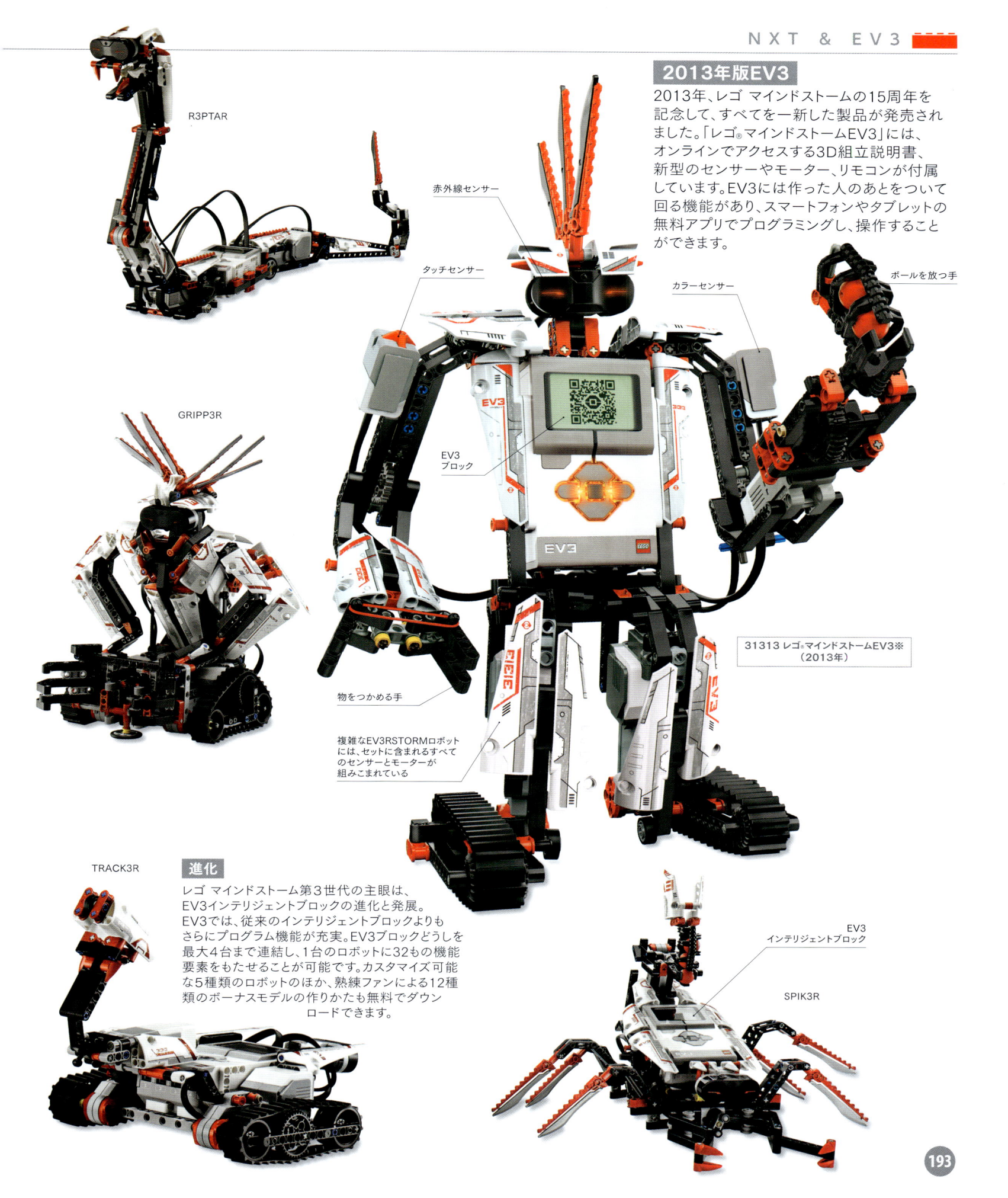

R3PTAR

GRIPP3R

TRACK3R

2013年版EV3

2013年、レゴ マインドストームの15周年を記念して、すべてを一新した製品が発売されました。「レゴ®マインドストームEV3」には、オンラインでアクセスする3D組立説明書、新型のセンサーやモーター、リモコンが付属しています。EV3には作った人のあとをついて回る機能があり、スマートフォンやタブレットの無料アプリでプログラミングし、操作することができます。

赤外線センサー

タッチセンサー

カラーセンサー

ボールを放つ手

EV3ブロック

31313 レゴ®マインドストームEV3※（2013年）

物をつかめる手

複雑なEV3RSTORMロボットには、セットに含まれるすべてのセンサーとモーターが組みこまれている

進化

レゴ マインドストーム第3世代の主眼は、EV3インテリジェントブロックの進化と発展。EV3では、従来のインテリジェントブロックよりもさらにプログラム機能が充実。EV3ブロックどうしを最大4台まで連結し、1台のロボットに32もの機能要素をもたせることが可能です。カスタマイズ可能な5種類のロボットのほか、熟練ファンによる12種類のボーナスモデルの作りかたも無料でダウンロードできます。

EV3インテリジェントブロック

SPIK3R

レゴ® ブースト

組み立てたモデルをプログラマブル・ブロックで
動かしてみたい──そう思うのは、年長の子どもたち
だけではありません！ 2017年にスタートしたレゴ®
ブーストの対象年齢は7歳以上。レゴ® マインド
ストーム® のように複雑な機能をもたせるのではなく、
組み立てて遊ぶためのプログラミングに焦点を
しぼっています。カラフルでわかりやすいアプリを
使ってプログラミングできるので、レゴブロックの
ロボットがこれまで以上に身近になります！

「レゴ® ブースト クリエイティブ・ボックス」には、
白、オレンジ、青のレゴブロックが840個と、
レゴ ムーブハブ、インタラクティブモーター、
カラー＆距離センサーが入っている。

コントロールセンター

「レゴ® ブースト クリエイティブ・ボックス」の無料アプリを
使えば、子どもたちは順を追った説明を見ながら5つの
多機能モデルを組み立てることができます。ロボットが
できたらアプリ上のフリープレイエリアにアクセス。プログラ
ムを使ってモデルを動かしたり音を出したりしてみましょう。
色分けされたモジュールをドラッグ・アンド・ドロップする
だけで、タブレットからロボットを操作できます。

顔の表情を
変えられる

動くアーム

カラー＆
距離センサー

緑のモジュールは
「動作」

紫のモジュールは
「発話」

青のモジュールは
「アクション」

ロボットのバーニー

5つのモデルのひとつ、バーニーは、話し、移動し、
踊るロボット。色や動き、距離を感知し、寝室に
誰かがこっそり入ってきたら、肩のシューターから
ダーツを放って守ってくれます。

17101 レゴ® ブースト クリエイティブ・
ボックス（2017年）

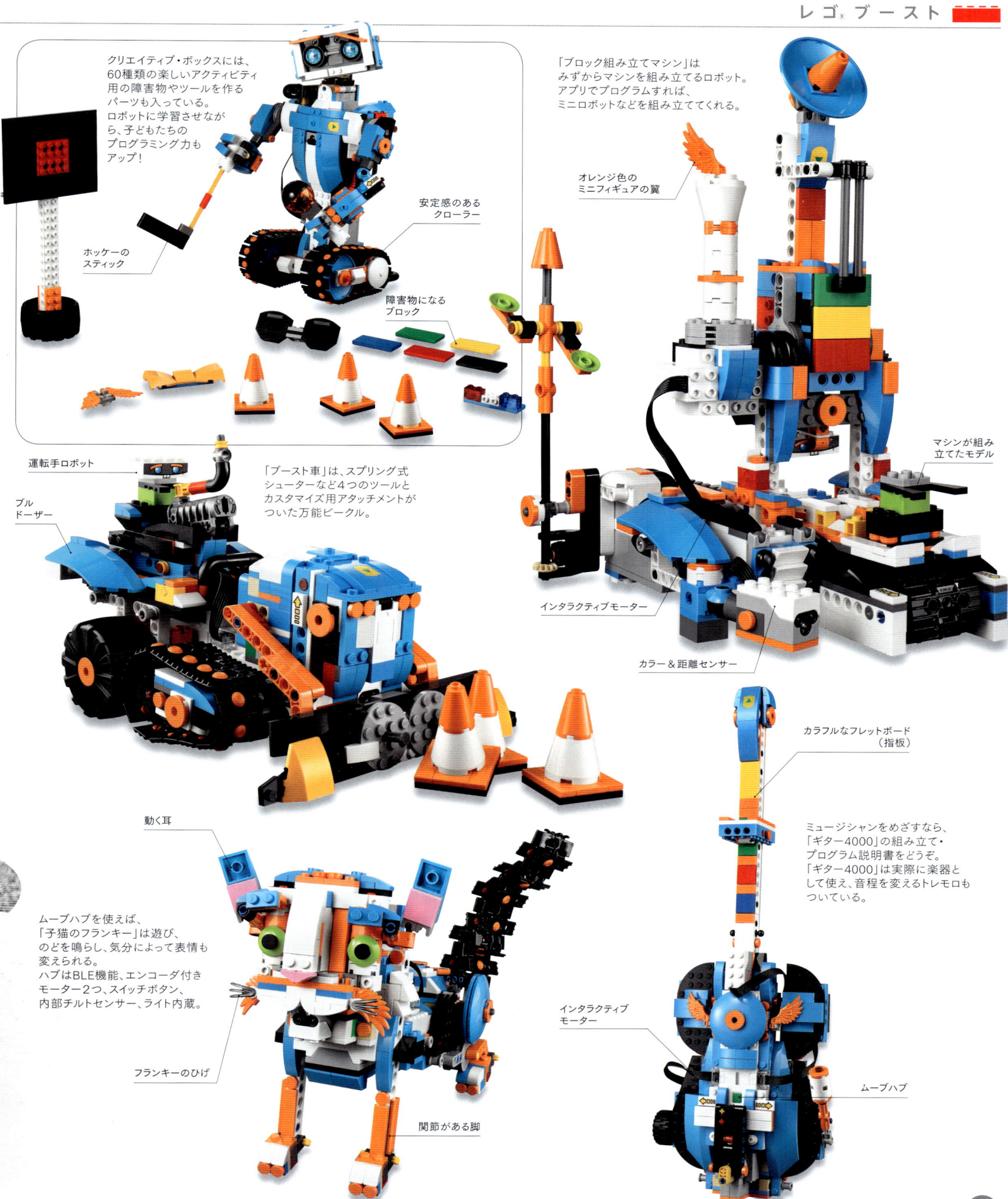

クリエイティブ・ボックスには、60種類の楽しいアクティビティ用の障害物やツールを作るパーツも入っている。ロボットに学習させながら、子どもたちのプログラミング力もアップ！

ホッケーの
スティック

安定感のある
クローラー

障害物になる
ブロック

「ブロック組み立てマシン」はみずからマシンを組み立てるロボット。アプリでプログラムすれば、ミニロボットなどを組み立ててくれる。

オレンジ色の
ミニフィギュアの翼

マシンが組み
立てたモデル

運転手ロボット

ブル
ドーザー

「ブースト車」は、スプリング式シューターなど4つのツールとカスタマイズ用アタッチメントがついた万能ビークル。

インタラクティブモーター

カラー＆距離センサー

動く耳

ムーブハブを使えば、「子猫のフランキー」は遊び、のどを鳴らし、気分によって表情も変えられる。
ハブはBLE機能、エンコーダ付きモーター2つ、スイッチボタン、内部チルトセンサー、ライト内蔵。

フランキーのひげ

関節がある脚

カラフルなフレットボード
（指板）

ミュージシャンをめざすなら、「ギター4000」の組み立て・プログラム説明書をどうぞ。「ギター4000」は実際に楽器として使え、音程を変えるトレモロもついている。

インタラクティブ
モーター

ムーブハブ

レゴ® スター・ウォーズ™

レゴ®ブロックが誕生してから40年あまり、初のライセンステーマとして登場したのは世界一有名な冒険映画でした。1999年、エピソードI『ファントム・メナス』の公開に合わせて発売されたスター・ウォーズ™のテーマには、過去に公開された旧3部作にもとづくセットもありました。レゴ®スター・ウォーズ™の"フォース"はいまなお強く、3つの3部作映画、スピンオフ映画やテレビアニメをもとにしたセットも人気を得ています。

2015年発売の「75096 シス・インフィルトレーター※」は、ダース・モール専用機のミニフィギュアスケール版第4号。662ピースのこのセットは、1999年発売の第1号の2倍の大きさ。

スター・ウォーズ: エピソードI　ファントム・メナス

自由を賭けたレース

新3部作をテーマとした初期のセット「モス・エスパ・ポッドレース」は危険なレース"ブーンタ・イブ・クラシック"が舞台。自作のポッドレーサーに乗る幼い日のアナキン・スカイウォーカーがみずからの自由を賭けてライバルのセブルバやガスガノと競います。パーツや配色がめずらしいこのセットは、レゴ ファンに根づよい人気があります。映画と同様、セブルバが乗るオレンジ色のポッドレーサーには、対戦相手の乗り物を妨害する卑劣なしかけが組みこまれています。

アナキン

R2-D2

エネルギー・バインダー

ガスガノ

セブルバ

ピット・ドロイド

7171 モス・エスパ・ポッドレース（1999年）

グンガン・サブマリン（ボンゴ）には、コックピットと2つの貨物室、回転する触手型の推進装置、着脱式ミニ潜水艇がついている。女王の盛装をしたパドメが入っているのはこのセットのみ。

9499 グンガン・サブ™（2012年）

ダース・モールの胸像

2000年以降、レゴ スター・ウォーズ アルティメット・コレクターシリーズは、かつてない大きさとインパクトをもつセットで上級ビルダーに挑んできました。なかでもめずらしいセットのひとつが、2001年発売の「ダース・モール」。実物大の堂々たるシス卿の胸像は1,860ピースからなり、その大半が赤と黒のパーツ。異例の白黒パッケージでレゴ ストアとLEGO.comで限定発売されたこのモデルは、組み立てると43cmを超える高さになります。

10018 ダース・モール※（2001年）

アナキン・スカイウォーカー

パドメ・ネイベリー

ジャー・ジャー・ビンクス

クワイ=ガン・ジン

スター・ウォーズ：エピソードⅡ　クローンの攻撃

アストロメク・ドロイド
R4-P17

スタッド
シューター

つかんで持つ
ハンドル

スプリング式
シューター

**75191 ハイパードライブ付き
ジェダイ・スターファイター（2017年）**

ボバ・フェット　　ジャンゴ・フェット

フェットを追うジェダイ

『クローンの攻撃』には、賞金稼ぎジャンゴ・フェットとそのクローンである"息子"ボバが登場します。2017年発売の「ハイパードライブ付きジェダイ・スターファイター」で、ジェダイ・マスターのオビ＝ワン・ケノービは、銀河の秘密をにぎるフェット親子との対決に向かいます。スターファイターはハイパードライブ・リングと連結すると光速を超え、トリガーでかんたんに切り離せます。

7163 共和国ガンシップ（2002年）

スーパー・バトル・ドロイド
とデストロイヤー・ドロイド

クローン輸送艇

ジオノーシスの戦いをなんとか勝利にみちびいた（それがクローン大戦の始まりとなった）共和国軍のリパブリック・ガンシップは、『クローンの攻撃』のセットのひとつ。4体のクローン・トルーパーと謎のジェダイ・ナイト（ファンは"ジェダイ・ボブ"と呼ぶことがある）のミニフィギュアを乗せた38cmのガンシップは、2体のスーパー・バトル・ドロイドと組立式デストロイヤー・ドロイドとの戦いに突入します。2008年と2013年には、このガンシップのアップデート版が発売されています。

スター・ウォーズ：エピソードⅢ　シスの復讐

スペース・バトル

のちにダース・ベイダーとなるジェダイ・ナイト、アナキン・スカイウォーカーは、新型ETA-2インターセプターに乗りこみ、ジェダイとして最後となった任務に出撃しますが、分離主義勢力のバルチャー・ドロイド（飛行モードから歩行モードへの変形が可能）に厳しい追跡を受けます。ヒーローと敵双方の戦闘機が入ったこのセットで、ビルダーはエピソードⅢのオープニングをかざるコルサント上空での壮絶なバトルシーンを再現できます。

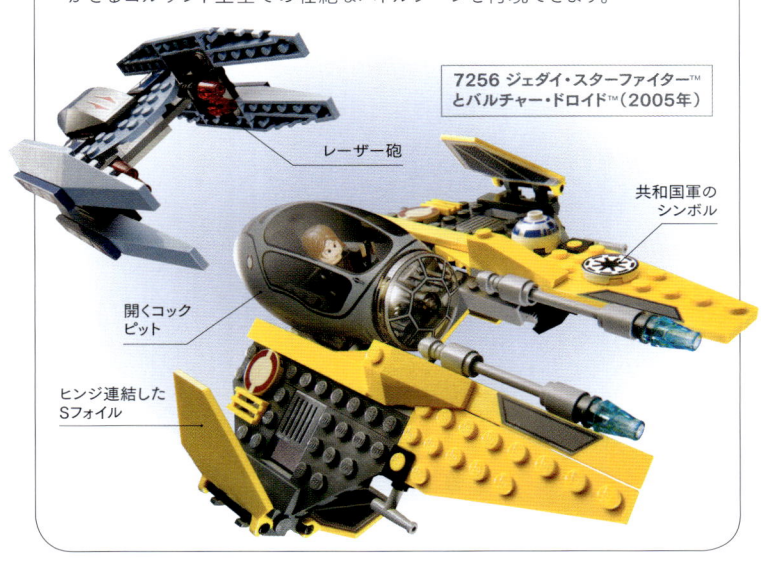

**7256 ジェダイ・スターファイター™
とバルチャー・ドロイド™（2005年）**

レーザー砲

共和国軍の
シンボル

開くコック
ピット

ヒンジ連結した
Sフォイル

レーザー砲

**75040 グリーヴァス将軍の
ホイールバイク（2014年）**

エレクトロ
スタッフ

折りたためる脚

グリーヴァス将軍のホイールバイク

『シスの復讐』のハイライトのひとつ、オビ＝ワン・ケノービとグリーヴァス将軍のバトル。このシーンをファンがはじめて再現できたのは、2005年に発売されたセットでした。2014年版ではパーツ数が2倍以上に増え、フリックミサイルも追加されました。バイクは巨大な車輪の形で突進するほか、変形して細い脚で走ることもできました。

グリーヴァス将軍

ローグ・ワン／スター・ウォーズ・ストーリー

ウイングチップ・レーザー砲

75156 クレニックのインペリアル・シャトル（2016年）

K-2SO
クレニック
パオ
ボーディー・ルック
デス・トルーパー

75120 K-2SO（2016年）

すらりと長身

大きいスケールの頑丈なアクションプレイ用組立式フィギュアは、2015年からレゴ®スター・ウォーズ™シリーズに登場しました。『ローグ・ワン／スター・ウォーズ・ストーリー』に合わせて発売された6体のひとつが、反乱軍用に再プログラムされた、このリアルなドロイドK-2SO。背中のボタンで腕がスイングし、1対1のバトルプレイができます。

手にアクセサリを持たせることができる

フリクション・ジョイントでどんなポーズも維持できる

ステルスシップ

ウイングを垂直に立てて着陸するオーソン・クレニック長官の大型シャトルは、高さ30cm以上、飛行中の翼幅は56cm。コックピットを持ち上げサイドのパネルを下にスライドさせると、クレニックと護衛のデス・トルーパーの座席があらわれます。いずれのミニフィギュアも、このセットのみに登場。

体をおおうシェルがカチッとはまる

75155 反乱軍のUウイング・ファイター（2016年）

コックピット

スプリング式ミサイル

反乱軍のスパイ キャシアン・アンドー

UNFOLDING（開く）のU

惑星表面で軍を配備するときの独特な翼形からその名がついた「Uウイング・ファイター」は、宇宙空間を飛行中に翼が後方に大きく開き、がらりと形が変わります。659ピースのこのセットでは、どちらの形も忠実に再現され、頑丈なヒンジで瞬時に切りかえが可能です。

カーゴクレート

回転砲

75152 帝国のアサルト・ホバータンク（2016年）

チアルート・イムウェ

スカリフ・ストームトルーパー

浜辺のバトル

「スカリフの戦い」は、シリーズのなかでは小さめのセットですが、秘密の武器庫、吹き飛ぶフロアパネル、鍵がかかる基地のとびら、最高機密デス・スターの設計図など、遊べるディテールがいっぱい。

75171 スカリフの戦い（2016年）

帝国軍兵士に変装した反乱軍のジン・アーソ

ホバークラフト

4つの透明な隠し車輪で走り、浮いているように見える「帝国のアサルト・ホバータンク」。スプリング発射式ミサイル搭載ですが、セットで唯一の反乱同盟軍戦士チアルート・イムウェはひるみません！

ハン・ソロ／スター・ウォーズ・ストーリー

ハン・ソロのスピーダー

2018年公開の『ハン・ソロ／スター・ウォーズ・ストーリー』は、銀河一の"ワル"がその名をとどろかせていくまでの物語。ハイスピードのカーチェイスでもクールでいられるのが彼のすごいところ。たとえば、キーラを乗せてM-68ランドスピーダーで突っ走るときも！

キーラ

75209 ハンのランドスピーダー（2018年）

ハン・ソロ

旧型のセンサーディッシュ

単砲身レーザー砲

75212 ミレニアム・ファルコン（2018年）

コレリアン・ハウンド

ファルコン初飛行

これまで見たことのないような、白く輝くミレニアム・ファルコンが、ケッセル・ランの密輸ルートを記録破りのスピードで疾走しようとしています！
　映画と同様、緊急時には機体前部が分離。『エピソードⅣ 新たなる希望』に登場したときの、2本のつのが生えたようなおなじみの形になります。機体の上部を開けると、デジャリック（ボードゲーム）の台や貨物室、密輸業者ランド・カルリジアンの寝室など、中のディテールがあらわれます。

この部分が分離する

スプリング式シューター

インペリアル・リクルートメント・オフィサー

インペリアル・イミグレーション・オフィサー

帝国軍のエンブレム

戦闘準備、完了！

2007年から発売されているバトル・パック。遊びのシーンを広げてくれるミニフィギュアがたくさん入った小型セットで、最近ではスタッドシューターも入っています。『ハン・ソロ』のバトル・パックには、インペリアル・スピーダーと銀河帝国に仕える恐ろしい軍人が4体入っています。

75207 インペリアル・パトロール・バトルパック（2018年）

インペリアル・パトロール・トルーパー

スター・ウォーズ: エピソードIV　新たなる希望

75159 デス・スター（2016年）

ドロイドのR2-D2と
C-3PO

陰謀をたくらむダース・ベイダーと
グランド・モフ・ターキン

スーパー
レーザー

魅惑のスター

『新たなる希望』に登場する帝国の要塞は巨大すぎて、ミニフィギュアスケールで正確に再現するのは不可能。そこでこのセットでは、デス・スター内部の最も象徴的な部分と外部のスーパーレーザーに的をしぼり、わずか4,016ピースで特徴をとらえています。4つの階層で再現される数々の有名な場面には、『ジェダイの帰還』のシーンもひとつまぎれています！

7140 X-ウイング※（1999年）

ストームトルーパー
に変装した
ハン・ソロ

このデス・スターは、2008年版（10188）をアップグレードしたもの。ミニフィギュアのディテールがより充実し、パーツが136個プラスされた。

デス・スターの
トラクター・ビームの
電源を切る
ベン・ケノービ

可動式ゴミ圧縮機の
中にいるチューバッカ、
ルーク、レイア

下層部をパトロール
する帝国の
アストロメク・ドロイド

初代X-ウイング

最初のレゴ® スター・ウォーズ™セットのひとつ、1999年の「X-ウイング」は、反乱軍の有名な戦闘機の特徴をわずか266ピースでとらえています。その後さまざまなX-ウイングのセットが続き、2013年には1,559ピースからなる最も大きく精緻なアルティメット・コレクターシリーズ版が発売されました。

タトゥイーンへの旅

『新たなる希望』のおもな舞台となる砂漠の惑星タトゥイーンをもとにしたレゴ スター・ウォーズのセットは多く、ならず者のたまり場「モス・アイズリー・カンティーナ」のセットが3つ、この星で育った少年ルーク・スカイウォーカーのランドスピーダーをミニフィギュアスケールで再現したセットが6つ発売されています。

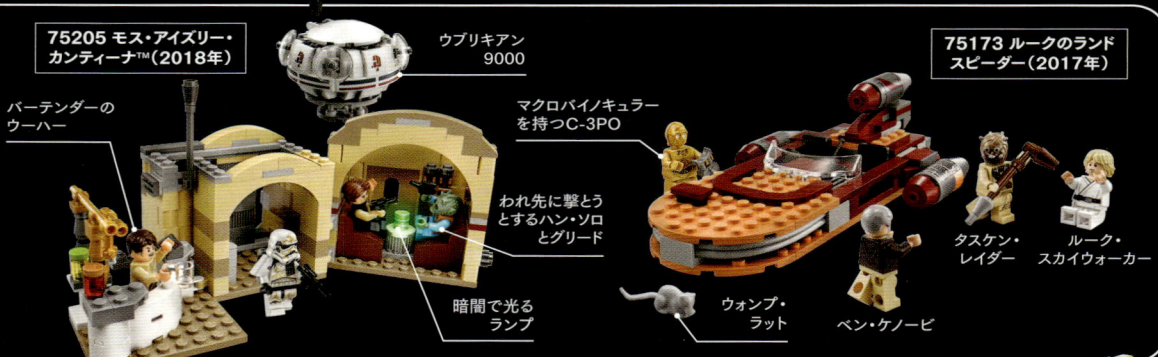

**75205 モス・アイズリー・
カンティーナ™（2018年）**

バーテンダーの
ウーハー

ウブリキアン
9000

マクロバイノキュラー
を持つC-3PO

**75173 ルークのランド
スピーダー（2017年）**

われ先に撃とう
とするハン・ソロ
とグリード

暗闇で光る
ランプ

ウォンプ・
ラット

ベン・ケノービ

タスケン・
レイダー

ルーク・
スカイウォーカー

トラクタービーム・ターゲットアレイ

コマンドブリッジ

破壊のための戦艦

『新たなる希望』冒頭の登場が印象的な帝国軍のスター・デストロイヤー。ダース・ベイダーが乗るこの戦艦は、スター・ウォーズの世界で最大の戦艦のひとつ。アルティメット・コレクターシリーズ版のこのモデルも全長1m近くあります。3,000ピースを超えるセットは史上初で、ディスプレイスタンドと反乱軍のタンティブIVの小型モデルも入っていました。

**75011 タンティブIV™と
オルデラン™（2013年）**

反乱軍トルーパー

ターボ
レーザー砲塔

クワッド・レーザー

10030 スター・デストロイヤー™※（2002年）

タンティブIV

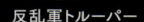

美しい球体

2012～13年、スター・ウォーズの世界に登場するおもな惑星をドーム型の特殊パーツで再現した12のプラネット・セットが発売されました。惑星とマイクロスケールの宇宙船、ミニフィギュア1体のセットです。『新たなる希望』でデス・スターに破壊された平和な惑星オルデランのセットには、レイア姫の輸送船と反乱軍トルーパーが入っています。

スター・ウォーズ: エピソードV　帝国の逆襲

人気のスレーヴ

賞金稼ぎボバ・フェットが操縦する改良型ファイアスプレー31級哨戒攻撃艇スレーヴ I は人気が高く、2000年以降5種類のミニフィギュアスケール版が発売されています。そのなかで最新・最大のアルティメット・コレクターシリーズ版（2015年）には、操縦席が回転するコックピットやデュアルシューター、ディスプレイスタンドに加え、ボバ・フェットのめずらしいミニフィギュアが入っています。

コックピット

このセット限定のベスピン・ガード

回転するウイング

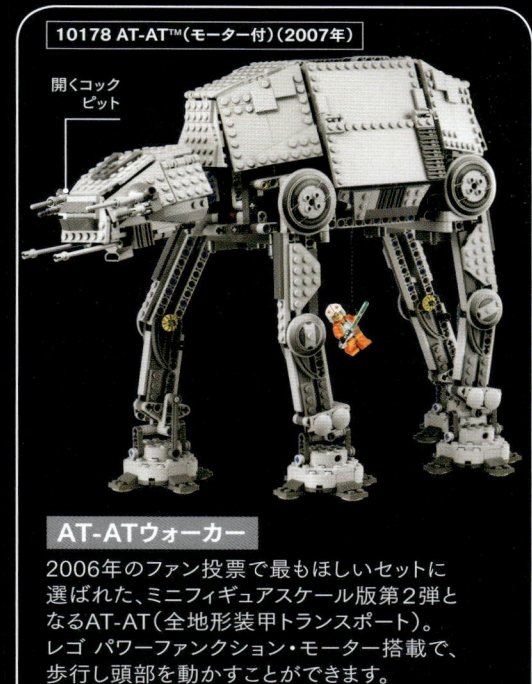

回転するプラスター砲

75060 スレーヴ I（2015年）

ボバ・フェット

ハン・ソロ（またはほかの不運なミニフィギュア）を、"炭素冷凍されたハン・ソロ"のパーツにとじこめることができる。

10178 AT-AT™（モーター付）（2007年）

開くコックピット

AT-ATウォーカー

2006年のファン投票で最もほしいセットに選ばれた、ミニフィギュアスケール版第2弾となるAT-AT（全地形装甲トランスポート）。レゴ パワーファンクション・モーター搭載で、歩行し頭部を動かすことができます。スイッチを入れるとウォーカーが前進・後退し、雪におおわれた惑星ホスでの帝国軍の攻撃シーンをリアルに再現できます。

スター・ウォーズ: エピソードVI　ジェダイの帰還

回転する頭部

10225 R2-D2™（2012年）

真ん中の脚は格納可能

特大版R2-D2

レゴ スター・ウォーズのセットに入っているR2-D2の多くはわずか4個のパーツでできていますが、アルティメット・コレクターシリーズ版のパーツは2,127個！高さ30cm以上の拡張版アストロメクには、サーキュラー・ソーや、『ジェダイの帰還』で生意気なサレシャス・B・クラムを感電させたパワー充電アームなど、伸展式ツールがいくつか内蔵されています。

イウォークの村

木の上にあるイウォークの家には、網のトラップやカタパルト、木の幹のすべり台、揺れる2本の木槌など、すごいしかけがいっぱい！縄橋や自然な木の形には、たくみなビルディングテクニックが使われています。C-3POの王座や、イウォークの祝祭で太鼓がわりにされた帝国軍のヘルメットなど、映画に忠実なディテールももりこまれています。

「イウォーク ビレッジ」には、イウォーク5体、スカウト・トルーパー2体、このセット限定のルークとレイアなど、16体のミニフィギュアが入っている。

回転する串

網のトラップ

縄ばしご

10236 イウォークビレッジ（2013年）

スピーダー・バイク

カタパルト

スター・ウォーズ: エピソードVII　フォースの覚醒

型破りの輸送艇

2007年に最初のアルティメット・コレクターシリーズ版ミレニアム・ファルコン※（セット10179）が発売されて10年、アップグレード版の登場です。史上最多の7,541ピースからなるこのセットは期待を裏切らないものでした。細かいディテールが盛りだくさんの外装は本物により近づき、外側のプレートをはずすと、メインのエリアや動力機関部、脱出ポッドなどがあらわれます。このセットには、『帝国の逆襲』と『フォースの覚醒』の登場人物、あわせて7体のミニフィギュアが入っています。

長方形のセンサーディッシュを旧型の丸いものと交換し、フロント部の小さいディテールを2つ取りはずせば、エピソードVに登場した姿のファルコンになる。

通気口に使われている新しい四半円のパーツ

メンテナンス・アクセス・ベイ

この部分を取りはずしてエピソードV登場時の姿にすることができる

コックピットに使われている最新のウィンドスクリーンのパーツ

75192 ミレニアム・ファルコン™（2017年）

ユーティリティ・ベルト

41485 ブリックヘッズ フィン※（2017年）

ブリックヘッズ

2017年、初のレゴ スター・ウォーズ ブリックヘッズとして、フィンやキャプテン・ファズマなどのフィギュアが登場。
ファースト・オーダーから離反したフィンは、ストームトルーパーのアーマーに着脱可能なブラスター・ピストル、プリントされたユーティリティ・ベルトを身につけています。

スピーディーなスカベンジャー

新ヒロインのレイが登場する「レイのスピーダー」は、『フォースの覚醒』にもとづく最初のセットのひとつ。
2つのスタッドシューター、廃品回収用の道具、ダークレッドの車体にかくれた収納ハッチなど、多くの機能をそなえています。レイのミニフィギュアには、ジャクーの砂嵐から顔を守るヘッドスカーフとゴーグルのパーツがついています。

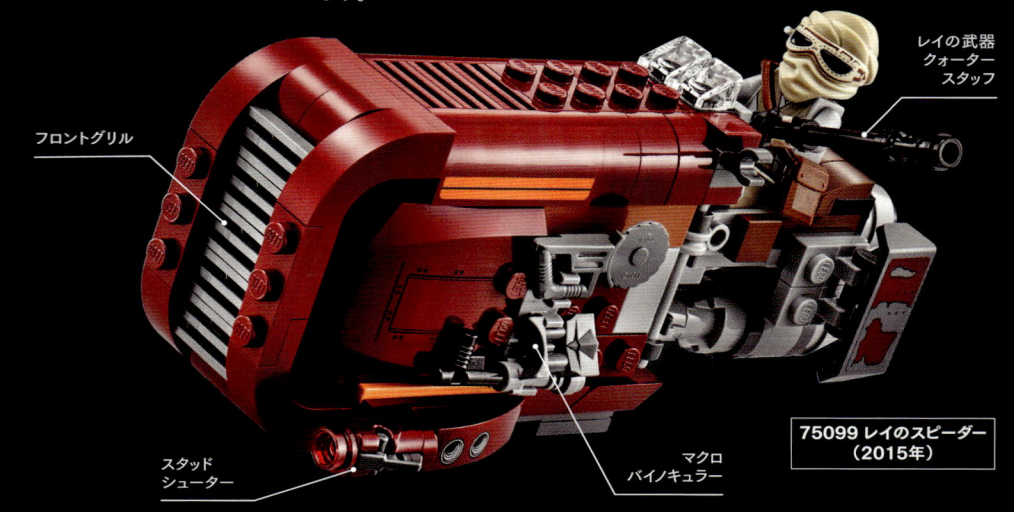

レイの武器クォータースタッフ

フロントグリル

スタッドシューター

マクロバイノキュラー

75099 レイのスピーダー（2015年）

スター・ウォーズ: エピソードVIII　最後のジェダイ

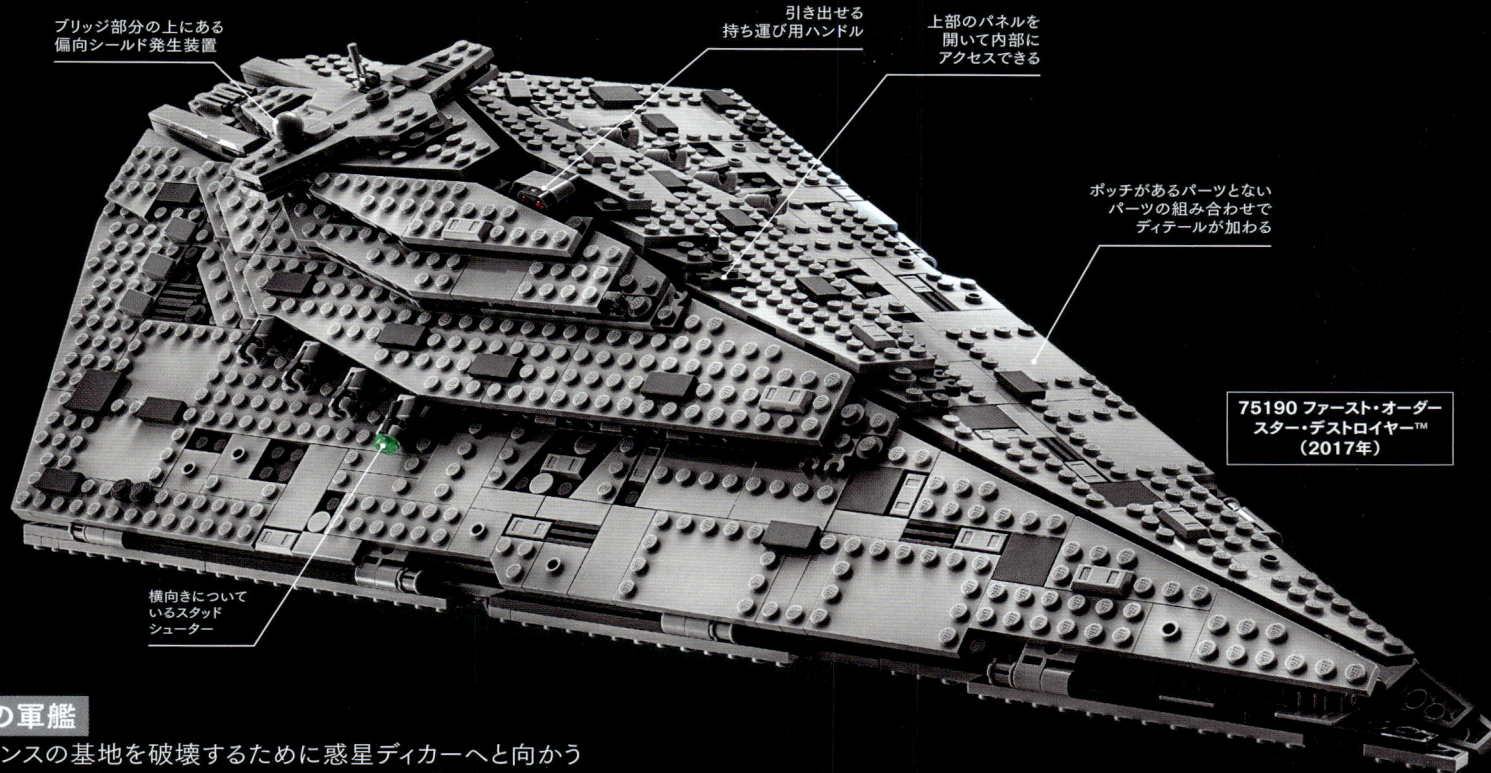

ブリッジ部分の上にある
偏向シールド発生装置

引き出せる
持ち運び用ハンドル

上部のパネルを
開いて内部に
アクセスできる

ポッチがあるパーツとない
パーツの組み合わせで
ディテールが加わる

**75190 ファースト・オーダー
スター・デストロイヤー™
（2017年）**

横向きについて
いるスタッド
シューター

究極の軍艦

レジスタンスの基地を破壊するために惑星ディカーへと向かう
ファースト・オーダーのリサージェント級スター・デストロイヤー。
マイクロスケールの外装は、かさねたプレートに細かいパーツで
ディテールを加えて作られ、後方上部のブリッジとサイドパネルを
開くとミニフィギュアスケールの内装があらわれます。
船体前寄りにもブリッジがあり、一段低くなった位置には、
オフィサーがすわる操縦席が2つ。後方の可動式エレベーターで、
スノークの司令室や会議室、制御室がある階層へ移動できます。
初登場のスノークをはじめ、乗組員はファースト・オーダーの
ミニフィギュア5体。

**75195 スキー・スピーダー™ vs ファースト・オーダー・
ウォーカー™ マイクロファイター（2018年）**

スタッド
シューター

ジョイ
スティック
のパーツ

脚の関節はレゴ®
テクニックピン

マイクロファイターシリーズ

2014年に登場した、パイロットとミニフィギュアスケールよりも小さい
ビークルが入ったシリーズ。このセットは、クレイトの戦いでレジスタンスの
スキー・スピーダーがファースト・オーダーのヘビー・アサルト・ウォーカー
を猛攻撃するシーンを再現したもの。

屋根が取りはずせて
遊びやすい

**75200 アク＝トゥー・
アイランド・トレーニング
（2018年）**

組立式のポーグは、
ルークと
アク＝トゥーで
くらしている

レイ

ルーク・
スカイウォーカー

フォースの発見

レイは、ルーク・スカイウォーカーが惑星アク＝トゥー（オクトー）の島に
隠れすんでいることを知ります。
本物そっくりのこのルークのすみかには、折りたたみベッドや隠し部屋
などがあり、レバーを押すと壁の一部がはずれます。
外には、たき火、ポーグの止まり木、レイの修行場所があります。

スター・ウォーズ／クローン・ウォーズ

独特な脚のパーツ

75022 マンダロリアン・スピーダー™（2013年）

フリックミサイル

メカの脚を得たキャラクター

『ファントム・メナス』で死んだと思われたダース・モールが、『クローン・ウォーズ』でドラマチックに復活！ いれずみでおおわれたシスの暗黒卿は、強力なメカの脚を手に入れていました。「マンダロリアン・スピーダー™」のセットでは、新たな姿となったモールが2体のマンダロリアン・スーパー・コマンドを率いて戦いにいどみます。

宇宙船トワイライト

フリック式レーザー砲

アナキンがクローン大戦で乗ったトワイライトは、伸展式ウイング、飛び出す着陸装置、着脱式脱出ポッド、動くウインチ付きカーゴハッチを装備。アナキン、R2-D2のほか、新登場の2人（アナキンの弟子アソーカと、ジャバ・ザ・ハットのスティンキーな〔くさい〕息子ロッタ）も入っています。

脱出ポッド

メインエンジン

7680 トワイライト※（2008年）

2008～14年に発売された『クローン・ウォーズ』シリーズのミニフィギュアは、テレビアニメに合わせて顔がデザインされた。

アナキン

アソーカ

ロッタ

クローン輸送艇

『クローン・ウォーズ』シリーズでいまのところ最大の「リパブリック・ドロップシップ ＆ AT-OT」は、2009年にレゴ ストアとLEGO.comで限定発売されました。全長46cmのドロップシップは、8脚のウォーカーと自動的に合体し、持ち上げて戦場へ運び、ボタンを押すと離れます。上部には、セットごと持って動かすのにべんりな折りたたみ式ハンドル付き。

持ち運び用ハンドル（たたんだ状態）

10195 リパブリック・ドロップシップ ＆ AT-OT※（2009年）

ミサイルランチャー

トルーパー16体分のシート

恐ろしいワンパの顔が描かれたデカル

折りたためるコックピット

ポーザブルな脚

開くコックピット

ミディアム・レーザー

貴重なセット

スター・ウォーズの公式な物語以外のコンピュータゲームなどをもとにしたセットも、わずかながら存在します。そのひとつが「リパブリック・アタック・タンク」。このビークルは、2004年のコンピュータゲーム『Star Wars バトルフロント』用に考案されたもの。最初のセットが2008年に、アップデート版が2017年に発売されました。

7679 リパブリック・アタック・タンク※（2008年）

ヘビー・レーザー砲

スター・ウォーズ 反乱者たち

幽霊船

宇宙船ゴーストに乗る反乱者たちは、2014年の
テレビアニメ『スター・ウォーズ 反乱者たち』と
同時にレゴブロックの世界にもデビューしました。
この929ピースのステルスシップは、回転する
砲塔、スプリング式シューター2個、着脱式
脱出ポッド2個を搭載、貴重なジェダイ・
ホロクロン（情報記録装置）を保管する
秘密のコンパートメントもあります。

75053 ゴースト※（2014年）

タフ・ガイの
ゼブ・オレリオス

ジェダイのケイナン・
ジャラス

ヘラ・シンドゥーラ船長

「ゴースト」の後部にはドッキングベイがあり、
アタックシャトル「ファントム※」（セット75048）
とぴったり合体できる。

ドロイドのチョッパー

ゆくえ不明の
コックピット

操縦するケイナン

昆虫のような
着陸用レッグ

75170 ファントム（2017年）

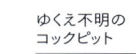

スローン
大提督

新たなファントム、新たなメナス（脅威）

『スター・ウォーズ 反乱者たち』シーズン3で、新しい
ファントムを手に入れたヒーローたち。一方で、
恐るべき新たな敵、帝国軍の戦術家スローン大提
督もあらわれました。新バージョンの「ファントム」は
初代モデルよりも大型ですが、同じように「ゴースト」
とドッキングできます。

LEGO スター・ウォーズ／フリーメーカーの冒険

ブロックの銀河系

ブロックでできた世界が舞台のテレビ
アニメシリーズ『LEGO スター・ウォーズ／
フリーメーカーの冒険』は、スター・ウォーズ
の本筋からははずれ、"はるかかなたの
銀河系"にレゴ独自の自由な解釈を加え
ました。フォースに敏感な少年ローワン・
フリーメーカーとその家族の物語から、
斬新なデザインの宇宙船が生まれました。
なかでもいちばん大きいのが、775ピースの
「アローヘッド」です。

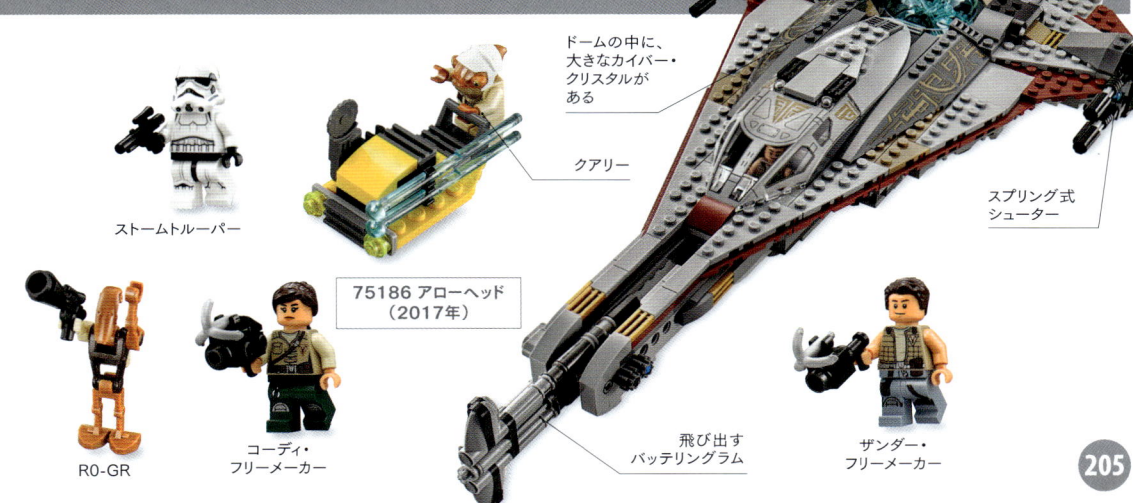

ドームの中に、
大きなカイバー・
クリスタルが
ある

クアリー

スプリング式
シューター

ストームトルーパー

75186 アローヘッド
（2017年）

飛び出す
バッテリングラム

ザンダー・
フリーメーカー

R0-GR

コーディ・
フリーメーカー

レゴ® インディ・ジョーンズ™

インディ・ジョーンズ（2008年）

2008年、新たな冒険が始まりました——
その名も、レゴ® インディ・ジョーンズ™！
待望の映画第4作の公開とともに、ムチを片手に
世界中をかけめぐる熱血考古学者のヒーローが、
ミニフィギュアになってついに登場！

当初パイロットのジョックと
ペットのヘビはこのセットに
含まれていなかったが、
レゴ社のデザイナーとルーカス
フィルムのあいだで、シーンを
完成させるのに必要だと意見
が一致した。

水上飛行機

頭蓋骨の彫刻

インディを追いかけるように、しなる
プラスチック製パイプの上を巨岩が
転がる。映画のシーンそのもの！

転がる巨岩

ルネ・
ベロック

ガイコツ

7623 インディ・ジョーンズ™
寺院遺跡からの脱出（2008年）

黄金の像

くずれる壁、飛び出す
槍、振りおろされる剣、
転がり落ちる岩、落とし穴、
クモの巣などのわながある。

サティポ

スリリングな脱出劇

映画第1作『レイダース／失われたアーク
《聖櫃》』のオープニングシーンを再現した
「インディ・ジョーンズ™寺院遺跡からの
脱出」セットは、全長53cm。ビルダーは数々
のわなを組み立て、インディによる最初の
脱出劇を楽しむことができます。俳優の
ハリソン・フォード（インディ役）もアルフレッド・
モリーナ（ガイドのサティポ役）
も、演じたキャラクターが
ミニフィギュアになるのは、
これで2度目。
寺院の入り口の装飾には、
逆さにした恐竜の赤ちゃん
のパーツが使われています。

ほかのセットではお目にかかれない、
ペルーの豊饒神、チャチャポヤの
黄金像！

ソ連軍の車

オベリスクの塔

7627 クリスタル・
スカルの魔宮
（2008年）

インディ・
ジョーンズ™

マット・
ウィリアムズ

イリーナ・
スパルコ

ソ連軍
兵士

ウーガ
戦士™

アケトーの神殿

『インディ・ジョーンズ／クリスタル・スカル
の王国』の一場面。危険がいっぱいの
「クリスタル・スカルの魔宮」には、
クリスタル・スカルたちの回転台座もあり、
エキサイティングなエンディングシーンを
再現できます。

全翼機

ドイツ兵が全翼機にアーク（聖櫃）を積みこみ、エジプトを離れる準備を進める一方で、インディ・ジョーンズとマリオンは、その実験機が飛び立つのを必死に阻止しようとします。レゴブロックの全翼機は翼幅58cm。回転するプロペラ、開くコックピット、秘密の貨物室がついています。

燃料トラック

ドイツ軍のパイロット

ドイツ軍の整備士

インディ・ジョーンズ

マリオン・レーヴンウッド™

7683 軍用キャンプでの戦い（2009年）

ジョーンズ父子

この小さなセットは、シリーズ初年に発売された製品で唯一、映画第3作『インディ・ジョーンズ／最後の聖戦』を題材としたもの。ドイツの検問所とオートバイ2台に加えて、インディの父親ヘンリー・ジョーンズ教授のミニフィギュアが初登場しました。

7620 オートバイチェイス（2008年）

ジョーンズ教授の聖杯日誌

落下する岩

わながしかけられた祭壇

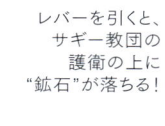
ヘビ！なんでよりによってヘビなんだ？

聖櫃の発見

「なんでよりによってヘビなんだ？」地下の"魂の井戸"にとじこめられてしまったインディとマリオンは、出口を見つけて聖櫃を取り戻さなければなりません。幸運なことに、井戸の中の像を倒せば壁がくずれて外へ出られるぞ！

よく見ると、壁画にスター・ウォーズのキャラクターがまぎれている（映画でも同様）。

7621 神殿からの脱出（2008年）

聖櫃

トロッコチェイス

シリーズ初年には、映画第2作『インディ・ジョーンズ／魔宮の伝説』を題材にしたモデルはひとつもありませんでした。けれども2009年には、それを補って余りあるすばらしいセットが誕生。新開発のレールのパーツで、スリリングなトロッコチェイスのシーンが再現できました。

レバーを引くと、サギー教団の護衛の上に"鉱石"が落ちる！

サンカラ・ストーン

鉱石箱のわな

傾斜がついたレール

噴炎

7199 魔宮の伝説™（2009年）

トロッコ

インディ・ジョーンズ™

ウィリー・スコット

ショート・ラウンド

モラ・ラム

ディズニーアクション

レゴ社が、はじめてディズニーのライセンスを受けたのは1950年代のこと。浮き輪や木製玩具を製造、発売しました。以来、レゴ社とウォルト・ディズニー・カンパニーは、ディズニーのおなじみのキャラクターや壮大なアドベンチャー映画をもとに、数々のセットを生み出してきました。アクション満載のセットで、カリブ海の荒海から古代ペルシャまで、スクリーンに映し出される最もエキサイティングな瞬間を形にしてきたのです。

ジャック・スパロウのコスチュームは数種類ある。このミニフィギュアはリバーシブルな顔をもち、どちらの顔にも人喰い族の王の化粧がほどこされている。

4182 人喰い島からの脱走（2011年）

楽しい海賊人生

暴走する水車、放たれる網、回転する洞窟の壁、崩壊する灯台。レゴ パイレーツ・オブ・カリビアンのモデルには、人気映画のスリルと楽しさがめいっぱい盛りこまれています。ジャック・スパロウの凝った帽子やヘアピース、彼がいつも持ちあるくコンパスなど、カラフルにプリントされたパーツもたくさん登場します。

海賊、ゾンビ海賊、変異した海中生物の海賊など、多彩なキャラクターが登場。

4183 水車小屋の決闘（2011年）

ヨーホー、ヨーホー！

ディズニー、アクション、海賊——レゴ®のテーマとして、これ以上の組み合わせがあるでしょうか？サンディエゴ・コミコン2010で展示された『プリンス・オブ・ペルシャ』のディスプレイにジャック・スパロウのミニフィギュアをこっそりまぎれこませるところから始まり、翌年には大ヒット映画第4作の公開に合わせ、レゴ®パイレーツ・オブ・カリビアン™の船とプレイセットを発売。さらに、コンピュータゲームや、ジャック・スパロウのほら話を題材にしたアニメシリーズもリリースされました。

黒ひげの海賊旗

メインマスト

取りはずせる船長室

4195 アン王女の復讐号（2011年）

血のように赤い帆

悪名高き海賊

「アン王女の復讐号」は、実在の悪名高き海賊"黒ひげ"の船です。でももちろん本物の黒ひげは、海賊たちをゾンビに変えたり、魔法の剣で船の装具をあやつったりはできなかったでしょう。

ガイコツのかざり

発射される大砲

船にはブロックが発射される大砲3門と動くイカリがあり、黒ひげ™と彼の娘アンジェリカ（彼女はジャックが気にくわない）、ジャック・スパロウの小さいブードゥー人形など、7体のミニフィギュアがいた。

黒塗りの船

待望の「ブラックパール号」
——ジャック・スパロウが
こよなく愛し(そして何度も
失った)海賊船が、
2011年に発売され
ました。この悪名高き
船は、804個のパーツ
でできています。

4184 ブラックパール号(2011年)

セットには、ジャック・スパロウ、ウィル・ターナー、
ジョシャミー・ギブス、このセット限定のデイヴィ・
ジョーンズ、靴ひものビル、サメの頭をもつマッカス
のほか、船首につける黒いミニフィグヘッドも入って
いる。

帰ってきたならず者

2011年には、前3作に加え、その年公開の第4作『生命の泉』のセット
も5つ発売されました。そのなかのひとつが、ジョージ王の兵に追われ
たジャック・スパロウがロンドンの通りを逃げまわるシーン。
2017年には、第5作『最後の海賊』に登場するサイレントメアリー号の
レゴブロック版に乗って、ジャックがふたたび帰ってきました。

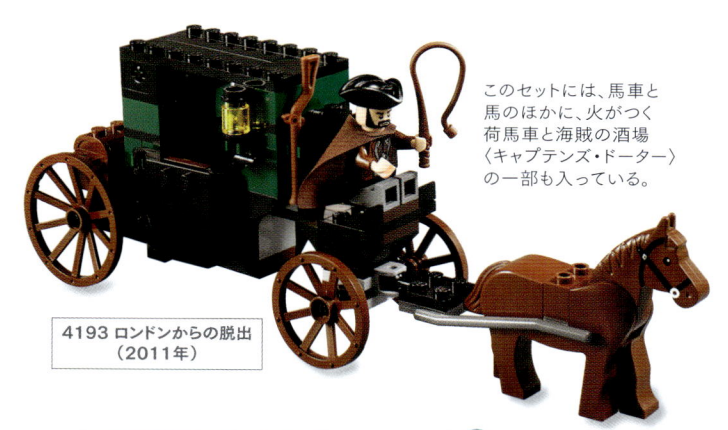

このセットには、馬車と
馬のほかに、火がつく
荷馬車と海賊の酒場
〈キャプテンズ・ドーター〉
の一部も入っている。

4193 ロンドンからの脱出
(2011年)

最後の対決

2011年発売のセット「生命の
泉」では、ジャックの敵でもあり
仲間でもあるバルボッサと
黒ひげの対決を再現できます。
前回ミニフィギュアとして
登場したあとバルボッサは
新しい義足を手に
入れました。

4192
生命の泉
(2011年)

おもしろいパーツは、
聖なる泉をおおいかくす
逆流滝。カーテンのような
プラスチックシートに水の
流れがプリントされている。

レゴ®プリンス・オブ・ペルシャ™

ディズニーとのパートナーシップにもとづく最初の
アクションテーマは、2010年の映画『プリンス・オブ・
ペルシャ／時間の砂』でした。大ヒットコンピュータ
ゲームシリーズを土台にしたこの映画は、
ダスタン王子が身の潔白を証明し、
時間の砂を使って歴史を書きかえよう
とする陰謀から帝国を
救う物語です。

くずれ落ちる
バルコニー

ダスタンは聖なる都
アラムートを攻撃す
るよう仕向けられる。
戦いのさなか、彼は
神秘的な短剣を
手に入れる。

タミーナ王女

時間の短剣

7571 短剣をかけた戦い(2010年)

ワイルドなレース

映画のさまざまなシーンにもとづくセットがあり、
これは、ダスタンが大混乱のハイスピードな
ダチョウレースに参加するシーン。
セットには、悪がしこいアマール族長、観覧席、
武器ラックも入っています。

7570 ダチョウのレース
(2010年)

7572 時間との戦い(2010年)

一刻を争う戦い

アラムートの地下墓地で、
ダスタンは数々のわなをくぐり
ぬけ、裏切り者のおじニザム
よりも先に時の砂時計に
到達しなければなりません!

7573 アラムートの戦い
(2010年)

アラムートの都

シリーズ最大のこのセットは、映画でも大きなバトル
シーンの舞台となった、城壁に囲まれた都とアラムート
城です。城門を守る武器は、カタパルトとたるに入った
煮えたぎる油。壁面のポッチを使って、
壁を垂直にかけのぼったり
ジャンプしたりする、
ダスタンのユニークな
戦闘スタイルを
再現できます。

ディズニー・ピクサー

バズ・ライトイヤーのミニフィギュアがコックピットにぴったり入る

大人も子どもも楽しめるアニメ映画やファミリー向けアドベンチャーで知られるウォルト・ディズニー・カンパニー。そのディズニーとピクサー・アニメーション・スタジオとのパートナーシップにより、空前の大ヒット作となるアニメ映画がいくつか誕生しました。なかでも人気の高い『トイ・ストーリー』と『カーズ』に登場するシーンやキャラクターを、レゴ®ブロックで入念に再現しています。

7593 バズのスターコマンド
スペースシップ（2010年）

映画にはない冒険

『トイ・ストーリー』のセットには、映画に出てこないシーンも登場します。バズのスペースシップは、スペースレンジャーとして宇宙で活躍する"本物の"バズ・ライトイヤーの冒険をもとにしたもの。ウッディの西部の町は、架空のレトロなテレビシリーズ『ウッディのラウンドアップ』の場面。共演のジェシーやブルズアイ、プロスペクター（スティンキー・ピート）も登場します。

金鉱

プロスペクター

トイ・ストーリー

映画『トイ・ストーリー』の世界では、人間が部屋から出ていくと、おもちゃたちがこっそり動きだし冒険をくりひろげます。2010年のはじめ、ウッディ、バズ、彼らの仲間や敵たちが、映画第1、2作をもとにしたレゴ セットに登場しました。

7594 ウッディの
一斉検挙！
（2010年）

ジェシーとウッディは手足が長い

ピザ・プラネット

レストランチェーン〈ピザ・プラネット〉のデリバリー・トラックは、ほぼすべてのピクサー映画にカメオ出演（ちらりと登場）します。ピザを発射するレゴブロックバージョンは、『トイ・ストーリー2』でおもちゃの主人公たちが人間の車を運転しようとして、おかしな結果をまねくシーンを再現したもの。

7598 ピザ・プラネット・トラックで救出（2010年）

組立式フィギュア

もっと大きなおもちゃがほしい子どもたちのために、バズ・ライトイヤーと悪の帝王ザーグの組立式アクションフィギュアもあります。どちらにもグリーンのエイリアンが1体ついています。

7591
悪の帝王ザーグ
（2010年）

おもちゃの軍隊

ミニフィギュアのアーミー・メンは、映画に出てくる昔のおもちゃよりもずっと手足が自由に動きます。衛生兵、地雷除去兵、ライフル銃兵2体、さらにジープも入ったこのセットは小さくて値段も安いので、たくさん集めておもちゃの軍隊が作れます。

7595 パトロール中
のグリーン・アーミー・メン（2010年）

7592 バズ・ライトイヤー（2010年）

動くウイング、上げ下げできるバイザー、レーザー光線を模したフリックミサイルがついている。

高さ23cmの特別版ザーグは、ウエストが回転し、ボール射撃キャノンをもつ。

悪いクマ、ロッツォ

『トイ・ストーリー3』のセットが発売されたのは2010年の夏。公式の商品説明（英語）では、ロッツォが悪役とばれないよう、バズとウッディの新しい仲間のように紹介されていました。

7789 ロッツォのダンプカー（2010年）

トレインチェイス

『トイ・ストーリー3』のスリリングなオープニングシーンを再現した584ピースのこのセットでは、マグネットで車両どうしが連結するおもちゃの蒸気機関車を組み立てることができます。ドクター・ポークチョップを演じるブタの貯金箱、ハムが入っているのはこのセットだけ。ハムの帽子と栓は、どちらも取りはずせます。

頭と帽子でひとつのパーツ

7597 ウエスタン・トレインの追跡（2010年）

悪役のドクター・ポークチョップ

フレンドリーな恐竜のレックス

バズ・ライトイヤー、参上！

ブルズアイのポーザブルな脚

たたいて動かすカーランチャー

ガソリンスタンドと洗車機のコンビネーション

カーズ

2010年にレゴ®デュプロ®のラインでスタートした『カーズ』が、2011年にはレゴブロックでもデビュー。このシリーズは映画2作のキャラクターと場面をもとにしており、「フローのV8カフェ」には、第1作に登場する威勢のいい6つのキャラクター——ライトニング・マックィーン、メーター、サージ、フィルモア、サリー、カフェの店主フローが入っています。

スパイゲーム

『カーズ2』で、レッカー車のメーターはスパイとまちがわれ、世界的陰謀を阻止する手伝いをすることになります。レゴカーズでも映画のインターナショナルな雰囲気を反映し、日本とイギリスを舞台に設定。イギリスが舞台のセットには、カーランチャーがついたビッグ・ベントレーという時計塔が出てきました。

8639 ビッグ・ベントレーの脱出（2011年）

8487 フローのV8カフェ（2011年）

カッコいい車たち

『カーズ2』のキャラクターたちが使うハイテク装置やガジェットを反映して、レゴの車たちにもエージェント・メーターのジェットスラスターや、"スーパースパイ"、フィン・マックミサイルのプロペラ式サブマリンモードなど、さまざまな装備が組みこまれました。

8426 海からの脱出（2011年）

ビッグなやつら

ディテールが充実したラージスケールのキャラクターセットも発売されました。242ピースの「ライトニング・マックィーン（大）」は、金色のホイールハブとワールドグランプリのデコレーション付き。ほかにも、メーターとライバルのF1レーサー、フランチェスコのラージスケール版もあり、ライトニングとフランチェスコのセットにはピットクルーのフォークリフトが、メーターのセットには着脱式のスパイ道具が入っています。

8484 ライトニング・マックィーン（大）（2011年）

レゴ® ディズニープリンセス™

2014年にスタートした楽しいファンタジーのテーマで、ディズニープリンセスのファンはついに、お気に入りのおとぎ話の"ごっこ遊び"ができるようになりました。ディズニーのシンボルとも言えるプリンセスたちが、レゴ®フレンズシリーズと同じようなミニドールになって登場！『シンデレラ』、『リトル・マーメイド』、『塔の上のラプンツェル』、『眠れる森の美女』、『美女と野獣』、『ムーラン』など、ビルダーは好きなディズニー映画のシーンを組み立てることができます。

モジュラー式の小塔は、どの部屋の上にもつけられる

きれいなシールでお城をかざる

ガラスのくつのパーツ

美しいお城

シンデレラとプリンス・チャーミングは、組み立ててから自由に配置をアレンジできるモジュール式のお城で、いつまでもしあわせにくらせます。
豪華なお城には、広いダイニングルームに寝室、着がえ室、キッチン、さらにバルコニーの回転するダンスフロアやくるりと回る暖炉もあり、2匹のフレンドリーなネズミもいます。
あの有名なシーンを再現するための、めずらしいガラスのくつのパーツも入っています。

41154 シンデレラのお城（2018年）

馬が飛びこえる台

剣の修行

ムーランが初登場した、2018年発売のセット。一族の寺院、馬のカーン、練習用のダミー、カタパルト、桜の木が入っています。ムーランの剣の腕前をためしたら、次は先祖から伝わる茶道を披露してもらいましょう。

ムーランの扇子

カタパルト

練習用のダミー

41151 ムーラン"寺院と剣"（2018年）

かわいいお城

1959年公開の『眠れる森の美女』をもとにしたこのセットで、オーロラ姫が呪いのかかった糸車の針で指をさされ深い眠りに落ちるという有名なシーンを再現できます。悪の魔女マレフィセントに良い妖精メリーウェザー、ウサギのフィギュアも入っていて、オーロラ姫のベッドの下には秘密の本がかくされています。

マレフィセントの秘密の部屋

41152 眠れる森の美女"オーロラ姫のお城"（2018年）

プリントされたバラとイバラ

41065 ラプンツェルの楽しい1日（2016年）

ミニドールがスキーを楽しめる氷のスロープ

うしろから秘密の階段が出てくる

アナのソリ

41062 エルサのアイスキャッスル（2015年）

ブランコに乗って

2015年のこのセットで、『塔の上のラプンツェル』のラプンツェルは、馬のマキシマスと自由な1日をすごしています。2階建ての塔とブランコを組み立てたら、キッチンで料理をして、木からリンゴをもいで、川で水をくんできましょう。

深い海の底で

2017年のこのセットで、『リトル・マーメイド』のマジカルな瞬間がよみがえります。アリエルの秘密の洞窟を探検して、魚のフランダーと遊び、岩屋にいる魔女のアースラと取引をしましょう。アリエルを人間に変身させる回転スタンドもついています。

41145 アリエル"海の魔女アースラのおまじない"（2017年）

雪と氷の世界

2015年、ディズニー®『アナと雪の女王』のシリーズがスタート。アレンデールの氷の世界がレゴブロックになりました。「エルサのアイスキャッスル」には、秘密の階段やアイスクリームカウンターなど楽しい要素がいっぱい！ アナとエルサのミニドールと雪だるまのオラフも入っています。

魔法のお城へようこそ

『美女と野獣』のキャラクターがはじめて登場したのが、このセット。魔法のかかったお城には、ビーストとベルのほかに、置時計のコグスワースやロウソク立てのルミエール、ティーポットのポット夫人とその息子チップもいます！ セットには、魔法のバラ、ステンドグラスの窓、くるりと回転する王子の肖像画も入っています。

ビーストの頭とアダム王子の頭をつけかえられる

ステンドグラスには、王子とダンスをするベルの姿が

魔法のバラが入ったキラキラ光るドーム

ワードローブ

羽ぼうきのフィフィ

組みこまれたターンテーブルで、ケーキが回転する

41067 ベルの魔法のお城（2016年）

レゴ® バットマン™

バットマン（2008年）

2006年、あのダークナイト™がレゴ®の世界に登場しました。
レゴ® バットマン™が、悪と対決するため、おなじみの乗り物や
道具をすべてたずさえてやってきたのです。
手ごわい敵も続々と登場し、13のセット、
コンピュータゲーム、さらにコンピュータ
アニメTV動画の世界をかけぬけました。

バットモービル™

いまにも動きだしそうな迫力、超流線形、ディテール満載の
デザイン。初代バットモービルをかたどった全長45cm、
幅15cmを超えるこの車は、1,045個のパーツでできて
います。ほとんど黒一色なので、パーツをまちがえずに
組み立てるのは意外にむずかしい！

ハンドルを回すと前面のバット
シールドが持ち上がり、急加速用
インテークがあらわれる！

ななめに突き出たバット
ウィング型のフィン

開くコックピット

バットシールドのバッテリングラム

噴射技術搭載のバットモービルは、
前進するとタービンが回転し炎が
ふき出す。

ヘッドライト

バットシンボルが入った
金色のホイールキャップ

ローライディング・シャーシ

**7784 バットモービル™:究極のコレクター版
（2006年）**

アーカム・アサイラム™

この特別版セットには、
バットマンの最強の敵が
3人と、彼らを収容する
厳重に警備された独房が
入っています。
やがて大脱走が起きます
が、さいわい、ダークナイトに
はナイトウィングという心強い
味方が。それは大人になった
初代ロビンでした。

**7785 アーカム・アサイラム
（2006年）**

ぶきみな顔をしたスケアクロウの
頭部は特殊な蛍光プラスチック
製で、暗闇で実際に光る！

警備員　リドラー™　バットマン™　ナイトウィング™　ポイズン・アイビー™　スケアクロウ™

**7886 バットマン™ vs
ハーレー・クイーン™（2008年）**

バットサイクル™

ジョーカーに首ったけのいたずら好きなハーレー・クイーン™は、
大悪党というより、ちょっとやっかいな困り者……。そんな彼女が
巨大なタイヤのハンマートラックで大暴走。バットサイクルに乗っ
たバットマンは、やんちゃな道化師に正義の裁きを下せるでしょうか。

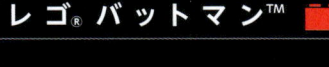

バットコンピュータ™
ネット／ロケットシューター
バットシグナル™
変身部屋
バットブレード付き氷上車
ペンギンのミニ潜水艦
ペンギンの子分たち

ブルース・ウェイン
ロビン
アルフレッド

ミスター・フリーズ™
ペンギン™
ヘンチマン

ミスター・フリーズは、敵をとらえる冷凍銃を手に登場。ペンギンの脚は特別なパーツでほかのミニフィギュアよりも背が低く……彼の悪事に手を貸す3匹の子分もいる！

バットケーブ™

犯罪の手がかりが保管された捜査ラボ、ウェイトトレーニングの道具、変身部屋、回転式のバットモービル修理場——1,075個のパーツで組み立てられたバットマンの地下秘密基地には、ケープをまとった闇のヒーローが悪と戦うために必要なものがすべてそろっていました。ブルース・ウェイン（バットマンの正体である大富豪）と彼の忠実な執事アルフレッドのミニフィギュアが初登場したのも、このセットでした。

7783 バットケーブ™：ペンギンとミスター・フリーズの侵略（2006年）

秘密のミサイルシューター
伸展式の武器
笑気ガス爆弾
ジョーカーのギャグガン

7782 バットウィング™：ジョーカーの空襲（2006年）

バットマンの宿敵、ずるがしこいジョーカー。ミニフィギュアになった狂気のピエロは、これまでになくキュート！

7888 バットマン™ vs ジョーカー™（2008年）

タンブラー™

レゴ バットマン シリーズで唯一、映画をベースとしたモデル。装甲車タンブラーは、まるで『バットマン ビギンズ』や『ダークナイト』からそのまま走り出てきたかのよう。ジョーカーのアイスクリームトラックは、屋根のアイスクリームを押すと、バックドアからミサイルが発射されます。

バットウィング™

バットマンのシンボルの形をしたバットウィングは、翼を開くとスライド式ロケットがあらわれ、コックピットのうしろにかくれたミサイルを発射できます。ジョーカーのヘリコプターのスポットライトをミサイルで直撃すると、縄ばしごがはずれ、ジョーカーはゴッサム・シティ™の港へ真っ逆さま……。

時を経るうちにバットマンの衣装は少しずつ変わり、レゴのミニフィギュアもコミックや映画のスタイルに合わせて変化した。

悪党をとらえるバットランやバットカフなど、バットマンが悪と戦うための道具。

レゴ®DCコミックス スーパー・ヒーローズ

2012年、レゴ®バットマン™が味方を引きつれて帰ってきました！
新しくなったレゴ®DCユニバース スーパー・ヒーローズのテーマは、
2014年にはレゴ®DCコミックス スーパー・ヒーローズと名称を変え、
レゴのデザイナーたちが生み出すDCの超パワフル
なキャラクターを続々ともたらしました。
セットの多くは映画の公開に合わせて発売され、
ほとんどのパッケージには、モデルの
エキサイティングなストーリーを伝える
4コママンガ風のイラストが入って
います。

ブラック・ゼロ・ドロップ
シップに乗る悪党トラン

スーパーマンの
協力者
ハーディー大佐

76003 スーパーマン：
スモールビルの戦い
（2013年）

砂漠になじむ配色
のオフロードカー

10937 バットマン：
アーカム・アサイラム
からの脱出（2013年）

ブロックで
組み立てる
割れた窓

スモールビルの包囲攻撃

2013年の大ヒット映画『マン・オブ・スティール』で、
スーパーマンがゾッド将軍たちからスモールビルを
救うシーンのセット。ゾッドのブラック・ゼロ・ドロップ
シップは、回転キャノン、デュアルシューター、武器
ラックを搭載。ミニフィギュア5体のうち、武器を
持っていないのはスーパーマンだけ。クリプトン人の
パワーだけが頼りです！

ゴシック調の
ゲート

バッタランをつけた
バットマン

新登場のドクター・
ハーリーン・クインゼル
のミニフィギュア

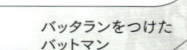

ストレッチャー
付きの護送車

脱出用ロープを
使うスケアクロウ

おかしなアミューズメントパーク

このセットのアトラクションは、
組み立てるのは楽しくても、乗るミニ
フィギュアたちはたまりません！
バットモービルのほかに、身の毛も
よだつ乗り物がいろいろ入っています。
ポイズン・アイビーの人食いフリー
フォール、ペンギンの命がけの観覧車、
そしてジョーカーを毒薬のプールへ
落とすすべり台。

76035 ジョーカーランド（2015年）

アサイラムからの脱出

2013年版のアーカム・アサイラムには、多くの映画や
コミックブックからのアイデアが盛りこまれています。
ポイズン・アイビーの透明な独房やミスター・フリーズの
凍結した塔の部屋など、さまざまな要素がつまった巨大な
ゴシック調の建物で、3対5の攻防が展開します。
バットマン、ロビン、警備員は、究極の大脱走をはかる
ジョーカー、ペンギン、ドクター・ハーリーン・クインゼル、
ポイズン・アイビー、スケアクロウを阻止できるでしょうか。

スーパーパワーの戦い

悪と戦うバットマンに最初に味方したのは、スーパーマンとワンダーウーマンでした。彼らが最初のミッションで戦う相手は、クリプトナイトを動力とするメカをあやつる邪悪な天才レックス・ルーサー。メカの指は動かすことができて、ミニフィギュアをわしづかみにします。同年発売のコンピュータゲーム『レゴ バットマン2：DCスーパー・ヒーローズ』には、この3人をはじめ多数のキャラクターが登場します。

操縦するレックス・ルーサー

黄金の真実の投げ縄

クリプトナイトには、半透明のグリーンのパーツが使われている

赤い布製のマント

6862 スーパーマン vs パワー・アーマー レックス（2012年）

バットケーブ再登場

2012年版バットケーブの主役は、ブルース・ウェインがバットマンに変身するエレベーター。ポイズン・アイビーは待機房の中で、ベインがドリルタンクで救出してくれるのを待っています。セットには、ロビンのグラップリング・ガンや、ダークナイトの新型バットサイクルも入っています。

ベインのドリルタンク

6860 バットケーブ（2012年）

ジャスティス・リーグ

2015年の映画DVD『レゴ®スーパー・ヒーローズ：ジャスティス・リーグ〈悪の軍団誕生〉』発売後、ジャスティス・リーグのミニフィギュア版が登場しました。グリーン・ランタンは高速スペースシップに乗り、シネストロに盗まれたランタンを奪還。スペース・バットマンも援護に飛び出します。

バットマンのスペースウィング

76025 グリーン・ランタン vs シネストロ（2015年）

スタッドシューター

新登場のグリーン・ランタンのミニフィギュア

シネストロ

ダークナイトの車

半分戦車のようなバットモービル“タンブラー”は、ダークナイト3部作映画に登場して以来、象徴的なビークルとなりました。このいかついレゴブロック版は1,869ピース、全長40cm。説明書に情報プレート、このセット特別仕様のバットマンとジョーカーのミニフィギュアが入っています。りっぱなレース用タイヤは、この車のために新開発されました。

調節可能なトップウィング

76023 タンブラー（2014年）

装甲付きの車体

新開発のレゴブロック製フロントタイヤ

ヒーローたちの共演

2016年公開の『バットマン vs スーパーマン ジャスティスの誕生』から生まれたセット。レックス・ルーサーのヘリにぶらさがるロイス・レインを、バットマン、スーパーマン、ワンダーウーマンが救出に向かいます。羽を折りたためるバットウィングと、自身の苦境を撮影するロイスのカメラ入り。

76046 正義のヒーロー：スカイハイバトル（2016年）

フラッシュ＆サイボーグ

2018年、フラッシュとサイボーグがスピーディーで激しいチームを結成。このセットで、ふたりはリバース・フラッシュを猛追、アイスカーに乗るキラーフロストを攻撃します。サイボーグコプターのネットシューターで悪党どもを一網打尽！アイスカーのパワーブラストなどの武器は、取りはずしてミニフィギュアに持たせることができます。

デュアルスタッドシューター

パワーバーストのパーツ

76098 インフューザーの奪還※（2018年）

サイボーグ

着脱式レーダーは、ミニフィギュアの武器にもなる

リバース・フラッシュ

フラッシュ

グリーンのクリプトナイト

ビザロの車はスーパーマンの車を逆向きにしたもので、うしろへ進む。

ミニチュアにされたボトルシティ・カンドー

リアウイング

76094 マイティマイクロ：スーパーガール vs ブレイニアック※（2018年）

マイティマイクロ

2016年、集めて楽しい超キュートなサブテーマ、マイティマイクロがスタートしました。各セットには、縮小版スーパービークル2台と、（車に合わせた）脚が短いミニフィギュアが入っています。

最初のセットは、バットマン vs キャットウーマン、ロビン vs ベイン、フラッシュ vs キャプテン・コールド。

その後、写真にあるように、巨大なこぶしやウイングなどがついた、小さくてもディテールいっぱいの車が登場しました！

76068 マイティマイクロ：スーパーマン vs ビザロ（2017年）

巨大なこぶし

スーパーガールがちょっと大きめの拡大鏡をふりかざし、バブル・ウィンドスクリーンがついたブレイニアックのUFOをロケットで追う。

41599 ワンダーウーマン※（2018年）

ヘッドドレス

流れるような黒髪

シールド

ブリックヘッズのヒーローたち

2017年、バットマン、バットガール、ロビン、ジョーカー率いるレゴ® ブリックヘッズがDCコミックス スーパー・ヒーローズの世界へ進出。2018年にはジャスティス・リーグも加わりました。四角いミニフィギュアたちのパーツを組み合わせ、ハイブリッドなキャラクターを作れます。

バットケーブ ふたたび

2016年、なつかしい思い出がよみがえりました。1960年代のテレビシリーズをオマージュした2,576ピースのこのセット。バットラボ、バットモービル、バットコプター、バットサイクルもそろったレトロなバットケーブで、ケープをまとった戦士バットマンと驚異の少年ロビンの冒険を再現できます。バットマンとロビン、彼らの分身ブルース・ウェインとディック・グレイソン、悪党4人と忠実な執事アルフレッド・ペニーワース、あわせて9体のミニフィギュア入り。

76052 バットマン 名作TVシリーズ ― バットケイブ（2016年）

マーサ＆トーマス・ウェイン夫妻の肖像画

豪邸ウェインマナーにあるブルースの書斎

シェイクスピアの胸像の下にあるボタンを押すと、バットケーブへの秘密のドアが開く

ぶらさがるコウモリ

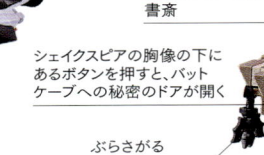

バットコプターのヘリポート

リドラー

バットモービルに動力を補充するアトミックパイル

2本のバットポールは、バットマンとロビン用

クラシックな赤と黒のバットモービル

バットラボ

コミコン限定商品

多数のレゴ ファンが、サンディエゴで毎年開かれるコミコンを訪れ──ラッキーなファンは、念願の限定商品を手に入れました。限定商品には、2012年のキャプテン・マーベル（シャザム！）や2017年のビクセンなどのミニフィギュア、2014年のバットマン名作TVシリーズのバットモービルなどの小型セットがあり、なかでも2015年のあるセットは、スーパーマンの熱烈なファンなら絶対にほしい一品でした。スーパーマンがデビューした1938年の『アクション・コミックス』第1号の表紙になった、スーパーマンが緑色の車を軽々と持ち上げるシーンを再現したセットです！

クラシックな1930年スタイルの緑色の車

空転するタイヤ

赤いマントをなびかせたスーパーマン

アクション・コミックス第1号スーパーマン（2015年）

はずれたタイヤ

DCスーパー・ヒーロー・ガールズ

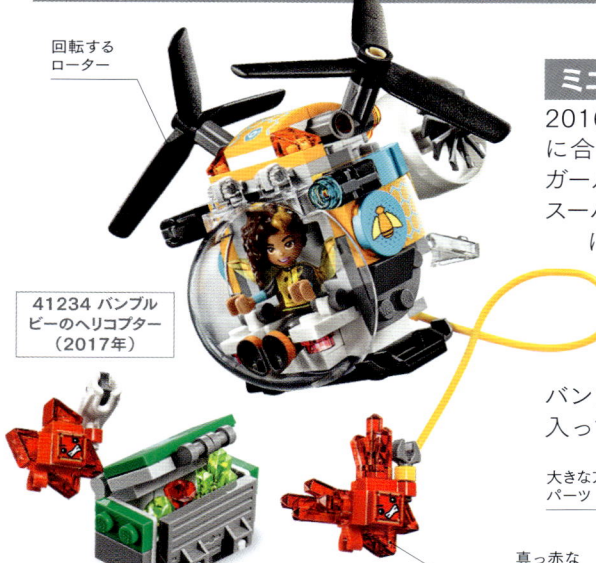

回転するローター

41234 バンブルビーのヘリコプター（2017年）

盗まれたクリスタルが入ったゴミ箱

物をつかむカギ爪がついたレナのジェット

ミニドールになった女性ヒーロー

2016年、テレビアニメシリーズの放送に合わせ、レゴ®DCスーパー・ヒーロー・ガールズのテーマがスタートしました。スーパーヒーロー ハイスクールを舞台に、ティーンエイジャーの女性ヒーローやヴィランたちがパワーをあやつる腕をみがいていきます。アクションいっぱいのレゴセットには、ヘリコプターに乗るバンブルビーなどのミニドールが入っています。

大きなアメジストのパーツ

真っ赤なクリプトマイト

ベッドの下の秘密のひきだしにスクリーンをしまえる

扉が開くクローゼットには着がえが入っている

回転するワークステーションに置かれた"インビジブル（見えない）"バイク

ゴールデンラッソ

スーパーガール

オレンジ色のクリプトマイト

41235 ワンダーウーマンのドーム（2017年）

格納した状態のスロープ

ディスクシューター

ポイズン・アイビーの植物"フランキー"

41232 スーパーヒーローハイスクール（2017年）

"スーパー"ハイスクール

校舎には教室が2つとカフェがあり、たくみな防御モードもそなわっています。ノブを回して秘密のスロープを出せば、ポイズン・アイビーのバイクが出動！ディスクシューターやチェーンシューターで、アメジストを盗もうと空から攻撃してくるレナ・ルーサーたち敵をねらいうちもできます。

配置の角度を変えられる教室。中には回転するスクリーンがある

ずるがしこいクリプトマイト

テレビアニメのシーズン3で、クリプトマイトと呼ばれる小さい卑劣な生き物の大群が登場しました。彼らの目的は、メトロポリスを大混乱におとしいれること！　このセットでは、オレンジ色のクリプトマイトがゴールデンラッソを盗みにワンダーウーマンのドーム（ドミトリー）に侵入しました。

レゴ® バットマン ザ・ムービー

2017年、『LEGO®ムービー™』の大ヒットを受けて、バットマンは自身が主役の映画に出演しました。バットマンと彼が養子にむかえたばかりのディック・グレイソン（ロビン）、バーバラ・ゴードン（バットガール）、執事アルフレッド・ペニーワースが、ジョーカーやゴッサム・シティの悪党たちと戦うこの映画。それまで誰かと協力しあうことが大の苦手だった一匹狼のバットマンは、ほかのヒーローたちと力を合わせて街を救います。この映画をもとにしたセットが発売されるのを、ファンたちは首を長くして待っていました。

映画の魔法

この映画では、バットマンも仲間や敵のミニフィギュアも、建物や乗り物もすべてCG。本物のレゴブロックやパーツに見えるように、アニメーションチームがていねいにつくりあげました。

クールな車

レゴ バットマンのような映画スターには、あちこち乗りまわせる"最高"の車が必要です。
「アルティメット・バットモービル」は全長37cm。1,456ピースのセットには、遊びの幅がぐんと広がるライト付きバットシグナルのほか、8体のミニフィギュア（バットマン、バットガール、ロビン、バットスーツを着たアルフレッド・ペニーワース、4人の悪党）が入っています。

レゴ ライトブロックを使った組立式バットシグナル

空飛ぶサル

着脱式バットウィング

スタッドシューター

いたずら好きな西の魔女

70917 アルティメット・バットモービル（2017年）

ポルカドットマン

「アルティメット・バットモービル」は4つのビークルに分かれ、バットマン・チームの乗り物（バットマンのバットモービル、ロビンのバットサイクル、アルフレッドのバットタンク、バットガールのバットウィング）になる。

伸展式ブースターがついたバットモービル

折りたたみ式車輪がついたバットサイクル
車輪を横に開きモービルに合体

開閉する武器庫があるバットタンク
6弾ラピッドシューター

スプリング式シューターがついたバットウィング
開くコックピット

"泥沼の"状況

映画の中で、ゴードン市警本部長の退任パーティーには、クレイフェイスのようなあまり知られていない悪役も参加していました。セットには、組立式のクレイフェイス、マッキャスキル市長、市長をとらえる泥の牢屋が入っています。クレイフェイスには手が3つ（クレイハンマーが1つと、6弾ラピッドシューターが2つ）あり、つけかえが可能です。

バッタラン

泥の牢屋

6弾ラピッドシューター

70904 クレイフェイスのスプラット・アタック（2017年）

プライベートなパーティー

映画の中で、ジャスティス・リーグがバットマンぬきで開いた陽気なパーティーシーンを再現したセット。エル・ドラドとホークガールのミニフィギュア、ワンダードッグのフィギュアが初登場しました。

レコード針を上げ下げできるレコードプレーヤー

ホイールで動かす回転ダンスフロア

70919 ジャスティス・リーグの記念パーティー（2018年）

トクシック・テロ

ベインが後輪4つの装甲トラックに毒入りタンクを積んで、ゴッサム・シティを攻撃しようとしている！でもだいじょうぶ、ワーリー＝バットフライヤーに乗ったバットマンが、きっと阻止してくれるはず。

調整可能なウイング

回転するローター

ポーザブルな腕

有毒廃棄物

70914 ベインのトクシックトラックアタック（2017年）

シューター

30521 ミニバットモービル（2017年）

ミニモービル

もうひとつ、ファンに大人気なのがレゴ® バットマン ザ・ムービー ミニモデル。この68ピースのバットモービルは、ゴッサム・シティのヒーローにぴったりのスモールスケール ビークルです。

びっくりハウス

「ジョーカーの館」は、3,444個のパーツと10体のミニフィギュアが入った本シリーズ最大のセットです。バットマンの豪邸ウェインマナーを改装したジョーカーの館（ジョーカーマナー）には、館にからみつくようなジェットコースターや組立式の爆弾、チューブ型すべり台がついたジョーカーの巨大な顔があります。

館の裏側はオープンで、リビングやシアター、キッチン、音楽スタジオ、プール、屋根裏部屋にアクセスできる。

回転する"ビッグ・アイ"タワー

ホイールを回すとパンチするボクシンググローブ

THE Joker

HA! HA!

すべり台へのトラップドア

70922 ジョーカーの館※（2017年）

組立式の爆弾

びっくりハウスの鏡

組立式グランドピアノ

レゴ® マーベル スーパー・ヒーローズ

スパイダーマンがはじめてレゴ セットに"クモの巣をはった"のは、2002年のこと。その10年後の2012年、レゴ® マーベル ユニバース スーパー・ヒーローズ（のちにレゴ® マーベル スーパー・ヒーローズに改称）のスタートとともに、彼は帰ってきました。
アクションに満ちたマーベルのコミックや映画の世界は大人気のレゴ セットとなり、ファンたちはミニフィギュアになった多くのヒーローやヒロイン、ヴィランと出会ったのです。

41591 ブラック・ウィドウ（2017年）

6869 クインジェットでの空中バトル（2012年）

ソー

ブラック・ウィドウ

ロキのセプター

アイアンマン

ミニジェット ドローン

着脱式リパルサー光線のパーツ

エイリアンのチャリオット

マーベル ブリックヘッズ

2017年に発売されたレゴ®ブリックヘッズの第一波は、マーベル スーパー・ヒーローズのハルク、キャプテン・アメリカ、アイアンマン、そしてこのブラック・ウィドウ。彼女のガントレット（ブレスレット型の武器）が印刷されたタイルは、このセットにしかないパーツ。少数のラッキーなファンだけが、前年のサンディエゴ・コミコンで4つのフィギュアを手に入れました。

スター・ロードの顔はリバーシブル。裏側にはマスクなしの顔がある

ネクロクラフトのウイングは上下に動く

アベンジャーズ集合！

初年のマーベルセットの多くは、大ヒット映画『アベンジャーズ』に着想を得たものでした。ヒーローたちが乗る超音速クインジェットは調節可能な翼端をもち、フリックミサイルや、強敵ロキとエイリアン歩兵を入れるプリズンポッドを搭載。セットには、スーパースパイチームのブラック・ウィドウのミニフィギュアも入っていました。

マイティマイクロ

マイティマイクロのサブテーマがスタートして3年目に発売されたこのセットで、ガーディアンズ・オブ・ギャラクシーのリーダー"スター・ロード"はミラノ号に乗り、彼のミックステープを盗んでネクロクラフトで逃げるネビュラを追いかけます。

76090 マイティマイクロ：スター・ロード vs ネビュラ（2018年）

76082 ATM強盗バトル(2017年)

パワーブラストを持つスパイダーマン

ハルクのマスクが強盗の顔をかくす

このレバーを下げると窓が勢いよく外側にたおれる

逃走用バイク

銀行襲撃

2017年の映画『スパイダーマン:ホームカミング』で、スーパー・ヒーローのマスクをつけハイテク兵器をふりかざす強盗団を"スパイディ"がとらえるシーンを再現。破裂する窓のほか、スパイダーの手から放たれるパワーブラストのパーツも3つ入った充実のセットです。

キャプテン・アメリカ

解凍された第二次世界大戦のヒーロー キャプテン・アメリカが、愛国的なバイクで颯爽と登場。この小さなセットには、2体のエイリアンと彼らの侵略装備も入っています。レゴのシールドは数々ありますが、キャプテンのシールドは初登場。

6865 キャプテン・アメリカ アベンジングサイクル(2012年)

X-メン

マーベルで一番人気のミュータント集団を代表して、このセットに登場したのがウルヴァリン。すばやい回復能力と金属の爪をもつヒーローが、磁力をあやつるマグニートーと、ヘリで攻撃してくる傭兵デッドプールを相手に戦います。

6866 ウルヴァリンのヘリ対決(2012年)

S.H.I.E.L.D.の拠点

レゴ マーベル スーパー・ヒーローズのセットでこれまで最大のものは、2015年に発売された「S.H.I.E.L.D.ヘリキャリア」です。このマイクロスケールの飛行空母には、2本の滑走路とさまざまな小型ヴィークルがあり、マイクロフィギュアになったスーパー・ヒーローズとエージェントが乗り組んでいます。空母後方のクランクを回すと、4つのローターが回転。滑走路の部分をはずせば、マイクロスケールのブリッジにアクセスできます。

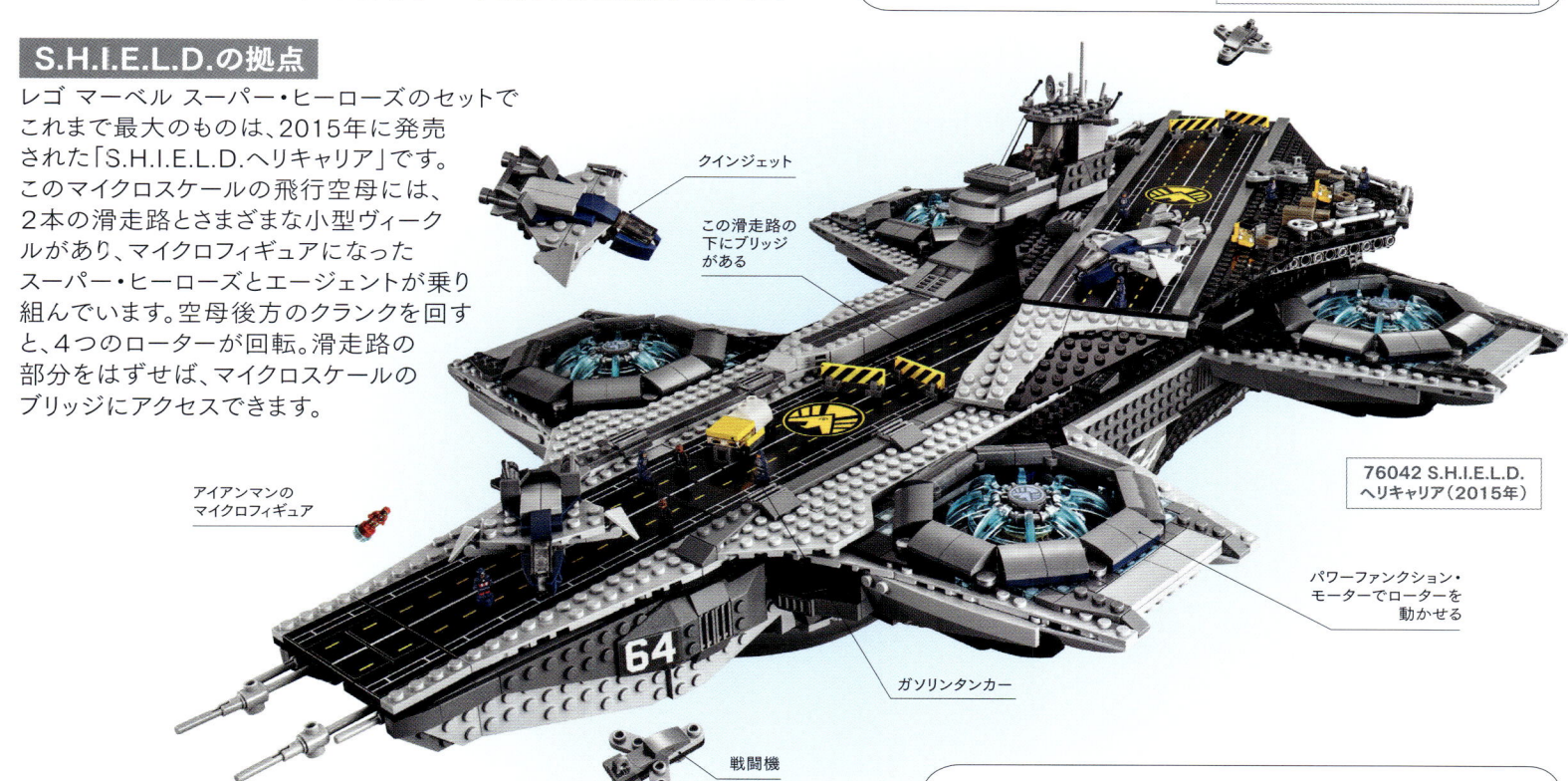

クインジェット

この滑走路の下にブリッジがある

アイアンマンのマイクロフィギュア

76042 S.H.I.E.L.D.ヘリキャリア(2015年)

パワーファンクション・モーターでローターを動かせる

ガソリンタンカー

戦闘機

空中ミッション

このセットで特徴的なのは、ミス・マーベルの伸び縮みする長い腕。彼女とキャプテン・アメリカが対決するのは、両手でパワーブラストを放つスーパー・アダプトイド。キャプテンのジェット機はデュアルディスクシューター搭載で、翼が動かせます。

スーパー・アダプトイド

長～～く伸びる腕

76076 キャプテン・アメリカ:ジェット機での追跡(2017年)

スパイダーマン

スパイダーマン™の映画がはじめてレゴになったのは2002年。レゴ®スタジオシリーズとして発売されたセットには、映画の場面を再現するほか、アクションシーンの撮影を体験できるモデルもありました。

1374 グリーン・ゴブリン(2002年)

レゴ® ハリー・ポッター™

ハリー・ポッター™（2004年）

2001年、ハリー・ポッターの魔法の世界がレゴ®のテーマになりました。その後10年間で50以上のセットが発売され、ミニフィギュアになったハリーとホグワーツの仲間たちは数々の冒険をくりひろげます。その後、7年間の休止を経て2018年、過去最大のセットとともに、レゴ ハリー・ポッターが元気に帰ってきました！

75955 ホグワーツ特急（2018年）

魔法の機関車

ハリー・ポッターをホグワーツへ運ぶ、ホグワーツ特急。ミニフィギュアスケールのモデルとしては5番目になるこの列車は、これまでで最もディテールに富んでいます。客車は片面が開いて座席が見え、通路はぶきみなお菓子を売りにくるトローリーレディが通れる広さ。駅のホームの壁が反転し、ハリーと仲間たちを"マグル（魔力のない人間）"の世界から魔法の世界、9と3/4番線へ送りこみます。

トローリーレディ

ハーマイオニー　ルーピン先生　ハリー　ロン　ディメンター

カエルチョコをのせたトローリー

新聞売り場

気品あるお城

ホグワーツ魔法魔術学校は2001年以降、魔法の力で何度もレゴブロックに変身しました。モデルごとにそれぞれ特色はありますが、細くとがった塔や小塔ですぐにそれとわかります。2018年のモデルには、宝の部屋や魔法薬の部屋があり、ブロックで組み立てる怪物バジリスクもいます。また、「75953 空飛ぶフォード・アングリア※」と連結させれば、より大きなお城になります。

5378 ホグワーツ城™（2007年）

学校の温室が登場するのは、2007年版のホグワーツ城だけ。そこには、ありとあらゆる魔法の植物がある。

75954 ホグワーツの大広間※（2018年）

ロン・ウィーズリー　ハーマイオニー・グレンジャー　ハリー・ポッター　ドラコ・マルフォイ　スーザン・ボーンズ　クィレル先生　ほとんど首無しニック　ダンブルドア校長　マクゴナガル先生

バジリスク　映るものが変わるみぞの鏡

ハグリッド

ボージン・アンド・バークス

オリバンダー杖店

10217 ダイアゴン横丁（2011年）

魔法の商店街

魔法使いが買い物をするこの「ダイアゴン横丁」は、2018年以前の本シリーズ最大のセットです。ミニフィギュア10体と、半巨人ハグリッドの大きめなフィギュアが入ったこのセットは、オリバンダー杖店、ボージン・アンド・バークス、グリンゴッツ魔法銀行を2,025個のパーツで再現しています。

4754 ハグリッドの小屋（2004年）

ハグリッドの小屋

2001年版に次いで2番目となる、ホグワーツ城の森番ハグリッドの小屋。以前は薄いプラスチックのパーツでできていた屋根が、2004年版ではプレート、ブロック、タイルで組み立てられています。サンドグリーンのパーツは、2018年より前のホグワーツ城にも使われたもの。

小屋を開くと、暖炉や大釜、テーブル、道具棚があらわれる。

4755 夜の騎士バス（2004年）

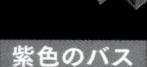

紫色のバス

魔法使いが迷子になっても、3階建ての騎士バスに乗せてもらえばいつでもホグワーツへ帰れます。紫色のこのバスはミニフィギュアスケールで2度発売され、どちらのセットにも、めずらしい紫色のパーツがたくさん入っていました。

"例のあの人"

冷酷無比なヴォルデモート卿がレゴの世界にデビューしたのは2005年。映画『ハリー・ポッターと炎のゴブレット』で、邪悪な霊から生身の存在へと念願の復活を果たした年のことでした。548ピースの「墓場の決闘」は、ヘビ、ガイコツ、開く墓、コウモリだらけの不気味な木がそろう墓場でヴォルデモートがよみがえるシーンを再現しています。ハリーは三大魔法学校対抗試合用の服を着て、邪悪な魔法使いと対決します！

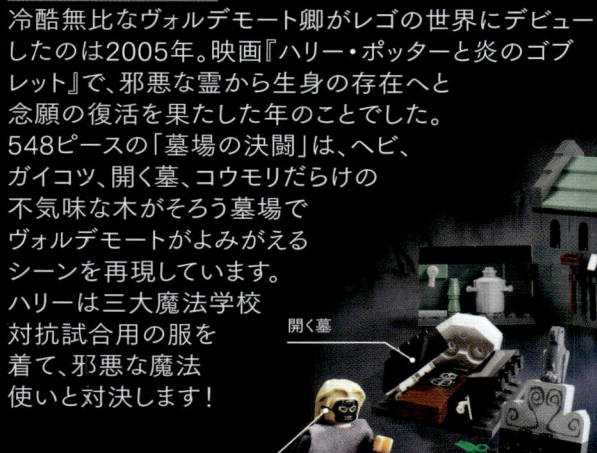

墓石

開く墓

飛び出すガイコツ

裏側にマスクなしの顔も

4766 墓場の決闘（2005年）

「墓場の決闘」には、頭が暗闇で光るめずらしいヴォルデモート卿が入っている。

中つ国の冒険

2012年、世界中のファンの願いがついにかなって、壮大な『ロード・オブ・ザ・リング』3部作にもとづくレゴ®セットが発売されました。続けてレゴ®ホビット™のセットも！ ゴブリン王からの逃走やヘルムズディープの戦いなど、中つ国を舞台とした忘れがたいシーンの数々を、ミニフィギュアになったおおぜいのホビットやドワーフ、エルフたちとともによみがえらせることができるようになったのです。

レゴ® ロード・オブ・ザ・リング™

10237
オルサンクの塔
（2013年）

横方向の組み立てで、刃のような装飾が生まれる

壁にかけた攻城用はしご

排水溝にしかけられたウルク=ハイ軍の爆弾

9474 ヘルムズディープ™の戦い（2012年）

『二つの塔』で、残忍なウルク=ハイ™軍に包囲され、ヘルム峡谷（ヘルムズディープ）の要塞を守るために反撃する人々。セットをもうひとつ足せば、城壁と兵を増やせる。

鉄格子がついた窓

ウルク=ハイめがけてドワーフのギムリを飛ばすカタパルト

杖を持つサルマン

バーサーカー・ウルク=ハイ

蛇の舌グリマ

中つ国の世界

レゴ®ロード・オブ・ザ・リング™のテーマでは、数多くの新しいパーツが登場しました。武器やよろい、後ろ脚で立てる馬……そして言うまでもなく、ミニフィギュアの手の先にぴったりはまる黄金の"一つの指輪"も！ ブロックで組み立てるさまざまな場面は、勇敢なヒーローやどう猛な敵、映画のアクションや雰囲気をみごとにとらえたインタラクティブなディテールにあふれています。

10237 オルサンクの塔（2013年）

セットには、ブロックで組み立てるエントのフィギュア（高さ23cm）が入っている。

サルマンの城塞

これは、中つ国になくてはならないモデル——大きな力をもつ魔法使いサルマンが支配する、中つ国の象徴とも言えるオルサンクの塔です。モデルは高さ73cm、内部には、図書室、錬金術室、謁見室など、ディテールに富んだ6つの部屋があります。

ゴラムは、独特のうずくまった体と曲げた腕をもつ、いままでにないフィギュア。レバー付きカタパルトでゴラムを飛ばすことができる。

曲げた腕をもつゴラムのフィギュア

カタパルト

味方か敵か

『王の帰還』で、指輪がほしくてたまらない裏切り者のゴラムは、フロドと仲間のサムワイズ・ギャムジーを危険なわなにおとしいれます。巨大グモのシェロブは、8本のポーザブルな脚をもち、糸で不運なフロドをぐるぐる巻きに！フロドのミニフィギュアには、シェロブに刺されて麻痺したときの顔もついています。

腹の下にあるクランクで糸を伸ばしたり引っこめたりする

9470 シェロブ™ の攻撃（2012年）

レゴ®ホビット™

洞窟の王

『ホビット 思いがけない冒険』でゴブリン王（大ゴブリン）の洞窟にとじこめられたドワーフたちを、ガンダルフは救出に向かいます。ゴブリンの地下洞窟のセットには、切れる吊り橋やかくされた宝など、たくみなしかけや秘密のアイテムが盛りだくさん。ゴブリン王のフィギュアも、ガンダルフ以外のすべてのミニフィギュアも、このセットにしか入っていないものです。

バケツクレーン

ゴブリン王

頭蓋骨

ゴブリンの書記官

ドワーフのオーリ

はしごがはずれるかもしれない

切れる吊り橋

大釜

宝

カタパルト

79010 ゴブリン王の戦い（2012年）

インクつぼが置かれた机

仲間との食事

ホビットシリーズの第1弾として発売された、"灰色のガンダルフ"が14人目の旅仲間を求めるドワーフたちを連れてビルボ・バギンズの袋小路屋敷を訪れるシーンのセット。中つ国の3枚の地図、バゲット、プレッツェルなど、みごとなアクセサリがいっぱい入っています。

ガンダルフ以外のミニフィギュアはこのセットだけに登場。太鼓腹のパーツがついているミニフィギュアは、ドワーフのボンブールがはじめて。

中つ国の地図

79003 予期せぬ出会い（2012年）

ドワーフのバーリン

マインクラフトのバーチャル
ブロック1個は、タイルを
かぶせた1×1のレゴ プレート
1枚で表現される

スティーブ

クリーパー

レゴ®マインクラフト™

2012年、ゲーム「マインクラフト」のデジタル・コンストラクションの世界がレゴ®ブロックとなり、現実世界に姿をあらわしました。最初のセットは、絶大な支持を得たファンのアイデアとしてレゴ®クーソー（現在のレゴ®アイデア）のウェブサイトから生まれ、2013年にはレゴ®マインクラフト™のテーマが誕生したのです。最初に発売された4つのセットの箱は、マイクラの世界を構成するブロックと同じ立方体の形でした。

21102
マイクロワールド「森」
（2012年）

ウェブサイト生まれ

最初のマイクラセットのアイデアは、レゴ®クーソーのウェブサイトで、わずか48時間のあいだに10,000票を獲得。このセットは4つのモジュールからなり、新登場のマイクロモブ（幅がポッチ1個分のフィギュア）も入っていました。マイクラを象徴するキャラクター、スティーブとクリーパーです。

改造して遊べるセット

レゴ マインクラフトとして最初に発売されたのは、この「ビレッジ」（セット21105）と「ネザー※」（セット21106）の2セット。これらマイクロセットはそれぞれ4つのセクションに分かれ、ゲームの中と同じように、ならべかえたり合体させたりできます。「ビレッジ」には、新しいマイクロモブ、ブタとゾンビが登場しました。

21105 マイクロワールド
- ビレッジ（2013年）

ゾンビ

廃坑

村人

はずせる
壁のパーツ

ブタ

驚異の洞窟

2,863ピースの壮大な「山の洞窟」は、マインクラフトシリーズ史上最大のセット。トロッコのレールやエレベーターがあり、回転するクモスポナー（クモを出現させるブロック）や溶鉱炉、たいまつを光らせるためのライトブロックも入っています。

21137 山の洞窟（2017年）

ブロックの卵

2018年に発売された楽しい「ニワトリ小屋」には、ニワトリの形をした高床式の小屋があり、チェストの中に卵が産み落とされます。セットには、アレックス、2羽のニワトリ、ヒヨコ、おとなしいオオカミも入っています。

21140 ニワトリ小屋（2018年）

21116 クラフトボックス
（2014年）

マインクラフト版DIY

はじめてのマインクラフト「クラフトボックス」で、ビルダーは創造力をかきたてられました。518個のパーツを使って独自のバイオーム（地形や自然環境）をつくりあげることも、組立説明書にしたがって8種類のモデルを組み立てることもできます。

21134 滝のふもと
（2017年）

エンダーマン

ピクセル化されためずらしいシャベル

毛を染めたヒツジ

秘密のシェルター

2017年、マインクラフトのファンたちは、ゲームの世界で身につけたスキル（または組立説明書）を使って究極のシェルター（基地）を組み立てることができました！ パネルをスライドさせて入る秘密のエントランスもあり、ヒンジ連結で組みかえもかんたん、ディテールがつまった基地内部にもアクセスできます。

のどかな村

2016年のマインクラフトシリーズで最大のセット、「村」。いつもの素材集めや戦いはひとまず忘れ、シンプルライフを味わいましょう。ビルダーは、市場や図書館、鍛冶屋などで楽しいひとときを過ごせます。

ヒンジ連結の屋根で中にアクセスできる

21128 村（2016年）

めずらしいピクセル化したケーキのタイル

鉄剣

モジュールどうしを2×4のブロックでつなぐ

四角いジャック・オー・ランタン

2013年、ブロックで組み立てるマイクロモブにかわってミニフィギュアが登場。「村」には、スティーブ、アレックスのほか、幅がポッチ1.5個分のユニークな頭をもつ仲間たちがいる。

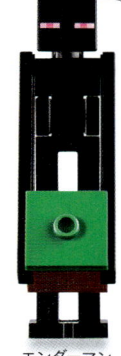

| アレックス | スティーブ | 村人 | 村人 | 村人ゾンビ | ゾンビ | ブタ | クリーパー | アイアンゴーレム | エンダーマン |

赤ちゃんブタ

レゴ®スポンジ・ボブ・スクエアパンツ™

子ども向けチャンネル"ニコロデオン"で1999年から放送されたアニメの主人公スポンジ・ボブは、レゴ®の世界にぴったりのキャラクターでした！このフレンドリーな四角形のスポンジ（海綿動物）とその仲間たちは、2006年から2012年にかけて、楽しさあふれる14のセットに登場しました。

スポンジ・ボブ
（2006年）

ミニフィギュアになったレゴ®スポンジ・ボブ™のパンツは、本物以上に四角（スクエア）だった！

スポンジ・ボブ・スクエアパンツ

邪悪なプランクトンがスポンジ・ボブの脳を乗っ取ると、おかしなことが次々に起こりました。ミニフィギュアスケールでない唯一の組立式スポンジ・ボブは、高さ29cm以上。頭の中のコントロールルームにいるプランクトンが、スポンジ・ボブの目玉を回したり、クラゲの泡を飛ばしたり、楽しい顔から悲しい顔に変えたりします。

ギアに制御装置、壁には写真まで……プランクトンはずっと居すわるつもりらしい！

アンテナのまつ毛

目がくるくる回る

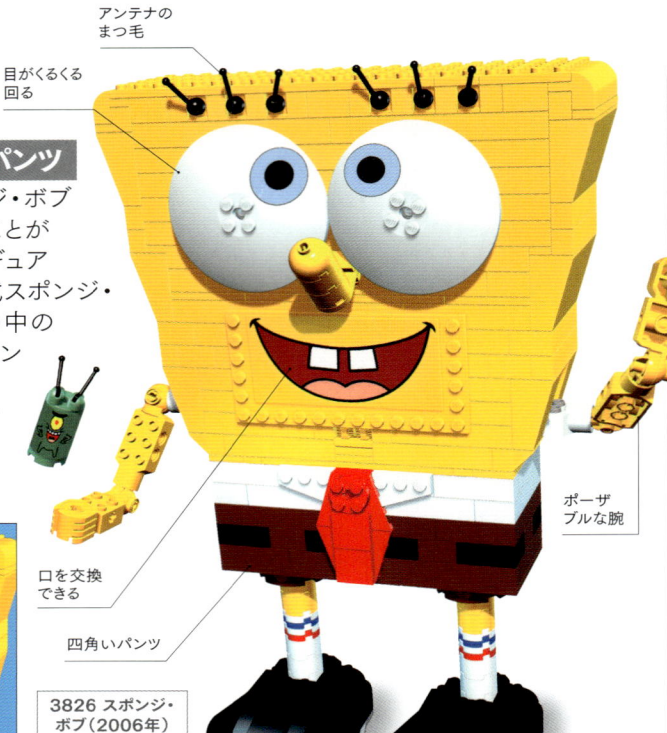

口を交換できる

四角いパンツ

ポーザブルな腕

3826 スポンジ・ボブ（2006年）

やあ、ご近所さん！

3834 ビキニ・ボトムの親切なお隣さん（2009年）

レゴブロックのスポンジ・ボブはテレビと同様、海底にある大きなオレンジ色のパイナップルハウスに住んでいます。彼の家のモデルは2つあり、新しいほうのこのセットには、スポンジ・ボブのリーフブロアーとパトリックのマシュマロランチャー付きボートが入っています。それがまた隣人イカルドにはおもしろくない――でも、彼も頭のパーツだけは新しくなっています！

キャラクターは形も大きさもさまざま。ゲイリーは細かいパーツ（目は緑色のサクランボ）を組み合わせてできている。

カタツムリのゲイリー

スポンジ・ボブ

パトリック

イカルド

バーガー店カニカーニ

スポンジ・ボブが働くカニカーニでは、カーニバーガーの秘伝レシピをライバルのプランクトンに盗まれないよう、店主のカーニが必死に守っています。このセットには、レシピをかくす金庫や、店の裏口、ハンバーガーを投げとばすグリルがついています。標的は、スポンジ・ボブの隣人で仕事仲間、いつもひどい目にあうイカルド！

カーニバーガー

プランクトン

3825 クラスティ・クラブ（2006年）

カーニ

いろんな顔のスポンジ・ボブ

アニメのスポンジ・ボブは、とても表情豊か。ミニフィギュアのほうも負けずにいろんなおどけた顔をしています。あれあれ、ロボットがこっそりまぎれこんでいる！

レゴ® ティーンエイジ・ミュータント・ニンジャ・タートルズ™

ニコロデオンのテレビシリーズや映画で大人気の、ティーンエイジ・ミュータント・ニンジャ・タートルズのメンバーは、レオナルド、ドナテロ、ラファエロ、ミケランジェロ。ミニフィギュアになった彼らは、2013年から発売された多くのセットで、宿敵シュレッダーや邪悪なクランゲなど、さまざまな敵と戦ってきました。

ミケランジェロたちタートルズのミニフィギュアは、スタンダードなボディに特殊な頭とこうらのパーツがついている。

水中のアクション

巨大なカメのようなこの潜水艦は、上部を取りはずせて、武器ラックやミニ潜水艦用のスペース、操舵席のドナテロがあらわれます。仲間のレザーヘッド（ワニのミュータント）とともに、マンタ型ミニ潜水艦に乗るクランゲを追跡中！

79121 タートルズ潜水艦の海中追跡（2014年）

潜望鏡

クランゲのパワーセル

レザーヘッド

レゴ®テクニックのキャノン

ドッグパウンド

79104 シェルライザー・ストリート・チェイス（2013年）

路上の戦士

シェルライザーは、回転するガラクタキャノンがついたカラフルな戦車。レオナルドとミケランジェロはこれに乗り、ピザの宅配車で有毒な分泌物をデリバリーするミュータントのドッグパウンド（ドッグボッコ）を追跡します。

地下の隠れ家

ニンジャ・タートルズが2014年に映画化されたとき、新しくなったヒーローが登場するセットが3つ発売されました。そのなかで最大の888ピースからなる「タートルズの隠れ家への侵入」には、破裂する壁や落とし格子のトラップ、秘密のタルランチャー、侵入者を牢屋へ直行させるすべり台などが盛りこまれています！

レバーですべり台を持ち上げて平らにし、柵でふさいで侵入者をとじこめる！

下水道の隠れ家に通じる地上の入り口

落とし格子

宿敵シュレッダー

79117 タートルズの隠れ家への侵入（2014年）

タートルズの"先生"スプリンター

クランゲのフットソルジャー

レオナルド

レゴ® ザ・シンプソンズ™

『ザ・シンプソンズ』の放送25周年を記念して、レゴ社は20世紀フォックスと共同でテレビシリーズのスペシャルエピソード「Brick Like Me」を制作、有名なあの一家がくらす家をブロックで組み立てるモデルもリリースされました。つづいて、2つのミニフィギュア・シリーズとモデル第2弾も登場───エクセレント！

セット全体が、アニメにならった細かいディテールに満ちている。バートの寝室には、好きなコミックの創刊号や、クラスティ・ザ・クラウンのポスターがある。

ホーム・スイート・ホーム

2,523ピースのこのセットで、スプリングフィールドでいちばん有名な家がレゴブロックの形でよみがえります。遊びの要素がたっぷりの家には、バートとリサのベッドルーム、黄色と青のタイルがしかれたキッチンに、あの有名なソファーもあり、一家全員がミニフィギュアになって登場───もちろん、悩みがたえない隣人ネッド・フランダースもいます！

ヒンジで建物を手前に開くことができる

屋根がはずせる

"El Barto"と落書きされたバートのスケボーランプ

へこみがあるピンクのセダン

原発の燃料

ネッド・フランダースから借りた手押し車

71006 ザ・シンプソンズ ハウス（2014年）

本物そっくりのミニフィギュアの頭部は、特別に成型されている。レゴ®ミニフィギュア・シリーズ（セット71005）には別のバージョンが登場。

マージ・シンプソン　　ホーマー・シンプソン

バート・シンプソン　リサ・シンプソン　マギー・シンプソン　ネッド・フランダース

めずらしいダークオレンジのルーフブロック

ウィガム署長のパトカー

アプー　　スネーク

コンビニエンスストア

なんでもそろう便利なお店のセットには、すごい設備やアクセサリがいっぱい！バズ・コーラ、フローズン・スクイッシー、アーケードゲーム、コーヒーマシン、公衆電話、屋上にはアプーの菜園もあります。

71016 クイックEマート（2015年）

バズ・コーラを持つホーマー・シンプソン

レゴ® スクービー・ドゥー™

2015年、レゴ社はスクービー・ドゥーのテーマを立ち上げました。ハンナ・バーベラ・プロダクションの傑作テレビアニメ『スクービー・ドゥー』をもとにしたシリーズです。発売された5つのセットの主役は、おせっかいな"ミステリー社"の面々と、彼らのカラフルな乗り物──そして、いかにもゆうれいが出そうなぶきみな場所！

立ち上がったスクービーが登場するのは「ミステリー・マンション」ともうひとつのセットのみ。その他のセットでは、おびえた顔でおすわりしている！

スクービー・ドゥー

時計の針と回転する壁は、うしろのつまみで動かす

恐怖の館

これまでで最大のセットは、860ピースの「ミステリー・マンション」。人食い植物がいて、足をふみいれれば目の前に植物トラップが落ちてくる、ぶきみな館。盗まれた金の延べ棒を急いで見つけないと──時計の針が午前0時を指してしまったら、吸血鬼があらわれる！たいへんだ！

暗闇で光るゆうれい

口をパクパクさせる人食い植物

シャギー

ヴェルマ

サイドカー付きオートバイ

ダフネ

75904 ミステリー・マンション（2015年）

各セットに、謎を解くヒントとなるパーツが入っている

灯台の宝探し

こりない面々は、こんどは「ホーンテッド・ライトハウス」で宝探しにいどみます。まずはガイコツのほら穴を通過しなければなりませんが、そこでは灯台守と沼怪人が、彼らを牢屋にとじこめようと待ちぶせしています！

てっぺんが開き、秘密の鍵があらわれる

灯台守

75903 ホーンテッド・ライトハウス（2015年）

うしろのホイールを回すとガイコツのほら穴が開く

KEEP OUT!

沼怪人は、悪党ミスター・ブラウンが変装した姿だった

空からの奇襲

おっと！ シャギーとスクービーが"ミステリー・プレーン"に乗って、首なし騎士を空から攻撃！ハンバーガーのフリックミサイルで騎士を馬から落とし、カボチャのマスクをぬがせて正体をあばきましょう。

「ミステリー・マシーン」と同じ配色

75901 ミステリー・プレーン・アドベンチャー（2015年）

75902 ミステリー・マシーン（2015年）

ミステリー・マシーン

スクービーのファンたちは、ミステリー社の車"ミステリー・マシーン"を組み立てたら、謎ときの道具を使ってぶきみな森を脱出し、おそろしい木をあやつるゾンビの正体をあばけます。そのあと、特大サンドイッチで勝利を祝いましょう！

レゴ® ジュラシック・ワールド™

レゴ®の恐竜は、レゴ®デュプロ®のセットで1990年代に
デビュー。2001年には、映画『ジュラシック・パークⅢ』
をベースにした恐竜たちがあとに続きました。
けれども、史上最も強大で最もリアルなのは、
2015年公開の映画『ジュラシック・ワールド』と、
2018年の続編『ジュラシック・ワールド／炎の王国』に
もとづくセットに登場する恐竜たちです。

T-レックス用のわな

この見慣れない乗り物は、じつはタイヤ付き
の巨大な檻！　オートバイに乗った獣医が
T-レックスの気を引いているあいだに、
セキュリティ部隊ACUの隊員はもり型の
シューターを用意し、脱走した
標的を捕獲します。

取りはずせる檻

ACU隊員

75918 T-レックスの
追跡（2015年）

ポーザブル
な脚

開閉する口

オートバイに
乗る獣医

エサやりクレーン

ウー博士

投光照明

ジャイロ
スフィアに
乗るザック

電気ショック棒を持つ獣医

レックス脱走！

警報！　ジュラシック・ワールドシリーズ最大の
セットで、インドミナス・レックスが大暴れ中！
壁がくずれるしかけのせいでレックスが脱走して
しまいます。ジャイロスフィア・ランチャー、エサやり
クレーンを使ってレックスをおびきよせましょう。

75919 インドミナス・
レックスの脱走（2015年）

2頭の脱走

高い知能をもつ恐竜チャーリーとエコー
は、電流柵からもわけなく脱走！
勇敢なバリーがバギーカーからフリック
ミサイルを発射し、対応にあたります。

電気ショック棒を
持つ獣医

ゲートが下りる
しかけ

75920 ラプトル
の逃亡（2015年）

くずれる台

バリー

フリック
ミサイル

ヘリコプター作戦

この『炎の王国』のセットで、オーウェンとケンは
ヴェロキラプトルのブルーの捕獲に向かいます。
ケンのヘリコプターは、恐竜サイズのケージと
6弾ラピッドシューター、回転翼付き。オーウェン
のバギーカーには、恐竜の卵を運ぶ
着脱式トレーラーがついています。

75928 ブルーの
ヘリコプター追跡
（2018年）

ケン・ウィートリー

オーウェン・グレイディ

ヘリコプターの
操縦士

ホットドッグ

10758 T-レックスの脱走
（2018年）

T-レックス

麻酔銃

おやつ作戦

レゴ®ジュニアのこの
セットでは、脱走した
T-レックスをホットドッグ
1個でおびきよせ、
ぶじ捕獲！

レゴ® ゴーストバスターズ™

もしもレゴ®の箱におかしなものが入っていたら、誰を呼ぶ？
もちろん、レゴ® ゴーストバスターズ™！
1980年代のオリジナル映画と2016年のリブート作品の両方にもとづくセットで、ゆうれい退治チームはみんなのためにやってきました――お気に入りの仲間たちといっしょに。

ルイス・タリー

75827 消防本部
（2016年）

プロトンパック

ゴーストトラップ

ミニフィギュアは消防署のポールをすべりおり、あっというまにエクト1（ECTO-1）の運転席に乗りこめる。

「消防本部」には、実験室、キッチン、寝室、暗室のほか、トイレにスライムがつまったバスルームもある！

ゴーストバスターズ本部

史上最大級のレゴ セット、4,634ピースの「消防本部」は、モデルが大きく開き、映画『ゴーストバスターズ』と『ゴーストバスターズ2』にならった驚きのディテールがあらわれます。レゴ®アイデアの「21108 ゴーストバスターズ ECTO-1」は、両開きのドアを通過できます。

「消防本部」には、ゴーストバスターズの4人、幽霊にとりつかれたデイナとルイス、受付嬢ジャニーンのミニフィギュアと、食いしんぼうの緑色の悪霊スライマーなど4体のゴーストがついてくる。

ピーター・ヴェンクマン

レイ・スタンツ

イゴン・スペングラー

ウィンストン・ゼドモア

デイナ・バレット

ルイス・タリー

ジャニーン・メルニッツ

ゾンビドライバー

リブート版エクト

2016年のプロトンパック仲間アビー・イェーツ、エリン・ギルバート、ジリアン・ホルツマン、パティ・トランは、屋根がはずれる新しいエクト1のセットに登場。エクト2に乗る助手のケヴィン・ベックマンもいます。

75828 エクト1＆2
（2016年）

パラノーマル検出装置

プロトンパック

ゴーストトラップ

エクト2に乗るケヴィン

レゴ®の世界

誕生から60年、レゴ®ブロックの人気は
これまでになく高まっています。
こんにちのレゴブームを巻きおこしているものは、
ブロックだけではありません。
本や服、コンピュータゲームからテーマパーク、
ソーシャルアプリ、大ヒット映画まで、誰もが
なにかしらレゴの世界を楽しめるのです。
従来のレゴブロックに関しては、天才的ビルダー
たちの活躍で、モデルの組み立てがひとつの
華々しい職業へと変わりつつあります。

2017年、デンマークのビルンにオープンした
レゴハウスの壮大なアトラクション

ヨーロッパの レゴランド®

1968年、デンマークのビルンに世界初のレゴランド®が
オープン。レゴ本社のとなりという特別な場所に作られた
こともあり、魅力的な遊びの場として世界中から家族づれが
訪れるようになりました。1996年にはイギリスのウィンザーに
2番目のレゴランドが、2002年にはドイツのギュンツブルクに
3番目のレゴランドがオープンしました。

1960年代、レゴ®の工場には年間約2万人が見学に訪れた。
そこでオーナーのゴッドフレッド・キアク・クリスチャンセンは、
近くに見学者用の常設展示場を作ろうと考えた。

レゴランド ビルンのレゴレド・タウンにあるシッティン
グ・ブル。175万個のブロックでできていて、長年に
わたり世界最大のレゴブロック像だった。

レゴランド® ビルン

1968年以降、人気のアトラクションは
そのまま残して新しいものを加えていったため、レゴランド®ビルンは当初の4倍以上の
規模になりました。2018年には開業50周年を記念して、レゴレド®・タウンを拡張。
開拓時代のアメリカ西部がテーマのローラーコースター"フライング・イーグル"を設置
しました。改装された正面玄関では、レゴブロックの巨大な恐竜がおでむかえ！

オープン時から変わらず、レゴランド ビルンを訪れた子どもたちは、
レゴ・トラフィック・スクールで人生初の運転免許を取得できる。

ミニランド

各レゴランドの目玉はミニランド──世界各地の街並み
がレゴブロックで驚くほど精緻に、走っている車まで
忠実に再現されています。レゴランド ビルンのミニランド
では、ゆたかな緑に囲まれた2,000万個以上のブロック
が主役！

レゴランド ウィンザーにあるレゴ ニンジャゴー
の乗り物でニンジャのわざを使う子どもたち。

レゴランド®ドイツ

ミュンヘンから1時間、バイエルン州の町
ギュンツブルクにあるレゴランド®ドイツは、
世界ではじめてレゴランド・ホリデー・
ビレッジが併設さた場所。
地上43mの展望タワーにのぼると、
ホリデー・ビレッジ内のお城や地上に広がる
ミニランド、空中を走るペダル＝ア＝カーの
レールなどが見わたせます。

サッカースタジアム"アリアンツ・アレーナ"は、
100万個以上のブロックで作られた、レゴランド
ドイツのミニランドで最大のモデル。

レゴ®ニンジャゴー®・ワールド

ニンジャをめざすなら、レゴ®
ニンジャゴー®・ワールドで
バランス力、スピード、
敏しょう性、創造性をチェック
して、みがきをかけよう。
レゴ ニンジャゴー・ザ・ライド
に乗るのはそのあと！
3D画像投影や最新鋭
の動作技術を搭載した
この乗り物では、手を
軽く動かすだけで炎や
氷、イナズマ、衝撃波を
放てます。

ホリデー・ビレッジ

レゴランド ドイツのホリデー・ビレッジ
では、お城や各種テーマのコテージ、
巨大なたるの中で夜をすごせます！
レゴランド ビルンのホリデー・ビレッジ
には、ニンジャの客室もあります。

ドイツのホリデー・ビレッジには、騎士、海賊、
レーサー、探検隊、古代エジプトをテーマにした
部屋がある。

2017年、レゴランド ウィンザーにレゴランド・キャッスル・
ホテルがオープンした。すてきな騎士の部屋か魔法使いの
部屋が選べる。

レゴランド®ウィンザー

イギリス王室の城があるウィンザーを訪れ
ても女王に会えるとはかぎりませんが、
レゴランド®ウィンザーに行けば、ミニランド
版の女王陛下にいつでも会えます！
ロンドン中心部にほど近い世界最大の
レゴランドには、ハートレイクシティの
レゴ®フレンズや、レゴ ニンジャ・ワールドの
ニンジャもいます。

アメリカのレゴランド®

デンマークでは、1968年にオープンしたレゴランド®
ビルンで開拓時代のアメリカのいぶきを感じることが
できました。一方、アメリカ本土にレゴランドが
できたのは、1999年のレゴランド®カリフォルニア
が最初です。その12年後には、4,000km
離れた東海岸にレゴランド®フロリダができ、
さらに2020年には、アメリカで3番目となる
レゴランドがニューヨークにオープンします。

2017年、レゴランド カリフォルニアは、世界最長の
レゴ スター・ウォーズ・ミニランドモデルとなる、4.8mの
ファースト・オーダー スター・デストロイヤーを公開した。

レゴランド®カリフォルニア

海辺のリゾート地カールズバッドにある
レゴランド カリフォルニアには、世界初の
レゴ®のウォーターパークのほか、レゴ®
シティ・ディープシー・アドベンチャー、
高さ16mのレゴ テクニック・ローラー
コースター、レゴ®スター・ウォーズ™・ミニ
ランドがあります。ミニランドUSAではラス
ベガス、ニューヨーク、サンフランシスコ、
ワシントンDCのランドマークを3,200万個
以上のレゴブロックで再現しています。

レゴランド ウォーターパーク

2010年にレゴランド カリフォルニア
にオープンしたウォーターパークは、
プール遊びとクリエイティブなレゴ
ブロックの組み立てをミックスした
もの。ソフト素材の巨大レゴブロック
で作ったいかだに乗ったり、鼻から
水しぶきを出すレゴ®デュプロ®の
巨大なゾウと出会ったり、200mを
超えるウォータースライダーに
乗ったりできます。

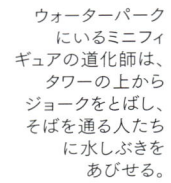

ウォーターパーク
にいるミニフィ
ギュアの道化師は、
タワーの上から
ジョークをとばし、
そばを通る人たち
に水しぶきを
あびせる。

2018年にできたばかりのレゴ シティ・ディープシー・アドベンチャーは、
本物のサメやエイなどもいる潜水艦アドベンチャーだ。

レゴランド® フロリダ

世界で2番目に大きいレゴランドは、陽光がふりそそぐウィンター
ヘイブンにあります。この場所には1930年代からテーマパークが
あり、緑あふれる植物園を引きつぐ形でレゴランド フロリダが
作られました。デクスター湖のほとりには、レゴランド ビーチリトリート
（ホテル）のほか、より現代的なアトラクションがあります。

レゴランド フロリダのミニランドUSAには、
近くのケネディ宇宙センターをかたどった壮大なモデルもある。

レゴランド フロリダ
の植物園にある
ガジュマルの巨木
は、1939年に苗木
として植えられた
もの。

レゴランド フロリダの駐車場では、ソーラーパネルを車の日よけとして
使いながら、年間250世帯分の電気を生み出している。

レゴランド®ニューヨーク

2020年、北米で3番目となるレゴランドがニューヨーク
にオープンします。マンハッタンから90分以内で行ける
ゴーシェンを拠点に、レゴ シティ、レゴ フレンズ、レゴ
ニンジャゴー®、パイレートショアーズ、ブリックトピア、
レゴ ファクトリーなどのゾーンに加え、250室の
レゴランド・ホテルも併設されます。

レゴランド ニューヨークの中心には、マンハッタンの街と自由の女神を再現した
ミニランドができる予定（写真は、レゴランド フロリダにある像）。

エデュケーション

年間を通じて、サイエンスやテクノロジー、
アートなどの教育プログラムが提供される
予定。また、イマジネーションゾーンや
ブリックトピアは、子どもたちが"エデュ
トレーナー"とともにレゴブロック遊びを
通じて楽しく学べるようデザインされて
います。

スペシャルイベント

レゴランドでは、ホリデーイベントやレゴ ニンジャゴー・デー、レゴ
スター・ウォーズ・デーなど、一年中さまざまなイベントがあります。
レゴランドフロリダでほぼ毎年
4月に開催される"ブリック・
ダッシュ5K"では、参加者が
走ったり歩いたりして園内をめぐ
り、チャリティー募金をします。

レゴランド フロリダのハロウィーン
イベント"ブリック・オア・トリート"の
主役は、ぶきみなミニフィギュアのキャ
ラクターとブロック製の巨大カボチャ。

レゴランドでは、高さ12mのレゴ
ブロック製ツリーでクリスマスを祝う。

アジアのレゴランド®

2012年、マレーシアにアジア初のレゴ®のテーマパークが登場、レゴランド®で味わう楽しみは真にグローバルなものとなりました。さらに2016年の秋には中東にレゴランド®ドバイが、それから半年足らずで名古屋にレゴランド®ジャパンがオープンしました。広大なアジア地域では、さらなるレゴランドの建設が予定されています。

世界一高いレゴブロックの建物は、レゴランド ドバイのミニランドにあるブルジュ・ハリファのモデルで、高さ17m。439,000個のレゴブロックを使い、5,000時間以上かけて作られた。

レゴランド®ドバイ

レゴランド ドバイと、隣接するレゴランド ウォーターパークは、中東で最大規模のレジャーランド、ドバイ・パークス＆リゾーツにあります。
6,000万個以上のレゴブロックで作られた6つのテーマゾーンのひとつが、窓がある巨大なドームにおおわれた、ほかにはない屋内型のミニランド。園内最大のアトラクションは、屋内外を通る高さ16mのドラゴン・ローラーコースターです。

レゴランド ドバイの4Dシネマは、中東で唯一、映画『レゴ®ムービー™4D ニュー・アドベンチャー』をスモークや風などの特殊効果つきで見られる場所だ！

お食事

レゴランドでは、好みに合わせていろいろな食事ができます。レゴランド ドバイにはカフェやレストランが10カ所あり、ピザやパスタから、シナモンをふりかけたあたたかいリンゴのフライまで味わえます！

レゴランド® ジャパン

名古屋にあるレゴランド ジャパンでは、レゴ®ファクトリー・ツアーの建物の前で、ブロック製の巨大なドラゴンが出むかえてくれます。ミニランドでは、大阪、札幌、東京、京都、宮島、神戸の有名な観光地をめぐり、高さ50mの展望タワーからは園内を一望できます。

レゴランド・ジャパン・ホテルでくつろぐのは人間だけではない。建物内には水族館シーライフもあり、みごとなレゴモデルといっしょにタツノオトシゴやタコ、クラゲなどがくらしている！

レゴランド ジャパンのミニランドでは、名古屋城（写真）や京都の金閣寺、東京タワーなどが細部まで綿密に再現されている。

レゴランド® マレーシア

沿岸都市イスカンダル・プテリにある、サッカー場50個分の広さをもつレゴランド® マレーシア。レゴ シティ、レゴ テクニック、レゴ ニンジャゴー® ワールドなど8つのテーマゾーンに加えて、ウォーターパークやレゴランド・ホテルがあります。ミニランドは、インドのタージ・マハルやマレーシアのペトロナスツインタワーなど、アジア17カ国の見どころを集めたみごとなものです。

レゴランド マレーシアのレゴランド・ホテルでは、ニンジャゴーテーマの部屋に泊まり、忍者カイの寿司バーで食事ができる。

ザ・グレート・レゴ・レース

2017年、レゴランド マレーシアに世界ではじめてレゴのバーチャルローラーコースター"ザ・グレート・レゴ・レース"が登場。最新のVRヘッドセットをつければ、コースターの動きに合わせてレゴの世界をかけぬけるスリリングなビジュアルレースを体験できます。

まるでコンピュータゲームの世界に入りこんだようなザ・グレート・レゴ・レース。2018年には、アメリカとヨーロッパのレゴランドにも登場した。

ファクトリー・ツアー

レゴランド ジャパンでファクトリー・ツアーに参加すると、製造ラインでできたばかりのレゴブロックを持ち帰れます！レゴブロックがどうやって作られるかは、アメリカとヨーロッパのレゴランドにあるレゴファクトリーゾーンでも知ることができます。

レゴランド®ディスカバリー・センター

シカゴ郊外にあるアメリカ初のディスカバリー・センターの入り口には、ブロックでできた巨大なキリンがそびえたつ。ほかにも世界各地のディスカバリー・センターで、巨大なレゴブロックのキリンがお客を出むかえている。

レゴランド®ディスカバリー・センターへ行くと、巨大なおもちゃ箱に飛びこんだような気分になります！
これでもかというほどたくさんのレゴ®ブロックのほかに、乗り物や映画、ビルディング・ワークショップ、レゴ ファクトリー・ツアーも！
最初のレゴランド ディスカバリー・センターがドイツにできたのが2007年のこと。いまではアメリカ、カナダ、中国、日本、オーストラリア、イギリスなど、世界各地にオープンしています。

クリエイティブワークショップ

各地のレゴランド ディスカバリー・センターには、レゴブロックでなんでも作れるマスターモデルビルダーがいます。
もよりのディスカバリー・センターで定期的に開かれるワークショップに参加して、いい作品づくりのコツをプロに教えてもらいましょう。

レゴランド ディスカバリー・センターにやってくる子どもたちのなかから、未来のマスターモデルビルダーが誕生するかもしれない！

マーリン・アプレンティス

どうすれば魔法使いマーリンのアプレンティス（弟子）になれるか知っていますか？
魔法の部屋に入って、巨大なレゴブロックでできた空飛ぶいすにすわってみて。マーリンが魔法を使えるように、できるだけ速くペダルをこいで乗り物を動かしてあげるんです。速くこげばこぐほど高く飛べます！

むかし、マーリンはわしの弟子じゃった！

レゴ®レーサー：ビルド＆テスト

レゴ®レーサー：ビルド＆テストゾーンには、夢のレーシングカーを作れるパーツがすべてそろっています——でも、スピードは？
100分の1秒の精度でタイムをはかれるテストトラックでためしてみましょう。ブロックを1個変えただけでも全然ちがうかも！

ミニランド

ディスカバリー・センターのミニランドでは、街のランドマークを全部いっぺんに見ることができます！無数のブロックで組み立て、動きや光で演出したジオラマは、レゴランドのミニランド（多くはミニフィギュアスケール）よりもさらに小さいスケールで精巧に作られています。

ミシガン湖に面した、シカゴのネイビーピア。有名な大観覧車やメリーゴーランドがある光景が、さまざまな色や形のブロックで再現されている。

4Dシネマ

レゴランド ディスカバリー・センターで上映される3D映画は、雨や風、雷、ときには雪などの特殊効果が加わって、まさに4次元の世界！『レゴ®ムービー™ 4D ニュー・アドベンチャー』や『レゴ ニンジャゴー 4D ムービー』をはじめ、さまざまなショートムービーを終日上映しています。

つねに変わりつづける

レゴランド ディスカバリー・センターはつねに変化しつづけています。また、完全に同じセンターは2つとありません。いまは数カ所にしかない最新のアトラクション「レゴ®ニンジャゴー® シティ アドベンチャー」も、各地で次々にオープンしつつあります。

レゴ ニンジャゴー シティ アドベンチャーでは、壁のぼりやロープの橋、らせん状のすべり台など、さまざまなスキルテストで忍者の素質をためせる。

レゴ®デュプロ®

どのディスカバリー・センターにも、幼いファンが探検できるレゴ®デュプロ®ファームまたはレゴ デュプロ ビレッジがあります。ちびっ子ビルダーは、大人といっしょにレゴ デュプロブロックを組み立てたり、プレイゾーンですべり台やジャンボサイズのソフトブロックで遊んだりできます。

ほかにもたくさん！

レゴランド ディスカバリー・センターには、ショップやカフェがあります。場所によってはファクトリー・ツアーもあり、ヘルメットをかぶって、レゴブロックができるまでの全プロセスをまぢかに見ることができます。

レゴ® ストア

レゴ®ストアほど楽しい場所は、めったにありません！
レゴ セットがどっさりあるばかりでなく、あっと驚く
ようなレゴブロックの像や実際に組み立てが体験
できるエリアもあり、お客に負けないくらいレゴ
ブロックの組み立てが大好きな専門スタッフもいます。
レゴ ストアは世界中に100カ所以上あり、なかでも
ロンドンのレスター・スクエア店は最大の規模を
ほこっています。

楽しい遊び場

レゴ ストアのビルディングテーブルでは、いつでもレゴ
ブロックの組み立てが体験できます。また、毎月の
イベント「マンスリー ミニビルド」で、子どもたちは
ブリック・スペシャリストといっしょに限定版セットを
組み立て、無料で持ち帰れます！

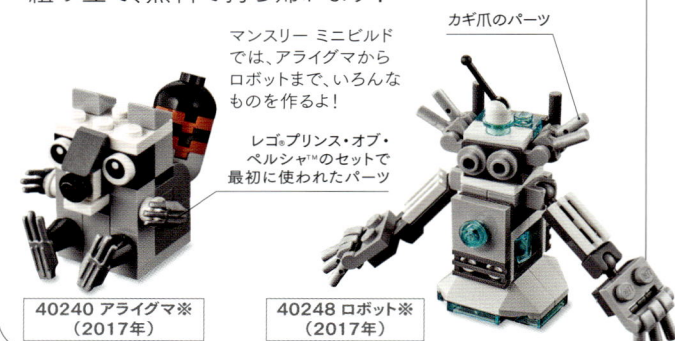

マンスリー ミニビルドでは、アライグマから
ロボットまで、いろんなものを作るよ！

カギ爪のパーツ

レゴ®プリンス・オブ・ペルシャ™のセットで最初に使われたパーツ

40240 アライグマ※
（2017年）

40248 ロボット※
（2017年）

ロンドンのレスター・スクエアにあるカラフルなレゴ ストア。
照明器具も巨大なレゴブロックの裏側にそっくり。

ブリック・スペシャリスト

レゴ ストアには、レゴ製品のことならなんでも知っているブリック・スペシャリストが
いて、あなたにぴったりのセットを見つけるのを手伝ってくれます！

ピック＆ビルド

レゴ ストア全店にある「ピック ア ブリック」コーナーでは、ほしいパーツが
カップにつめ放題。値段はパーツの数ではなくカップで決まるので、
めいっぱいつめこもう！ また、「ビルド ア ミニフィグ」コーナーでは、
多彩なパーツを組み合わせてオリジナルのミニフィギュアが作れます。

ドラゴンのブリックリー

なかには、フレンドリーなドラゴンのブリックリーが巻きついているレゴ ストアもあります。ブロックでできた長い体の一部をところどころ壁からのぞかせながら、目を丸くして、たくさんあるレゴ セットをうれしそうに見ています！

デジタルボックス

レゴ セットをデジタルボックスに近づけると、目の前でモデルが動きだします。AR（拡張現実）という技術で、セットの3Dモデルといっしょに自分もスクリーンにうつしだされ、箱の向きを変えるとあらゆる角度からモデルを見ることができます！　一部の店舗にあるモザイクメーカーは、自分の顔をレゴのモザイク画にできる機械。顔の画像をとりこみ、必要なブロックと組立説明書を提供してくれます。

VIPアクセス

無料のレゴ®VIPカードを作れば、レゴ ストアとshop.LEGO.comでの買い物にポイントがつくほか、1年間に一定額以上の買い物をしたお客へのプレゼントなど、数々の特典があります。

ミニチュアスケールで再現されたドラゴンのブリックリー

40178 VIPセット※（非売品）（2017年）

こちらは売り物ではありません

巨大なレゴブロックの像がある店舗もあります。ロンドンのレスター・スクエア店にあるのは、高さ2m、幅5mの地下鉄車両。ニューヨークのフラットアイアンディストリクト店には、自由の女神の巨大なたいまつの像と、ニューヨークの歴史をたどるブロック像があります。残念ながら、お持ち帰りはできません！

ロンドンのレスター・スクエア店では、地下鉄に乗るシェイクスピアと近衛兵の巨大ミニフィギュアと記念撮影ができる。

ニューヨークのフラットアイアンディストリクト店では、1700年代から現在までのニューヨークの歴史がレゴブロックの像と壁画で表現されている。

レゴ® ハウス

レゴ®ブロックがもつふしぎな力とかぎりない遊びの可能性を世に伝えるレゴ®ハウスは、デンマークのビルンにある、敷地面積12,000m²の体験型施設です。
2017年、レゴブロック発祥の地のすぐそばにオープンしたこの革新的な建物には、だれでも自由に入れるパブリックスペースと、さまざまなテーマにそった有料ゾーンがあります。ビジターが実際にその手で触れ、想像力を働かせる場所としてデザインされたレゴハウスには、2,500万個以上ものレゴブロックが使われているのです。

屋上テラス

9つある屋上テラスには、楽しい遊びや写真撮影のチャンスがいっぱい！　レッドゾーンでラクダのブランコに乗り、ブルーゾーンでサメをかわし、グリーンゾーンでロケットを探検しましょう。

ブロックのおうち

21個の巨大なレゴブロックをかたどったレゴハウスの中心には、カフェやレストラン、レゴ®ストアがあるにぎやかな広場があり、その外側に広がる4色に色分けされたゾーンでは、さまざまなレゴブロックの遊びを体験できます。

レッドゾーン

レゴブロックが無限に供給されるレッドゾーンは、思いきり創造力を発揮できる場所。幼いビジターはレゴ®デュプロ®エリアで遊び、好奇心旺盛なビジターはクリエイティブ・ラボで、エキスパートのレッスンを受けることができます。

ブルーゾーン

ブルーゾーンは、論理的に考えながら遊べる場所。ロボ・ラボでのロボットプログラミングや、シティ・アーキテクト・シミュレータでの街づくりなどを通じて、遊びながら問題解決を学びます。

自分だけのレゴ®ハウス

レゴハウスをお持ち帰り——。
レゴハウスのレゴ ストアでしか
買えない774ピースの
レゴ®アーキテクチャーセット
は、コレクターに大人気の
商品です。

マスターピース・ギャラリー

屋上テラスへの階段

21037 レゴ®ハウス※（2017年）

LEGO House

レゴハウスの最上階に
あるキーストーン・ギャ
ラリーには8つの丸い
天窓があり、巨大な
レゴブロックのように
見える。

イエローゾーン

イエローゾーンでは、レゴブロックで組み立てた動物や花に命がふきこまれます。
きみの魚は仲間をつくれるかな？　悲しそうなカタツムリをどう元気づける？
ここでは遊びを通じて"気持ち"を学びます。

グリーンゾーン

グリーンゾーンは、
ストーリーを作る場所。
オリジナルのミニフィ
ギュアを作り、3つの
ミニフィギュアワールドを
通りぬけながら物語を
見つけていきます。
ストーリー・ラボでは、
レゴのミニ動画も撮影
できます。

創造の木

レゴⓇハウスの中心に「創造の木」があります。高さ15m以上のこの木は、レゴブロックで組み立てたものとしては史上最大級。成長しつづけるレゴ社を表現したもので、根元には最初の木製玩具が、てっぺんにはクレーンがあり、ミニフィギュアの作業員がせっせと新しい枝を作っています！ そして途中の枝には、人気が高いテーマの傑作モデルがかざられています。

創造の木は、630万個以上のレゴブロックを使い、24,350時間かけて作られた。ほぼ3年がかりの大作だ！

レゴⓇスクエア

広さ2,000㎡のレゴスクエアは、誰でも入れる明るく開放的なパブリックスペースです。ここには、3代にわたるレゴ社の創業者ファミリー、オーレ・キアク・クリスチャンセン、ゴッドフレッド・キアク・クリスチャンセン、ケル・キアク・クリスチャンセンの等身大のレゴブロック像があります。

1950年代当時の創業者ファミリー。手前は幼いケルと父親のゴッドフレッド、奥がゴッドフレッドの父親オーレ。

ブリック・ビルダー

レッドゾーンの壁からほとばしり出てブロック・プールに流れ落ちる「ブリック・ビルダー」は、レゴハウス内にある無数のブロックを象徴する巨大なレゴブロック像。近くには、やや小ぶりでも負けずに目を引く「レゴⓇデュプロⓇブリック・ビルダー」があります。

世界最大の滝からヒントを得たこの像は、高さ6m、幅も6m！

マスターピース・ギャラリー

レゴハウスの最上階にあるマスターピース・ギャラリーには、才能あふれるレゴ アーティストの作品が展示されています。2017年のオープン時には、3体の巨大な恐竜の像が展示されていました。展示物は定期的に入れかわり、つねに新しい作品に出会えます。

3体の恐竜は、それぞれレゴ デュプロブロック、レゴ ブロック、レゴ®テクニックのパーツのいずれか1種類のみでできている。

"創作"料理

レゴハウスでは、食事のときも"組み立て"を楽しめます。レストラン「ミニ・シェフ」では、さまざまなブロックを組み合わせて料理をオーダーし、テーブル上の画面でミニフィギュアが準備するようすをながめることができます。できあがった料理はレゴ ブロックの箱に入れられ、2体のウェイターロボットがわたしてくれます！

ヒストリー・コレクション

地下のミュージアム「ヒストリー・コレクション」では、最初の木製玩具からミニフィギュアの誕生、その後の歴史をたどることができます。展示された何百ものセットや箱はファンの記憶をよびさまし、インタラクティブなデジタル保管庫は、これまでに作られたすべてのセットを見せてくれます！　さらに、なつかしいテレビCMやレゴ デザイナーのインタビュー、ドキュメンタリー映像などが見られる映画館もあります。

ヒストリー・コレクションでは、大人も子どもも、お気に入りのセットや見たこともないセットに出会える！

壁一面の棚やガラス張りの展示台に、ほぼすべてのテーマ、あらゆる年代のセットが展示された壮大なヒストリー・コレクション。

レゴ® ゲーム

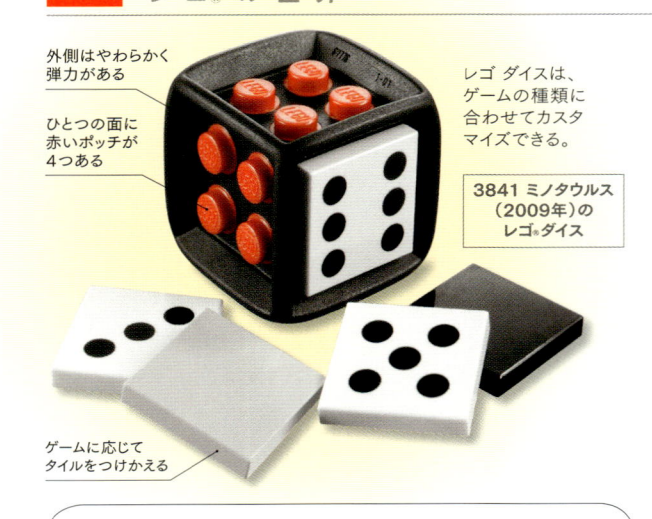

外側はやわらかく弾力がある

ひとつの面に赤いポッチが4つある

レゴ ダイスは、ゲームの種類に合わせてカスタマイズできる。

3841 ミノタウルス（2009年）のレゴ®ダイス

ゲームに応じてタイルをつけかえる

2009年にレゴ® ゲームがスタートし、ゲーム遊びは新たなレベルに到達しました！ レゴ ゲームは、レゴブロックを組み立てる楽しさや創造性をめいっぱいとりいれた卓上ゲームシリーズです。プレイヤーは、まずレゴブロックを使ってゲームを組み立て、友だちや家族とプレイを楽しみ、そのあとは好きなようにパーツを入れかえて、自分だけのまったく新しいゲームをつくりあげることもできます。

マイクロフィギュア

新しいゲームシステムとともに、新しいタイプのキャラクターが登場──その名も、マイクロフィギュア！ 身長がブロック2個分のマイクロフィギュアは、1個のパーツでできたゲーム用の駒で、それぞれの特徴がプリントされています。頭と足でレゴブロックと連結できます。

3841 ミノタウルス（2009年）のマイクロフィギュア

プレイテーマの世界

レゴ ゲームには、おなじみのレゴ プレイテーマの世界で展開するものもあります。「シティ・アラーム」では、プレイヤーがレゴ® シティの警察官とドロボウになり、灯台やコーヒーショップ、ピザショップなどがあるマイクロサイズのレゴ シティで追跡劇をくりひろげます。

3865 シティ・アラーム※（2012年）

モデル当てゲーム

「クリエイショナリー」は、レゴ ダイスを振って乗り物、建物、自然、物からカテゴリーを選び、引いたカードに描かれたものを338個のパーツを使って組み立て……何を作っているのかをほかのプレイヤーたちが当てるゲームです。2011年のブースターパックで、カードとカテゴリー、パーツが追加されました。

3844 クリエイショナリー（2009年）

皮肉にも、じょうずに組み立てるほど、モデルの完成前に何を作っているのか当てられてしまう！

3843 ラムセス・ピラミッド（2009年）

危険なピラミッド

やっかいなミイラの王と対決しなければならないのは、レゴ® ファラオズ・クエストのヒーローや探検隊だけではありません。2009年発売の「ラムセス・ピラミッド」は、2〜4人のプレイヤーが競いあい、クリスタルで暗号化された階層を通過してピラミッドにのぼり、ラムセスを倒して黄金の冠を手に入れるゲームです。

有名なボードゲームデザイナー、ライナー・クニツィアが考案した「ラムセス・ピラミッド」は、2009年のトイ・イノベーション・アワードを受賞。2011年には続編「ラムセス・リターン」が発売された。

3845 シェイブ・ア・シープ※（2010年）

ワイルド＆ウーリー

アメリカでは「ワイルドウール」として発売された「シェイブ・ア・シープ（ヒツジの毛刈り）」は、シンプルだけどくせになるゲーム。プレイヤーはレゴ ダイスを振ってヒツジの毛を増やし、伸びた毛を刈ります。ほかのプレイヤーとヒツジを交換したり、オオカミを放って毛をすべてうばい取ることもできます。

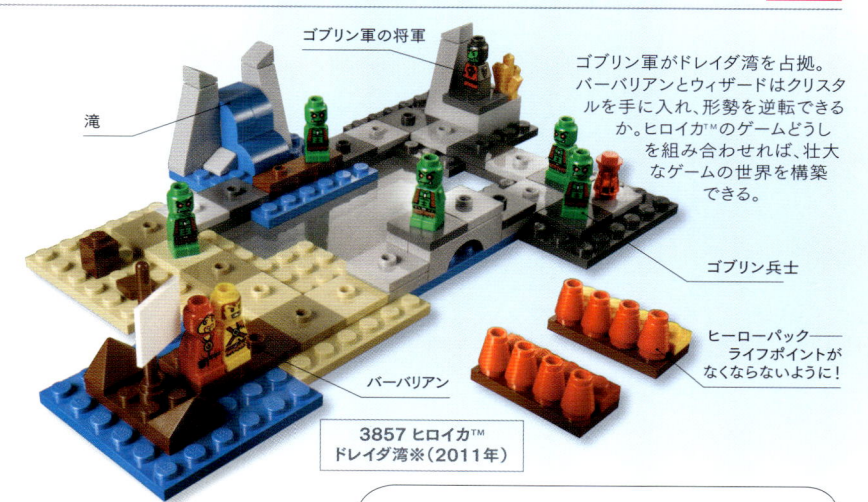

ゴブリン軍の将軍

滝

ゴブリン軍がドレイダ湾を占拠。バーバリアンとウィザードはクリスタルを手に入れ、形勢を逆転できるか。ヒロイカ™のゲームどうしを組み合わせれば、壮大なゲームの世界を構築できる。

ゴブリン兵士

ヒーローパック──ライフポイントがなくならないように！

バーバリアン

3857 ヒロイカ™ドレイダ湾※（2011年）

3848 海賊の生き残りゲーム※（2010年）

レゴ プレートの帆

生き残りゲーム

大きな帽子をかぶった船長に、長板の上を歩かされる海賊たち。サメがいる海にほかの海賊たちを先に飛びこませ、自分の海賊が最後まで板の上に残ったら勝ち。レゴ社のデザイナーたちは、ミニチュアスケールの海賊船づくりを大いに楽しみました。小さな大砲もついています！

マイクロサイズの船にマイクロサイズの海賊

毎回ルールを変えてもいい。たとえば、ほかの板に飛び移れるようにしたり、帆のガイコツマークのタイルをレゴ ダイスにつけてみたり。

ヒロイカ™

2011年に登場したヒロイカは、コンピュータゲームやロールプレイングゲームのように遊べるボードゲームです。各ゲームでは、ナイト、レンジャー、ドルイド、ローグといったヒーローが悪の軍団やモンスターと戦い、秘宝アイテムを手に入れて、ヒロイカの世界を闇から解き放ちます。

3860 ヒロイカ™ フォーターン城※（2011年）

チームワークで勝つ

すべてのレゴ ゲームが対戦型というわけではありません。レゴ®ニンジャゴー®ゲームでは、2～4人のプレイヤーがそれぞれ、かくされた黄金の武器を探し、ロープで飛びこえ、組立式スピナー（こま）の力を借りて護衛と戦います。スケルトン将軍に盗まれる前に4つの武器をすべて見つけ出せれば、プレイヤー全員の勝ち！

3856 ニンジャゴー※（2011年）

サイコロで勝負だ！

レゴ®ハリー・ポッター™

「ハリー・ポッター™ホグワーツ™」で、プレイヤーは魔法学校の生徒になり、動く階段や秘密の廊下を通って教室から宿題アイテムを集めます。寮の談話室に最初に戻ってきた生徒が勝ちです。

3862 ハリー・ポッター™ホグワーツ™※（2010年）

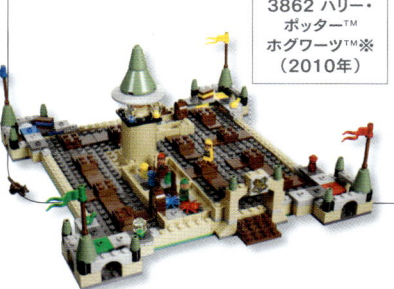

プレイヤーはホグワーツの4つの寮に住む無名の生徒としてプレイするが、ゲームにはハリー・ポッター、ハーマイオニー、ロン、ドラコ、ダンブルドアのマイクロフィギュアもついてくる。

レゴ®のコンピュータゲーム

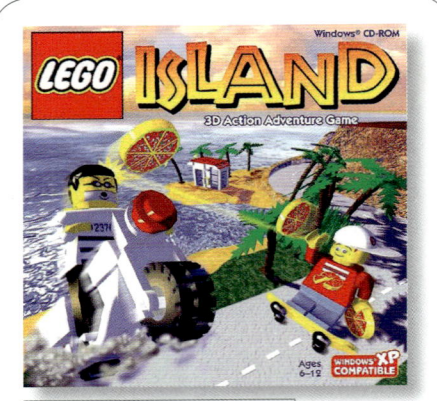

レゴ アイランドの大冒険（1997年）

最初のレゴ PCゲームは、1997年に発売された「レゴ アイランドの大冒険」だった。プレイヤーはピザを配達する少年ペパー・ロニになり、逃走する悪党ブリックスターと対決した！

この四半世紀で、レゴ®の遊びはブロックの領域を超え、バーチャルの世界へとふみこんでいきました。レゴ®のコンピュータゲームは、パズルやカーレース、アクションアドベンチャー、ビルディングシミュレーションと多岐にわたりますが、すべてに共通するのは、他愛のないおかしさとおもしろさです。なかには、実際のレゴブロックを使うゲームや、デジタルブロックが使い放題のゲームもあります。

レゴ®ワールド

レゴブロックを好きなだけ使ってみたいなら、レゴ®ワールドがおすすめ！2017年にスタートした"サンドボックス（砂場）"スタイルのゲームで、プレイヤーは独自の世界を構築し、友だちのレゴワールドを探検し、楽しいミニフィギュアの冒険に乗り出すことができます。PC、PlayStation 4、Xbox One、Nintendo Switch対応。追加コンテンツをダウンロードすれば、キャラクターや冒険、乗り物を増やせます。

「クラシックスペースパック」は、最初のレゴ ワールド用追加DLC（ダウンロードコンテンツ）のひとつ。

初期のコンピュータゲーム

ごく初期から、多様なスタイルのゲームがありました。「レゴ®チェス」は、ウエスタンやパイレーツのテーマをとりいれた"とびきり楽しくリアルなチェス"。「レゴ クリエイター」は、レゴ ワールドを予感させるビルディングシミュレーション。「レゴ®ロコ」は、町を丸ごと組み立てて鉄道を運行させるゲームでした。

5702 レゴ チェス※（1998年）　　5701 レゴ ロコ※（1998年）

『レゴ®スター・ウォーズ™ The Video Game』（2005年）と続編『レゴ スター・ウォーズII The Original Trilogy』（2006年）の大ヒットを受け、2007年には両者をまとめたものが発売された。

レゴ スター・ウォーズ コンプリート サーガ（2007年）

ゲームになったビッグネーム

バットマン、スーパーマン、ハリー・ポッター……有名キャラがレゴのコンピュータゲームで主役を演じました。『ホビット』や『パイレーツ・オブ・カリビアン』などのフランチャイズ映画にはミニフィギュアのテイストが加わり、2009年のレゴ®ロックバンド™では、デヴィッド・ボウイなどのロックスターもブロックに変身！

ライフ・オブ・ジョージ

2011年、ブロックでできたジョージが新しいスマートフォンアプリとともに登場。この無料アプリと、144個のパーツが入った「ライフ・オブ・ジョージ」セットを使ったゲームで、プレイヤーはジョージといっしょに世界をめぐりながら、彼が出題するモデルをすばやく組み立て、作品をスマートフォンのカメラで撮影します。

セットには、カメラに正確なデータを伝えるための特殊なプレイマットも入っている。

21200 ライフ・オブ・ジョージ※（2011年）

1人用と2人用のスピードモードのほか、オリジナルモデルを作って撮影する"Creation"モードもある。

レゴ®シティ アンダーカバー

近年最も人気が高いコンピュータゲームのひとつ「レゴ®シティ アンダーカバー」の主役は、警察官チェイス・マケイン。アクションにアドベンチャー、レゴ特有のユーモアにあふれるこのゲームは2013年発売。2017年にはリマスター版が出ています。

レゴ シティ アンダーカバー（2013年）

勇かんなチェイスは、レゴ ディメンションズとレゴ シティのセットにも登場した。

「スターターパック」には、バットマン、ワイルドスタイル、ガンダルフのミニフィギュアなど、ゲームに必要なものがすべて入っている。

71200 レゴ ディメンションズ スターターパック※（2015年）

レゴ®ディメンションズ

2015年、実際のレゴ セットとバーチャルな世界が、かつてないほど一体化しました。プレイヤーはまず、本物のブロックを使ってポータル（ゲームの入り口となる場面）を組み立て、それを互換性のあるゲーム機に接続します。"トイ・タグ"という台にのせたミニフィギュアや小型モデルをポータルに置くと、なんとバーチャルなゲームの世界で動きだします！

レゴ ディメンションズは、DCコミック、レゴの定番テーマ、レトロなコンピュータゲーム、映画など、さまざまな架空の世界がごちゃまぜになった楽しいゲームだ。各種「拡張パック」や「プレイ・ザ・コンプリート・ムービー・パック」で、ゲームとキャラクターがレベルアップする。

真実の投げ縄（ゴールデンラッソ）

ゴールデン・カタナ

トイ・タグ

71264 レゴ バットマン ザ・ムービー：プレイ・ザ・コンプリート・ムービー※（2017年）

71239 ロイド※（2016年）

71209 ワンダーウーマン※（2015年）

レゴ®ユニバース

2010年にリリースされた「レゴ®ユニバース」は、レゴ史上初となる多人数参加型オンラインゲーム。世界中のレゴ ファンが自分のミニフィギュアアバターを作り、協力しながらバーチャルブロックの世界で冒険をくりひろげました。プレイヤーは月額の利用料を払い、同時に数千人がゲームに参加しました。

55000 レゴ ユニバース※（2010年）

モバイルゲーム

2013年以降、モバイル端末専用のレゴ ゲームが多数発売されています。第1号はレーシングゲームアプリ『レゴ チーマ™ スピードーズ™』で、すぐあとに『レゴ®フレンズ ハートレイク・ラッシュ』、『レゴ シティ：マイ・シティ2』、『レゴ®スクービー・ドゥー™：エスケープ・フロム・ホーンテッド・アイル』などが続きました。

レゴ シティ：マイ・シティ2（2018年）

レゴ®スクービー・ドゥー™：エスケープ・フロム・ホーンテッド・アイル（2017年）

映画になったブロック

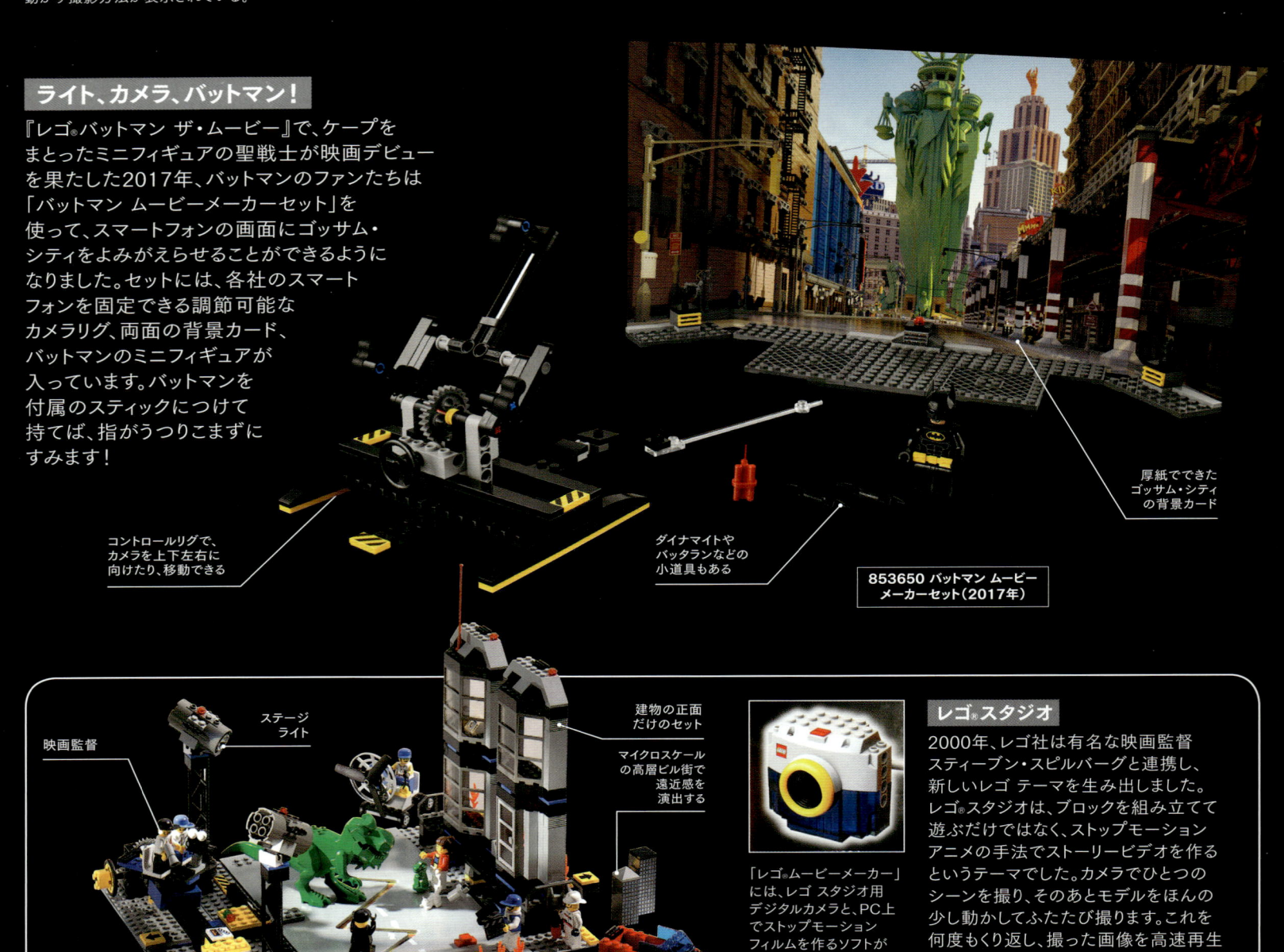

「バットマン ムービーメーカーセット」の箱には、左手でスマートフォンとカメラリグを操作しながら、右手でミニフィギュアを動かす撮影方法が表示されている。

ここ数年、レゴ®のキャラクターたちが華やかな劇場映画の世界に続々とデビューしていますが、じつはそのずっと前から、ブロックやミニフィギュアは小型スクリーンに登場していました。手づくりの"ブリックフィルム"から精巧なDVD映画、カラフルなアニメまで、ホームエンターテインメントの世界にブロックのスターたちが入りこめない領域はほとんどありません！

ライト、カメラ、バットマン！

『レゴ®バットマン ザ・ムービー』で、ケープをまとったミニフィギュアの聖戦士が映画デビューを果たした2017年、バットマンのファンたちは「バットマン ムービーメーカーセット」を使って、スマートフォンの画面にゴッサム・シティをよみがえらせることができるようになりました。セットには、各社のスマートフォンを固定できる調節可能なカメラリグ、両面の背景カード、バットマンのミニフィギュアが入っています。バットマンを付属のスティックにつけて持てば、指がうつりこまずにすみます！

コントロールリグで、カメラを上下左右に向けたり、移動できる

ダイナマイトやバッタランなどの小道具もある

厚紙でできたゴッサム・シティの背景カード

853650 バットマン ムービーメーカーセット（2017年）

映画監督

ステージライト

建物の正面だけのセット

マイクロスケールの高層ビル街で遠近感を演出する

ピボットにつけた巨大モンスターの足

「レゴ®ムービーメーカー」には、レゴ スタジオ用デジタルカメラと、PC上でストップモーションフィルムを作るソフトが入っていた。カメラにはもちろん、モデルに組みこむためのポッチがついている。

レゴ®スタジオ

2000年、レゴ社は有名な映画監督スティーブン・スピルバーグと連携し、新しいレゴ テーマを生み出しました。レゴ®スタジオは、ブロックを組み立てて遊ぶだけではなく、ストップモーションアニメの手法でストーリービデオを作るというテーマでした。カメラでひとつのシーンを撮り、そのあとモデルをほんの少し動かしてふたたび撮ります。これを何度もくり返し、撮った画像を高速再生すると、リアルな動きが生まれます。

1349 レゴ®ムービーメーカー（2000年）

小型スクリーンのアドベンチャー

2000年以降、テレビやオリジナルビデオで展開する
レゴのアドベンチャーが爆発的に増えています。
レゴ®バイオニクル®の成功後、レゴ スター・ウォーズ™、
レゴ ネックスナイツ™、レゴ ニンジャゴー®などをもとに
した作品で、ミニフィギュアたちも役者としての才能を
発揮するようになりました。
最近ではさらに、レゴ エルフやレゴ®フレンズのアニメ
シリーズでミニドールたちも役者デビューしました。

2003年にオリジナルビデオ
でデビューしたバイオニク
ル®の『マスク・オブ・ライト』
は、初の長編レゴ映画。
このコンピュータ・アニメー
ション映画は大ヒットし、
2004年と2005年に続編が
リリースされた。
2009年には単独映画
『ザ レジェンド リボーン』が
公開された。2016年には
ネットフリックスから4部
構成のミニシリーズが配信
された。

2016年、『LEGO スター・ウォーズ/フリーメーカーの
冒険』がディズニーXDに登場。はるかかなたの銀河系
を舞台にした勇かんなフリーメーカー家の物語は、
『パダワン・メナス』(2011年)などレゴ スター・ウォーズ
短編映画の成功の上に築かれた。

CGアニメ映画『レゴ®スーパー・ヒーローズ：フラッシュ』は、
『ジャスティス・リーグ〈悪の軍団誕生〉』、『ジャスティス・
リーグ〈地球を救え！〉』、『ジャスティス・リーグ〈ゴッサム
大脱出〉』を含むシリーズの8作目。2018年にDVD／
ブルーレイ／デジタル配信でリリース。

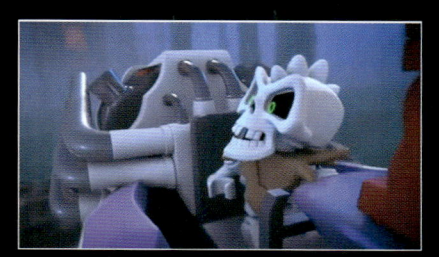

『レゴ®ニンジャゴー®』は、同名のレゴ テーマにもとづく、
ミニフィギュアのキャラクターが登場する初のレゴ
テレビシリーズ。カートゥーン ネットワークで2011年に
放送開始、2018年にはシーズン8に突入した。

ミニフィギュアが登場する初の長編映画
『LEGO®：ザ・アドベンチャー』は、2010年にDVD／
デジタル配信でリリースされたCGアクション
コメディー。主人公パワーズがレゴ®シティ、
レゴ®スペース、レゴ®キャッスルの世界を探検する。

『プリンセス ユニキャット』
は、カートゥーン ネットワーク
で放送中のコミカルな
アニメシリーズ。『LEGO®
ムービー™』に登場する、
(だいたいいつも)ハッピー
なユニキャットが主人公。
11分間の番組は、2010年
スタイルのCG画像を背景に
カラフルな手描き風キャラ
がきわだつ。

ファン フィルム

レゴ ファンは長年にわたり、
ブロックとミニフィギュアを使った
ストップモーションフィルムを
作ってきました。21世紀のいま、
スマートフォンとインターネットの
普及により、そうした"ブリック
フィルム"がかつてないほど
さかんに作られ、公開されて
います。

「Shopping」(2012年)は、Michael Hickoxに
よるコメディー動画。買い物に行ったミニフィギュア
に、さまざまなトラブルがふりかかる。

「Sheep」(2017年)は、Kloou & Maxime
Marionによる心に響く傑作。群れの中で目立つ
ということは……。

「The Fastest and Funniest LEGO Star Wars
Story Ever Told」(2010年)は、Garrett Barati
による、スター・ウォーズ旧3部作の総まとめ。

第1位は、Kevin Ulrich作「Gorgy Wants a
Horse」。

第2位は、David Pagano作「Garbage Man」。

第3位は、Pedro Sequeira and Guilherme
Martins作「Unity is Strength」。

REBRICKコンテスト

2013年にrebrick.LEGO.comで
開催されたコンテストで、ファンは
自作のブリックフィルムが『LEGO
ムービー』内で上映されるチャンスを
得ました。授賞作品は映画の終盤、
レゴの世界の住人たちが創造力を
発揮しておしごと大王に打ち勝つ
シーンに登場。

レゴ®のライフスタイル

思いきり"レゴ®"な生活をしたいあなたのために、
レゴ社と信頼できるパートナーたちは、
レゴブロックのセット以外にもさまざまな商品を
生み出しています。
本や服、えんぴつ、パーティーの記念グッズまで、
楽しいアイテムがいっぱい！

自分の顔のモザイク画

レゴ社オリジナル商品

レゴ社のオリジナル商品は、
shop.LEGO.comのほか、レゴランド®
やレゴ ストアで販売されています。
キーホルダーなどの小さいものから
特別な日のプレゼントまで、幅広い
アイテムがそろっています。

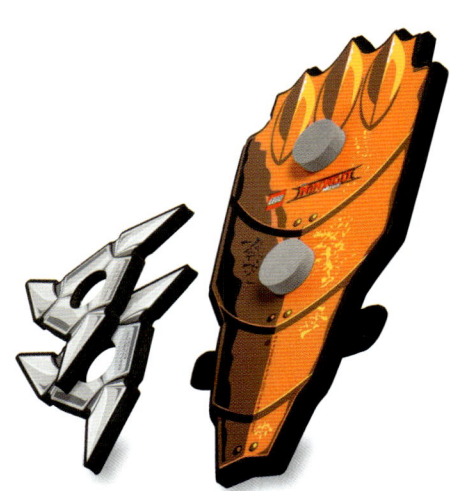

レゴ®ニンジャゴー®ソフトフォーム製
シュリケン・クロー

レゴ ニンジャゴー ロイドの
ぬいぐるみ

ホットドッグマンの
キーホルダー

ウェディングお祝いセット

アップスケール・マグ

レゴブロックの万年カレンダー

ライセンス商品

オリジナル商品のほかに、服や時計、ステーショナリーなど、レゴ社がライセンスを与えて他社が製造する商品もあります。各社はそれぞれの専門性を生かし、レゴ社と密に連携しながら、レゴブランドならではの高品質な商品を作っています。

レゴ ミニフィギュア カウガールのコスチューム

レゴ ミニフィギュア リンクウォッチ

レゴ マーカーセット

レゴ ステーショナリーセット（ミニフィギュア付き）

レゴブロックのひきだし

レゴ®フレンズのスクールバッグ

レゴの本

1999年のThe Ultimate LEGO Book（『レゴ®の世界』東京書籍 2000年）以来、世界中で何百冊ものレゴの本が出版されました。大判の参考図書やアイデア本から読み物、シールブック、アクティビティブックまで、あらゆる年齢層の読者に向けた多彩な本があります。

LEGO®I'm Fun, Too!
（Scholastic, 2018）

LEGO®Chain Reactions (Klutz, 2014)
（『カラコロピタン! レゴブロックで作るからくり装置』ポプラ社 2018年）

LEGO®Emotions Sticker
Book (Ameet, 2018)

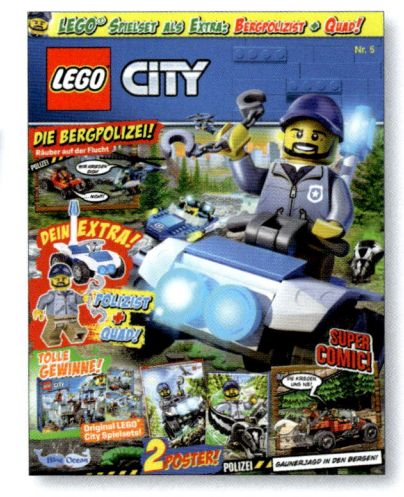

長年にわたり、レゴ®シティ、レゴ®ニンジャゴー®、レゴ®スター・ウォーズ™などの雑誌も数多く売られてきた。

LEGO®Absolutely Everything
You Need To Know (DK, 2017)

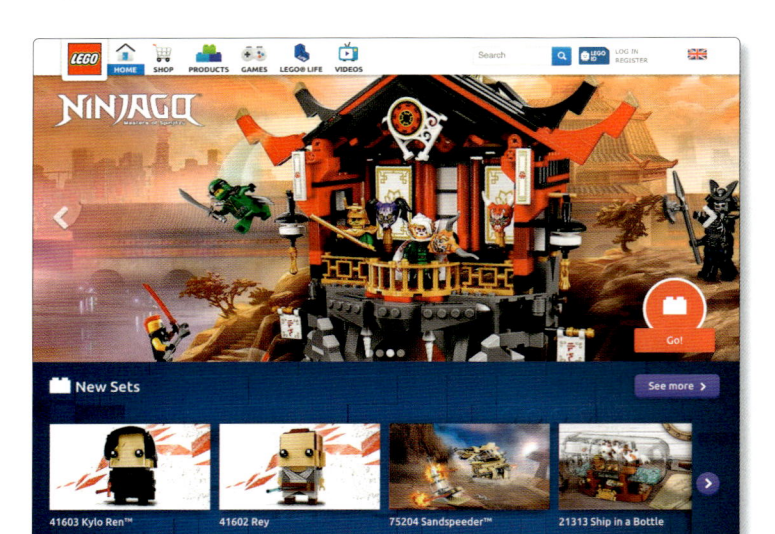

LEGO.comのトップページから、サイト内のおもなエリアへすばやくアクセスできる。子ども向けの楽しい情報だけではなく、保護者や教育者向けの情報やアクセス情報にもリンクしている。

LEGO.com

毎月1800万人がLEGO.comを訪れています。レゴ社にとってインターネット上の拠点であるこの公式サイトは、あらゆる年齢層のレゴ®ファンがレゴブランドを身近に感じ、クリエイティブな遊びに関心をいだき、レゴ社とその製品の価値をより多く見いだせるようデザインされています。

LEGO.comは2016年に20周年をむかえ、いまではこれを支えるものとして、主要なソーシャル・ネットワークにおいても公式な情報発信がおこなわれています。

ヒストリー

「レゴ社の公式サイトへようこそ」
1996年に立ち上げられたLEGO.comのトップページには、こう書かれていました。「みんながほしい楽しい情報を、すべてこのサイトに集めます」それから20年、この約束は守られ、LEGO.comは、ゲームや新しいセットの情報、特価情報などを求めてファンが最初に立ち寄るサイトとなりました。

2002年には、アメージング・レディーニがLEGO.comの案内役をつとめ、「LEGO Shop at Home」というオンライン販売セクションがあった。

ショップ

shop.LEGO.comは世界20カ国以上への発送と19の言語に対応、まるで自宅にレゴストアがあるようなもの！　このサイトには、ほかでは買えない限定商品やカスタムモデルビルダー用の「ピック・ア・ブリック」コーナーもあり、お金では買えない特典ギフトを手に入れるチャンスもあります。（日本への通信販売は実施しておりません）

レゴブロック60周年のこのセットは、shop.LEGO.comで一定額以上の買い物をしたお客へのプレゼントとして無料配布された。こうした非売品のセットは、ファンに大人気だ。

40290 レゴ®ブロック60周年アニバーサリーセット※（2018年）

ゲーム

LEGO.comがこれまでに提供したオンラインゲームは数百本。つねに新しいゲームが追加されています。アクション、アドベンチャー、パズルゲームのほか、「LEGO®Friends Juice Mixer」や「LEGO®BATMAN MOVIE Scene Builder」などのクリエイティブなゲームもあります。

ドライビングゲーム「The LEGO®DC Mighty Micros」で、プレイヤーはスーパーカーに乗ったヒーローになり、障害物をかわしコインを集めながら敵を追う！

「Bits & Bricks」は、パズルを解くロボットをあやつり、平和なサイビット王国をコンピュータウイルスから守るミッションを果たしながらプログラミングの基礎を学べるゲーム。

テーマページ

発売中のテーマごとにセクションがあり、製品説明やクイズ、コミック、プリントできるアクティビティシートなど、盛りだくさんの情報が掲載されています。

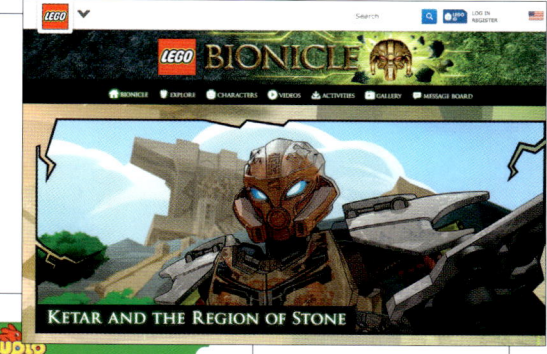

KETAR AND THE REGION OF STONE

すでに店頭販売が終了した古いテーマでも、レゴ®バイオニクル®のように人気が高いものには個別のセクションが与えられている。

テーマページは子ども向けにデザインされ、ショップページとは分かれている。レゴ デュプロ®のページだけが保護者向けになっている。

ビデオ

LEGO.comで「Videos」のタブをクリックすると、レゴ映画のビデオクリップや、「Build Zone」での最新の製品紹介ビデオ、レゴ®ニンジャゴー®のTVアニメ予告、さらに「LEGO®Star Wars™: Ahch-To Porg Pandemonium」などのおもしろストップモーションビデオも視聴できます！

「Build Zone」では、レゴ ファンの子どもたちが、手に入れた最新のセットをその場で開封。製品の楽しい特徴などを熱く紹介する。

UNBOXING BOOST
BUILD CODE PLAY

コミュニティー

もちろん、レゴ社とオンラインで安全につながれる場所はLEGO.comだけではありません。ソーシャルメディアにおけるレゴ社の存在はかなり大きく、FacebookとInstagramのフォロワー数、YouTubeチャンネル登録者数は数百万〜数千万人に及んでいます。
2017年にはさらに、子ども向けオンライン・コミュニティー「レゴ ライフ」（次ページ）を立ち上げました。

2017年だけで、レゴ ライフのアプリは全世界で520万回ダウンロードされた。

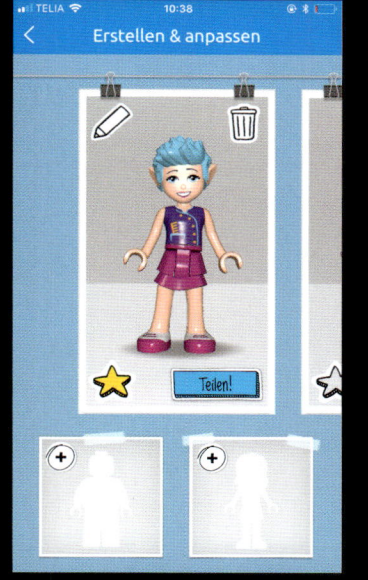

レゴ®ライフとレゴ®クラブ

2017年、長年続いたレゴ®クラブがレゴ®ライフになり、子どもたちは安全なオンラインスペースで、モデルづくりにチャレンジしたり、作品の写真をシェアしたり、レゴの絵文字を使ってチャットをしたりできるようになりました。レゴ ライフは、iOSとAndroidの端末に対応したアプリとして入手できます。そのほか、5〜9歳を対象とした紙の雑誌もあります。

アプリをタップ

レゴ ライフのアプリをはじめて使うときには、ランダムにリストアップされた中から自分のユーザー名を選び、自分のアバターとなるミニフィギュアをカスタマイズします。サインインしたらすぐに、写真のアップロードやコンテストへの参加、ビデオの視聴と保存が可能になり、ユニークなレゴの絵文字を使って、ほかの人たちの作品をほめるメッセージを送ることもできます。

レゴ ライフの絵文字キーボードで、ユーザーは言葉を使わずに気持ちを表現できる！つまり、ことなる言語を話す世界中の子どもたちが、レゴがテーマの楽しいシンボルを使って安全かつ積極的にコミュニケーションできる。

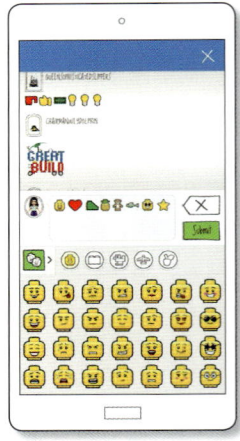

無料でダウンロードできるレゴ ライフのアプリは、現在35カ国以上で入手可能。公開直後から大人気となり、2017年には合計200万件のアップロードと3700万の「like（いいね）」を獲得。

紙版レゴ ライフ

無料の『レゴ ライフ・マガジン』の中身は、コミックやポスター、パズルなど。長年レゴクラブのマスコットだったマックスが案内役をつとめます。読者からよせられた絵やジョーク、最新のレゴ作品のうち、すぐれたものが「Cool Creation」のページに掲載されます。

保護者は、『レゴ ライフ・マガジン』の郵送を申しこむか、LEGO.comからPDF版をダウンロードできる。

安全に遊ぶ

子どもたちがオンライン上で安全に遊べるよう、レゴ社はきびしいルールを設定しています。アカウント作成には保護者の許可が必要で、ユーザー名は個人を特定できないようランダムに生成されます。投稿は高度な訓練を受けた管理者がすべてチェックし、個人情報を含むものを排除。アプリ内には第三者広告もいっさい入りません。

レゴ クラブ

1960年代にカナダとスウェーデンで最初の公式なレゴ クラブが創設されると、世界各地のファンたちが同様のグループに参加するようになりました。21世紀に入り、2017年にレゴ ライフと名前を変えたレゴクラブ。新旧メンバーを合わせて1列にならべたとしたら、アメリカから世界を横切りロシアまで達する長さになります！

1980年代、イギリスのレゴクラブ会員には、バッジと縫い付けワッペン、季刊誌『Bricks'n Pieces』が送られていた。

ドイツのファンは、1959年発行の『LEGO Post』（レゴクラブの会員以前からある公式ニュースレター）から1990年代の『LEGO World Club Magazine』、2000年代の『レゴ マガジン』と、長年レゴ関連の発行物を楽しんできた。

北米で発行されるレゴクラブ会報誌には、アメリカの『Brick Kicks』と『レゴマニア・マガジン』のほか、英語とフランス語が使われるカナダのファンのために両方の言語で書かれた『Innovations』があった。

2008年に、全世界のレゴクラブ会報誌のデザインが統一された。2017年には10の言語で発行され、6歳以下向けのジュニア版もあった。

2000年代、アメリカのレゴクラブ会員は、ストア内で開かれるクラブのイベントで会員カードを提示するとTシャツがもらえた。

マックスです！

レゴクラブのマスコット、ミニフィギュアの"マックス"は、2007年に『レゴクラブ・マガジン』に初登場しました。根っからのレゴ ファンの彼は、新発売のセットや発売間近のセットの情報をなんでも知っていて、誰かに話さずにはいられません！ 2010年、マックスはレゴクラブ会員のために本物のミニフィギュアになり、いまでも『レゴ ライフ・マガジン』に登場しています。

マックス専用のヘアピース

マックス専用のプリント

852996
レゴクラブ
マックス※
（2010年）

レゴ®ブリックマスター

2004年から2010年まで、アメリカのファンは、有料のレゴ®ブリックマスター（レゴクラブのプレミアム版）に入会することができました。会員には、大判の会報誌と特製レゴセット、割引券などの特典がありました。

レゴ ブリックマスターを引きついだのが、予約購入プログラムのレゴ®マスタービルダーアカデミー。2011年から2012年まで、年に6つの特製セットが販売された。

20200 スペースデザイナー※（2011年）

20003 恐竜※（2008年）

レゴ®エデュケーション

レゴ®エデュケーションは35年以上にわたり、教室で学ぶ子どもたちにエキサイティングなハンズオン（体験型）学習を提供してきました。遊びなれたレゴブロックやその関連教材を授業にとりいれることで、教師は生徒の好奇心や自信、創造性を刺激し、STEAM——Science（科学）、Technology（技術）、Engineering（ものづくり）、Art（芸術）、Maths（数学）——すなわち、つねに変化しつづける実社会のさまざまな課題に対応する力をやしなう科目について、もっと学びたいという意欲をつちかうことができるのです。

教育版レゴ®マインドストーム®EV3により、生徒は実際のロボット技術にもとづくソリューションの構築、プログラム、テストができる。それにより、客観的思考力や問題解決能力、コラボレーション能力が向上する。

レゴ エデュケーション プレスクール

就学前の子どもたちはおもに遊びを通して学び、幼児期に思いきり楽しい経験をすることで、生涯学習への意欲が生まれるのです。レゴ エデュケーション プレスクールの各種セットは、数や形、色、問題解決への探求心をやしない、原因と結果、動き、かんたんな計算といった概念への魅力的なイントロダクションとなります。

成功へのアプローチ

レゴ エデュケーションの学習アプローチの基礎には、「4C」のプロセスがあります。Connect（結びつける）：課題を新たな経験へつなげる。Construct（組み立てる）：レゴブロックでアイデアを形にし、実験する。Contemplate（よく考える）：学んだことをしっかり理解する。Continue（さらに続ける）：課題の終わりを次への出発点とし、発展させる。なじみやすく直感的なこのアプローチは、長期的な学習への理想的な土台となり、カリキュラムの分野で広く認められた基準にも沿っています。

「4C」のプロセスで、生徒たちはたがいに協力しながら、教師の手助けを得て自由に問題解決にいどむ。

「ビルド・ミー「エモーションズ」」は、子どもたちの共感力や自己感覚をやしなう。セットには、組み立てをサポートし発想を与えるカード、レッスンアイデア集、教師用ガイドが含まれる。

45018 ビルド・ミー「エモーションズ」（2016年）

デュプロのフィギュアでロールプレイをする

シーソーピエロでバランスを理解する

回転するホイールで確率について知る

45024 デュプロ®くるくるゆうえんちセット（2017年）

「デュプロ®くるくるゆうえんちセット」などレゴ エデュケーション プレスクールのセットは、4つの主要学習分野（初等算数と理科、社会性と情緒面の発達、初等言語と読み書き、創造的探求）で教師をサポートする。

自由な遊びで技能と創造性を高める

標的に大砲を発射してたおし、原因と結果を体験する

マシン＆メカニズム

マシン＆メカニズムキットで、生徒は機械の原理と工学的デザインを探求します。「レゴ サイエンス＆テクノロジー モーター付基本セット」では、力や動き、エネルギーなどを実体験、「レゴ 空気力学セット」では、太陽電池を使って再生可能エネルギーを、エアポンプで空気力学を学びます。

「レゴ サイエンス＆テクノロジー モーター付基本セット」には、レゴ テクニックのパーツが約400個と、実際に動く14種類のモデルの組立説明書、レッスンプラン、活用アクティビティ集、生徒用ワークシートが入っている。

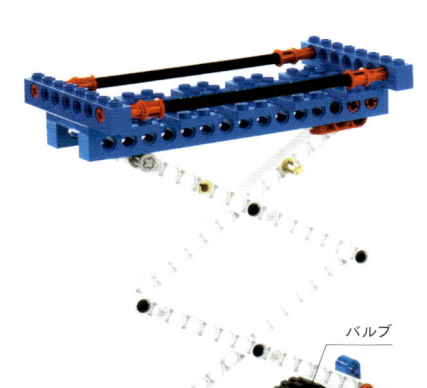

バルブ

エアタンク

ポンプ

9686 レゴ サイエンス＆テクノロジー モーター付基本セット※（2009年）と9641 レゴ 空気力学セット※（2008年）

ロボット競技会

レゴ エデュケーションは、FIRST LEGO® League、FIRST LEGO League Jr.、World Robot Olympiadと連携しています。毎年、世界中の子どもチームが、レゴ マインドストームやレゴ®WeDo 2.0のロボットを使った非営利的なコンテストにエントリーし、貴重なライフスキルやキャリアに関する見識を身につけ、国内大会や国際大会に出場するチャンスを手に入れています。

参加チームは、チームワーク、ロボット設計、リサーチ発表、競技場でのロボットのパフォーマンスで審査される。

ここ数年で、88カ国25万人以上の子どもたちがFIRST LEGO Leagueに参加している。

レゴ マインドストーム

「教育版レゴ®マインドストーム®EV3 基本セット」で、10歳以上の子どもたちは、モーターやセンサー、ギアなどがついた高度なロボットを設計し、組み立て、プログラムすることができます。EV3インテリジェントブロックが集めるデータを使ったロボットのテスト、トラブル解決、改良を通じ、技術が実社会でどのように使われているかを深く理解できます。パソコン版とタブレット版があり、工学、プログラミング、物理科学などのカリキュラムパックがついてきます。

WEDO 2.0

レゴブロックの組み立てと授業で使いやすいソフトウェアがひとつになったWeDo 2.0は、科学、技術、工学、プログラミングのスキルを高める魅力的な教材です。「レゴ®WeDo 2.0 基本セット」で、生徒はパソコンやタブレットを使い、組み立てたモデルをプログラムし修正を加えながら、科学的発見をテストしシェアすることができます。

このセットには、スマートハブ、モーター、モーションセンサー、チルトセンサーに加え、2人分のブロックと、パソコンとタブレットに対応した使いやすいソフトウェアが入っている。

45300 レゴ®WeDo 2.0 基本セット※（2016年）

LEGO education

レゴ® モデルビルダー スペシャリスト

てことして使うための
すべり止め

1988年に
考案されたレゴ
ブロックはずしは、
レゴ モデルビルダー
スペシャリストの大親友。
この小さいシンプルな
プラスチックの道具で、どんなに
きつくはまったブロックもかんた
んにはずせる。2012年に発売され
たオレンジ色のものは、レゴ®テクニック
の車軸はずしにも使える。

上にはポッチ、
底にはチューブがある

みごとなレゴ®ブロック像を見て、いったい誰が作ったんだろうと思った
ことはありませんか? それはたぶん、レゴ モデルビルダー スペシャリスト
チームの作品です。きびしいテストで選びぬかれた、クリエイティブな
組み立て能力をもつレゴ モデルビルダー スペシャリストは、レゴ モデル
製作センターで働いています。彼らはそこで、屋内やパークに
展示されるものや、世界各地でおこなわれる特別な企画やイベントで
使われるものなど、じつに多彩なモデルを組み立てているのです。

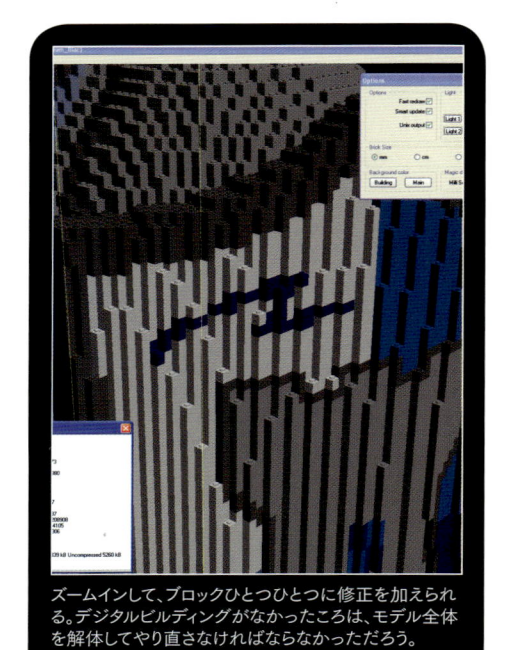

ズームインして、ブロックひとつひとつに修正を加えられ
る。デジタルビルディングがなかったころは、モデル全体
を解体してやり直さなければならなかっただろう。

デジタルブロック

レゴ モデルビルダー スペシャリストは、
以前は半分のスケールの模型を使って
巨大なブロック像をデザインしていましたが、
最近では専用のコンピュータプログラムを
使ってデジタルモデルを作り、そのあと
実際にブロックで組み立てます。

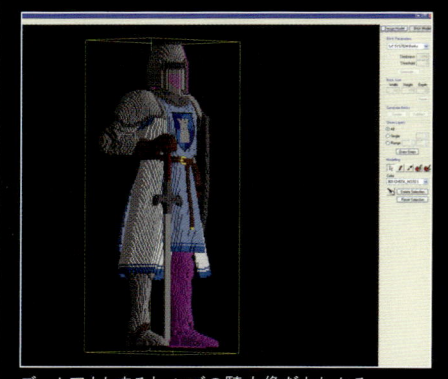

ズームアウトすると、レゴの騎士像だとわかる。
紫色にハイライトした部分はまだ作業中。

メキシコのモンテレイに新設されたレゴ工場の模型(全長3.7m)を製作する米国コネティカットのモデル製作チーム

モデル製作センター

レゴブロックの魔法は、ここで起こります!
デンマーク、アメリカ、チェコ、さらに各レゴランド®
にあるモデル製作センターでは、働き者の
レゴ モデルビルダー スペシャリストたちが、
つねにすごい新作に取り組んでいます。
作業場には、レゴブロックのモデルや巨大な
作業台、多種多様な形、大きさ、色のブロックが
入った棚が、ところせましとならんでいます。

レゴ モデルビルダー スペシャリストは、特殊な用途の部品を
意外なところに使ってみるのが好き。ほらここでも、レゴの
大蛇用の部品でスペースモンスターを作っている!

作業中のレゴ モデルビルダー スペシャリスト。
そばには、歌うロボットたちの頭部模型が置かれている。

光、音、動き

47,000個のブロックでできた野外音楽堂ハリウッド・ボウルのモデルは、レゴランド®カリフォルニアのミニランド用に600時間かけて組み立てられました。7色のライトが、"レゴシンフォニー"のリズムに合わせて色を変えます。動きや光を使ったモデルは、レゴモデルビルダー スペシャリストたちの得意とするところです。

マスターデザイン

チェコのクラドノにあるモデル製作センターにそびえ立つ、巨大な古代エジプトのファラオ像。最初は手描きのスケッチでデザインし、次にコンピュータ上でバーチャルブロックをひとつひとつ組み立てて実物大のモデルを作り、その後ようやく本物のブロックを使った組み立てが始まりました。

組み立て完了、打ち上げ準備よし!

鼻があるミニフィギュア?このにこやかなキャラクターは、約2,400個のブロックで組み立てられ、高さが80cmある。

レゴ®マーズミッションの宇宙飛行士の巨大なレゴブロックバージョン

機械じかけで動くあご

自然な動きをするティラノサウルス・レックスの頭部。関節がついた金属の骨組が空気圧で動き、するどい歯の生えた口が自動的に開閉する。

長もちのヒミツ

屋外に展示されるモデルは、じょうぶで長もちしなければなりません。大型のモデルでは、中の空洞に特製の金属フレームを入れて、とてつもない数のブロックの重さを支えているものもあります。組み立てた状態で長いあいだ展示する場合は、鳥や通行人がゆるんだブロックを抜き取ったりしないように、たいてい接着剤でくっつけてしまいます。

レゴ® ブリックアート

キャンバスに絵を描くアーティストがいます。石を彫り、金属を溶接するアーティストがいます。そして少数派ながら、レゴ®ブロックというユニークな媒体と想像力で作品を生み出すアーティストもいます。レゴ®公認プロフェッショナルや、同じように才能あふれるビルダーたちの作品は、レゴブロックがいかにクリエイティブなもので、人びとにかぎりない自己表現の可能性を与えてくれるかを、ありありと物語っています。

ヴェサ・レフティマキ（Vesa Lehtimäki）

フィンランドのイラストレーター兼おもちゃ写真家のヴェサ・レフティマキは、驚くほどリアルな写真の中で、レゴ®・スター・ウォーズ™のミニフィギュアやモデルに命を吹きこみました。彼が息子のおもちゃを撮った写真はネット上で大きな話題を呼び、レゴ®ムービー™の製作者たちにひらめきを与えました。レフティマキの作品は、『Small Scenes From A Big Galaxy』（DK刊）という本にまとめられています。

盗まれたデス・スターの設計図を求めてランコアの穴を探すトルーパーなど、写真では脇役たちのストーリーが語られる。

「『リフレクション（鏡像）』（右）は、ブロックになった自分を見ている姿を表現したものです」と、サワヤは語る。「わたしの目には、世界が小さな長方形の集まりに──まさにレゴブロックのように映るのです」

「リフレクション」（2006年8月）

「レッド」（2005年8月）

「ブルー」（2006年1月）

「イエロー」（2006年2月）

ネイサン・サワヤ（Nathan Sawaya）

レゴ社公認プロフェッショナルのネイサン・サワヤは、ニューヨークとロサンゼルスを拠点とするフリーランスのビルダーです。独創的な等身大のレゴ像や巨大なモザイクの肖像画はテレビで紹介され、彼の名高い巡回展「THE ART OF THE BRICK®」でも展示されています。

レフティマキは、まるで惑星ホスのような故郷フィンランドの雪とブリザードからアイデアを得た。

メタモルフォシス（変容）

ブロックの山へ沈んでいくような、あるいはそこから生まれ出るような姿、胸を開き体の奥をむき出しにする姿、パーツをひとつひとつ加えて自分自身を組み立てている姿。ネイサン・サワヤの「レッド」、「イエロー」、「ブルー」は、"変容"を表現しています。「わたしはレゴブロックを使った作品で、誰も見たことがないもの、これからもほかでは目にすることができないものを、人々に見せたいのです」とサワヤは語る。

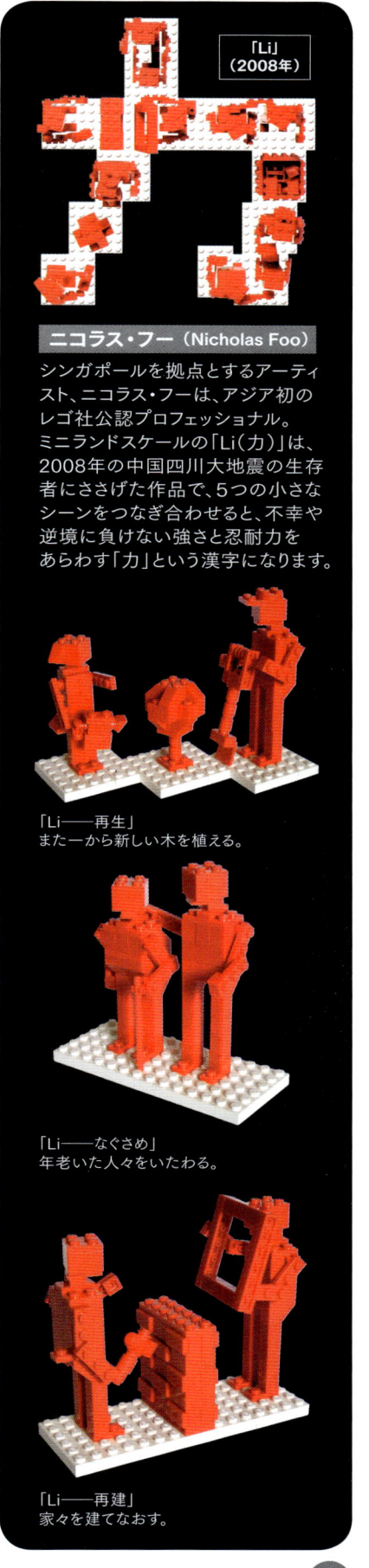

「Li」
（2008年）

「アリと靴」（左）は、強い友情の物語を表現したもの。「2つのショートオーダー」は、料理人と投資家にとっての金融危機を描いている。

「アリと靴」
（2009年2月）

「2つのショート
オーダー」
（2008年10月）

ショーン・ケニー
（Sean Kenney）

専業のアーティストでレゴ社公認プロフェッショナルでもあるショーン・ケニーは、自称"プロフェッショナル・キッド"。世界各地のテレビ番組、ミュージアム、ギャラリー、著名人、店舗、企業向けに、レゴ アートを製作してきました。彼が作業場にしているニューヨークのスタジオには、100万個以上のレゴブロックがあります。

ニコラス・フー（Nicholas Foo）

シンガポールを拠点とするアーティスト、ニコラス・フーは、アジア初のレゴ社公認プロフェッショナル。ミニランドスケールの「Li（力）」は、2008年の中国四川大地震の生存者にささげた作品で、5つの小さなシーンをつなぎ合わせると、不幸や逆境に負けない強さと忍耐力をあらわす「力」という漢字になります。

「歩く人」
（1989年）

アンドリュー・リプソン＆ダニエル・シュー
（Andrew Lipson & Daniel Shiu）

レゴ ビルダーのアンドリュー・リプソンはレゴ®テクニックのファンで、実際に動く巧妙なメカニズムや数学的なブロック像などを製作します。たとえばビルダー仲間ダニエル・シューとともに、オランダのグラフィックアーティストM.C.エッシャーが描く、物理的にありえない絵を立体モデルとして再現。この「相対性」もそのひとつです。

© A. Lipson 2003

「Li──再生」
また一から新しい木を植える。

モザイクアート

レゴブロックで美しいモザイクや壁画を作るのが好きなファンは、昔からおおぜいいました。近くで見ると正方形や長方形をならべた二次元の図案にすぎないものが、遠ざかるにつれて、形も色も驚くほどリアルに見えてきます。レゴブロックのモザイクアーティストは、グラフ用紙やクロスステッチ刺繍用のコンピュータプログラムなど、あらゆる方法を使って写真や絵画からモザイク用の設計図を作ります。

16世紀の傑作、レオナルド・ダ・ヴィンチ「モナリザ」のモザイク（1993年製作）。ベーシックな色のレゴブロックの組み合わせから、微妙な陰影が生まれている。

「Li──なぐさめ」
年老いた人々をいたわる。

ヨーン・ロナオ（Jørn Rønnau）

デンマークのアーティスト、ヨーン・ロナオは、ごく初期のレゴブロックで遊びながら育ちました。12万個のパーツを使った「歩く人」について、彼はこう語ります。「直感的な自画像ですね……特殊ブロックや車輪、アンテナ、消防ホース、はしご、シャベルなど、灰色のあらゆるパーツで組み立てた、ロボットでもある。動くはずのない足……それでも彼は、必死に動かそうとしているんです！」

「Li──再建」
家々を建てなおす。

丸みのある屋根のデザインは、Pawel
自身がもっていた幌付き馬車のモデル
から思いついた

ファンビルダー

世界のいたるところで、小さいころにレゴ®ブロック遊びが大好き
だった大人たちが、あらためて"レゴ愛"にめざめています——
もっとも、愛をいちども失ったことがない人たちもいますが！
そうした驚くほどの才能とイマジネーションをもつAFOL（Adult
Fans of LEGO）つまり大人のレゴ ファンたちが、新しいビルディン
グテクニックやディテールづくりに挑戦し、ファングループやイベント
に参加しては、日々レゴブロックへの情熱を発揮しています。

銀行

ポーランドのレゴ ファンPawel Michalakは、公式セット
「カフェコーナー」からヒントを得て、独自のモジュラー
ビルディング式モデルを作りました。この「銀行」は、
ポーランドのレゴ ユーザーグループLUGPolが製作した
ブロックの町「Klocki Zdrój」用に作られたものです。

ソーラーフレア

アメリカのAFOL、Lino Martinsの作品は、
陽光のように明るい色をした1960年代の
クラシックなステーションワゴン。所属する
レゴ カービルディンググループのために
ミニランドスケールで作られたこの
車は、仲間が作った"夜"が
テーマの車やロカビリー
バンド風のドライバーと
ともに、ファンイベント
「BrickCon 08」で展示
されました。

ケルン大聖堂

ここにもすごいAFOLが
いました！
Jürgen Bramigkは2年の
歳月をかけて、故郷ドイツに
あるケルン大聖堂を
かたどった高さ3mのモデル
を完成させました。
さまざまな色合いのグレーの
レゴブロックが、約90万個
使われています。

6基の大型XLT
ディープスペース
スラスター

LL-X2ヴァンガード

ファンデザイナーChris Giddensは、自身で
"プリ＝クラシック・スペース"と名づけたレトロ
フューチャーSF的な独特のビルディング
スタイルをもっています。宇宙の平和を守る
宇宙船「LL-X2ヴァンガード クルーザー」の
船内には、ビルトイン式戦闘機ベイなどの
ディテールがあり、勇かんな宇宙探査
クルーも乗っています。

全力前進！

Rod Gilliesが組み立てたみごとな船は、
彼が好きなスチームパンクスタイルから着想を
得たもの。煙突の色は、世界で最後の外洋
外輪船、スコットランドのウェイバリー号の
大煙突がモデルです。

"CATCH UP!"

1955年にサンフランシスコにあったレストランが変わり者の大富豪に買い取られ、オートバイの店になりました。この風変わりなモデルの作者は、Jamie Spencer。彼自身が集めたレゴ®シティ、レゴ®キャッスル、レゴ®スター・ウォーズ™のパーツに加えて、特注のデカル（ステッカー）が使われています。

モデルに貼られたデカルはJamieによる特注品

ルナー・ユニファイド・スクール・ディストリクトのバスNo.1の屋根を再利用

学校へ出発！

Bill Wardは、以前に作った未来の宇宙旅行用バスを、このモダンなスクールバスに組み立てなおしました。いたずらざかりの子どもたちで車内は満席、うんざり顔の運転手もいます。

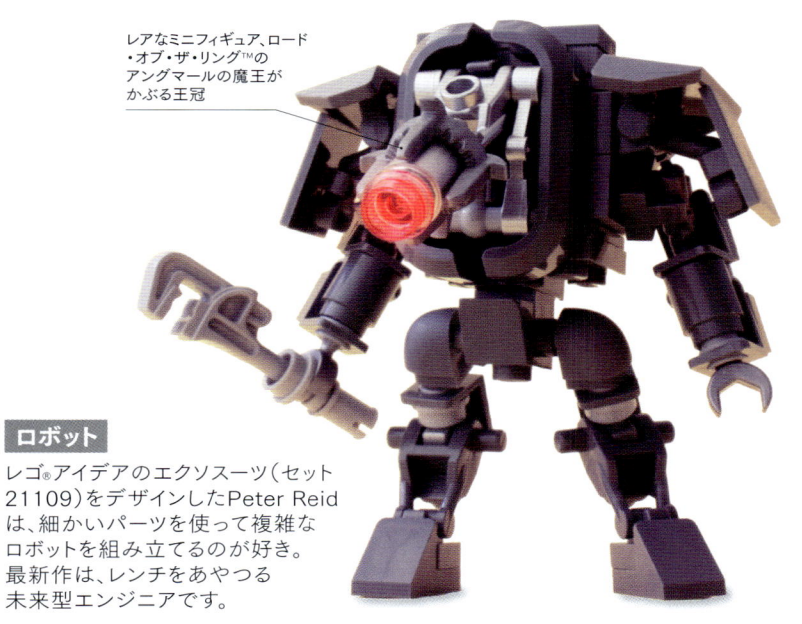

レアなミニフィギュア、ロード・オブ・ザ・リング™のアングマールの魔王がかぶる王冠

ロボット

レゴ®アイデアのエクソスーツ（セット21109）をデザインしたPeter Reidは、細かいパーツを使って複雑なロボットを組み立てるのが好き。最新作は、レンチをあやつる未来型エンジニアです。

宇宙の乗り物

Jason Briscoeは物心ついたときからのレゴ ファンで、数えきれないほどのレゴブロックをもっています。このホバークラフトは、宇宙の乗り物を作るのが大好きな彼がクラシックなレゴ®スペースのテーマに着想を得て組み立てたもの。

ノッピンゲン

ドイツのレゴ ファンRainer Kaufmannは、1970年代のレゴ セットとともに成長し、約20年後にレゴブロックのおもしろさを再発見しました。彼が作るレゴの町ノッピンゲン（Noppingen）は、最初はひとりで始めたプロジェクトでしたが、仲間の作品も加わって、どんどん大きくなっていきました。

張り出したテラスは、ログウォールのパーツでできている

Rainerのタウンハウス第3号には、家の前の歩道と車道もついている。家の裏側には、小さな庭を見おろすテラスがある。

兄弟の塔

その昔、すでに忘れ去られたある国で、兄と弟がくずれかけた塔の中で戦いました。レゴ キャッスルファンコンテストで優勝したMaciej Karwowskiの作品には、らせん階段や天井から下がるシャンデリアなどのディテールがたくさん盛りこまれ、小さなブロックを複雑に組み合わせることで、塔の古びた感じがうまく表現されています。

Maciejは小さなパーツをふんだんに使い、塔にかつての戦場らしい雰囲気を与えている。

レゴ® アイデア

レゴ®ブロックは、世界中の想像力ゆたかなビルダーたちに無限の可能性を与えます。レゴ®クーソー、のちのレゴ®アイデアのウェブサイトを通じて、レゴ社は創造力にあふれるファンが生み出す作品に命を吹きこむお手伝いをしてきました。そして一部のラッキーなクリエイターたちは、自分がデザインしたモデルが本物のレゴ セットになるという究極の夢をかなえたのです。

レゴ® クーソー

「夢がかなう場所」がモットーのレゴ クーソーは、18歳以上のビルダーがアップロードしたモデルのアイデアに他のファンが投票し、得票数が1,000（のちに10,000）に達したアイデアについてはレゴ社が公式なセットとして製品化を検討する、クラウドソーシング型の試みでした。こうして誕生したモデルの第1号、実在する日本の潜水艦をモデルとした412ピースの「しんかい6500」が、限定版セットとして2011年に発売されました。

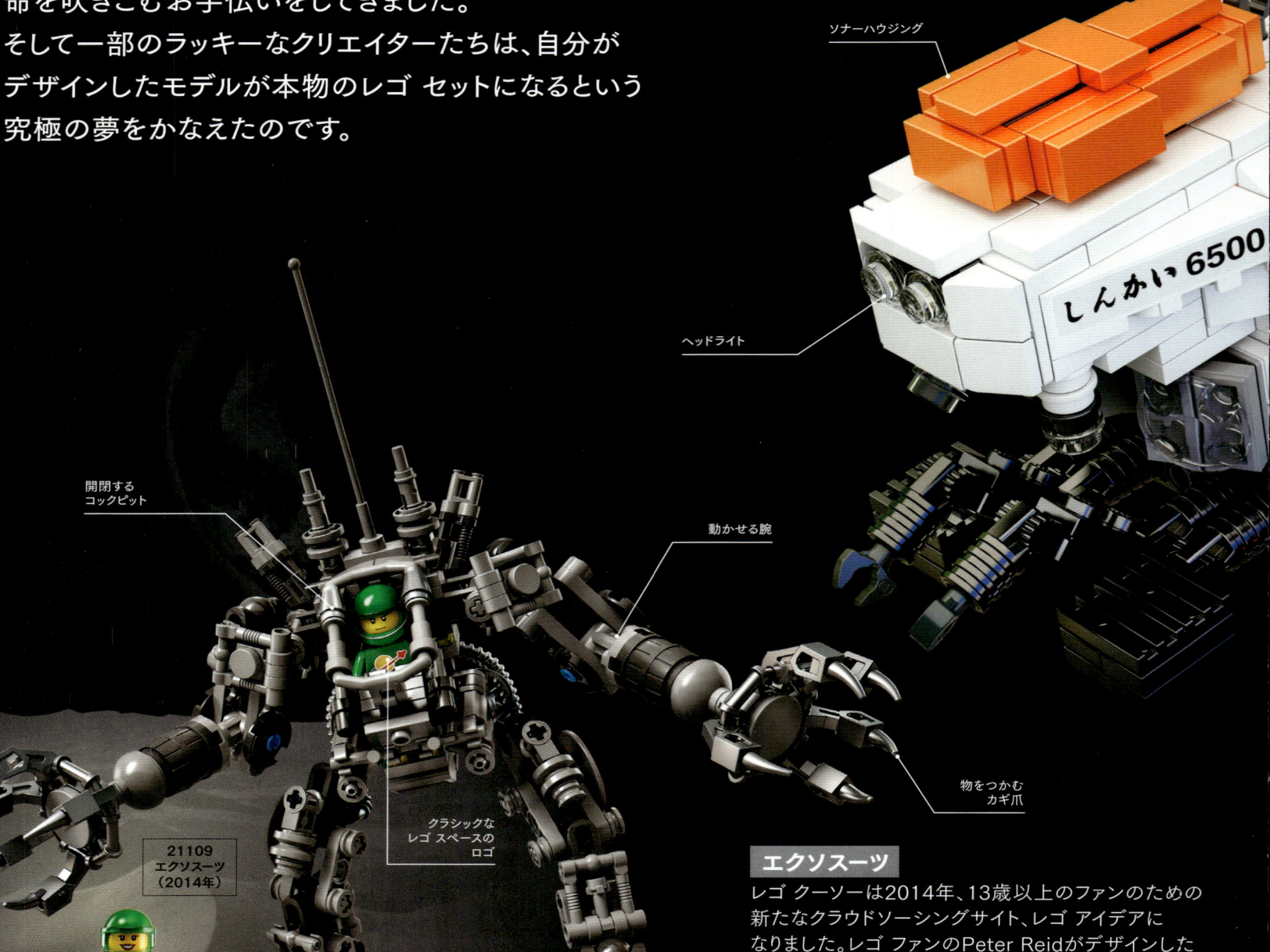

ソナーハウジング

しんかい 6500

ヘッドライト

開閉するコックピット

動かせる腕

物をつかむカギ爪

クラシックなレゴ スペースのロゴ

21109 エクソスーツ（2014年）

エクソスーツ

レゴ クーソーは2014年、13歳以上のファンのための新たなクラウドソーシングサイト、レゴ アイデアになりました。レゴ ファンのPeter Reidがデザインした「エクソスーツ」は、初のレゴ アイデアモデルのひとつ。クラシックなレゴ®スペースセットのエッセンスと、モダンなスタイルが融合しています。2体のミニフィグ宇宙飛行士ピートとイブが着ているのは、レゴ スペースのロゴがついた史上初の緑色の宇宙服！

21100 しんかい 6500（2011年）

チタン合金の
耐圧殻

ゴーストバスターズ エクト1

2014年、1980年代のヒット映画『ゴーストバスターズ』に
登場するエクト1が、レゴブロックになってよみがえりました！
エクト1は、取りはずせるルーフや追跡用コンピュータを
装備。ピーター、レイ、イゴン、ウィンストンのミニフィギュアも
います。

21108 ゴースト
バスターズ ECTO-1
（2014年）

ゴーストトラップ

レゴ® ファクトリー

レゴ クーソーやレゴ アイデアができる前は、
レゴ® ファクトリーやレゴ® デザイン・バイ・ミー
のウェブサイトがバーチャルモデルを組み立
てる場を提供していました。レゴ社は2005
年、ファンがレゴ デジタルデザイナー（プロ
グラム）で作ったマイクロスケールのモデル
から、毎週の投票で優秀作品を選ぶシステ
ムをスタート。得票数の高い数点のモデル
が、初のレゴ ファクトリーセットとなりました。

5524
空港
（2005年）

投票で選ばれたファンの作品
10点を組みこんだ3つのレゴ
ファクトリーセットが、ネット通販
とレゴ ストアで販売された。

5526 スカイライン（2005年）

5525 遊園地（2005年）
の一部

恐竜の骨

天文学者

古生物学者

Gemini　Auriga
Canis Minor　Taurus
Orion

研究所

レゴ ファンで地球科学者のEllen Kooijman
がデザインしたこのセットには、研究に取り
組む3人の自然科学者（天文学者、古生物
学者、化学者）のミニフィギュアが登場。
それぞれの研究に必要な道具も
そろっています。

21110 科学者の研究所（2014年）

化学者

封蝋を模したシール

組立式コルク

21313
ボトルシップ※
（2018年）

プレートに「リバイアサン」と
船名が書かれている

リバイアサン号

レゴ ファンJake Sadovichがデザインした、ひときわリアルな模型船。船を囲むボトルは、透明なパネルのパーツを組み合わせてできています。なかには、1992年以降のレゴ®セットには入っていないパーツも。船の下には248個の青いラウンドプレートがしかれ、船が航海中のように見えます。

船は小さくてもディテールがきめ細かい。デッキには、大砲が6つにプリント付きの帆が3組、見張り台もある。

ウィー・オール・リブ・イン……

……ア・イエロー・サブマリン！1968年のアニメ映画『イエロー・サブマリン』で黄色い潜水艦に乗っているのは、ザ・ビートルズ！Kevin Szetoがデザインしたこの潜水艦は、15番目のレゴ®アイデアセット。ジョン・レノン、ポール・マッカートニー、ジョージ・ハリスン、リンゴ・スターに加え、彼らの架空の友人ジェレミー・ヒラリー・ブーブ博士のミニフィギュアも入っています。

調整可能な舵

てっぺんがはずれて、ミニフィギュアを4体とも中に入れられる

回転するプロペラ

ジェレミー・ヒラリー・ブーブ博士

21306
イエローサブマリン（2016年）

ジョージの潜水艦モーター

ターディスの外観はポリスボックス（着脱式）

21304 ドクター・フー
（2015年）

ダーレク

12代目ドクター

タイムマシン

BBCの長寿ドラマシリーズ『ドクター・フー』のふしぎな世界をレゴで再現したこのセットの主役は、タイムマシンのターディス。コントロールルームもあり、攻撃してくる地球外生命体ダーレク2体のほか、12代目ドクターとクララ・オズワルドのミニフィギュアも入っています。

折りたたみ式ステップ

バードウォッチング

園芸家で鳥が大好きなThomas Poulsonは、庭仕事用の鋤（すき）にとまっているコマドリを見て、鳥たちのモデルを作りました。セットには、それぞれ別の大陸に生息する3羽の鳥――コマドリ（ヨーロッパ）、アオカケス（北アメリカ）、メキシコのミドリハチドリと花（南アメリカ）――が入っています。

21301 世界の鳥
（2015年）

ラテン語で書かれたネームプレート

展示用スタンド

外側に負けず中もすごい。レジがあり、つり針やオール、ダイビング用ヘルメットなど海の道具がせいぞろい。いつ客が来てもだいじょうぶ。

ハッブル宇宙望遠鏡

Margaret Hamilton

Nancy G. Roman

1969年、人類初の月面着陸で使われたソフトウェアのソースコード

21312 NASAの女性たち（2017年）

Mae Jemison

Sally Ride

スペースシャトル チャレンジャー号

海辺のつり具屋さん

2,049のパーツからなる、ひなびた感じのつり具屋と見張り塔。屋根を取りはずして中をながめたり、店や事務所で遊んだりできます。うしろの壁も開くので、ミニフィギュアたちは魚つりやダイビングの道具を自由に見ることができます。外には海の生き物がいて、つり道具もあり、まるで本物のつり具屋にいる気分。

NASAの科学技術をきずいた4人の女性

このモデルは、レゴ社が製品化を検討するのに必要な10,000票を、たった15日で獲得しました。
セットには、コンピュータ科学者マーガレット・ハミルトン、宇宙飛行士メイ・ジェミソンとサリー・ライド、天文学者ナンシー・グレース・ローマンのミニフィギュアが入っています。

見張り塔

360度見わたせるバルコニー

21310 つり具屋（2017年）

船長

ドアの上には魚のはく製

4429 ドクターヘリポート※
（2012年）

謝辞/Acknowledgements

For Nina, John and Amy
And with special thanks to Signe and Randi!

Picture credits
The publisher would like to thank the following for their kind permission to reproduce their photographs:
(Key: a-above; b-below/bottom; c-centre; f-far; l-left; r-right; t-top)
239 Alamy Stock Photo: Edward Westmacott (crb). 243 Alamy Stock Photo: Newscom (cra). 245 Alamy Stock Photo: Images-USA (bl);
ZUMA Press, Inc. (br). 246 123RF.com: Victor10947 (clb). Alamy Stock Photo: Sergio Azenha (cl). 247 123RF.com: Victor10947 (crb)

Special Photography
Tim Trøjborg Matthäi (Billund shoot).

Additional Photography
Joseph Pellegrino (pp.266–7), Ben Ellermann, Johannes Koehler, Yaron Dori (pp.66–7, pp.68–9, pp.88–9, pp.90–1),
Daniel Rubin (pp. 76–7), Sarah Ashun (p.18), PHOTO: OOPSFOTOS.NL. (Mount Rushmore, p.28),
UNICEF/SouthAfrica/Octavia Sithole/2015 (p.21), Bjarne Sig Jensen (pp.236–7 © LEGO House and the LEGO Group),
IQ, GROWN-UP Licenses ApS, Clictime, Kabooki, Disguise Costumes, Room Copenhagen A/S, Blue Ocean, Ameet, Scholastic, Klutz
(pp.258–9), NXT and EV3 FIRST Championship photography by Adriana Groisman. Other photography courtesy of students,
volunteers and sponsors (p.189).

Brick Film Stills
Michael Hickox, Kloou and Maxime Marion, Garrett Barati, Kevin Ulrich, David Pagano, Pedro Sequeira and Guillherme Martins.

LEGO® Brick Art
Nathan Sawaya, Jørn Rønnau, Ego Leonard, Andrew Lipson & Daniel Shiu, Sean Kenney, Nicholas Foo, Vesa Lehtimäki.

Adult Fans of LEGO (AFOLs)
Lino Martins, Paweł Michalak, Nannan Zsang, Jürgen Bramigk, Marcin Danielek, Maciej Karwowski,
Jaime Spencer, Rainer Kaufmann, Bill Ward, Sachiko Akinaga, Bryce McGlone, Chris Giddens, Marcin Danielek,
Aaron Andrews, Peter Reid, Dan Rubin, Rod Gillies, Jason Briscoe.

Dorling Kindersley would like to thank the following for their help with the visual content of this book
Andy Crawford, Erik Andresen, Alexander Pitz, Monica Pedersen, Anders Gaasedal Christensen,
Mona B. Petersen, Dale Chasse, Erik Varszeg, Steve Gerling, Dan Steininger, Paul Chrzan, Mark Roe.

Dorling Kindersley would like to thank the following for their help in producing this book
Everyone at the LEGO Group, in particular: Randi Kirsten Sørensen, Heidi K. Jensen, Robin James Pearson, Paul Hansford, Martin
Leighton Lindhardt, Jette Orduna, Signe Wiese and Mona B. Petersen; Tori Kosara, Laura Palosuo, Matt Jones and Julia March
for editorial assistance; Kayla Dugger for proofreading and Helen Peters for the index.

Tokyo Shoseki Co., Ltd. would like to thank the following for their help in producing this book
Kanako Igarashi, Osamu Hasegawa, Yukio Yamamoto and Nemu Kondo.

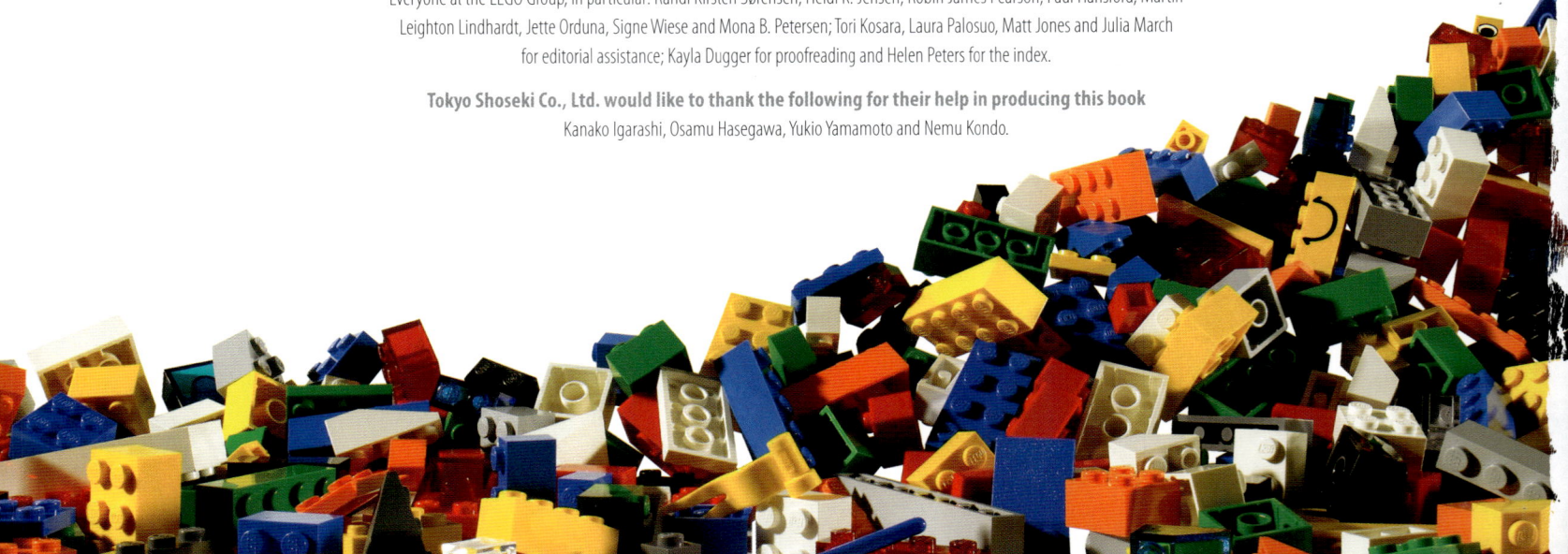

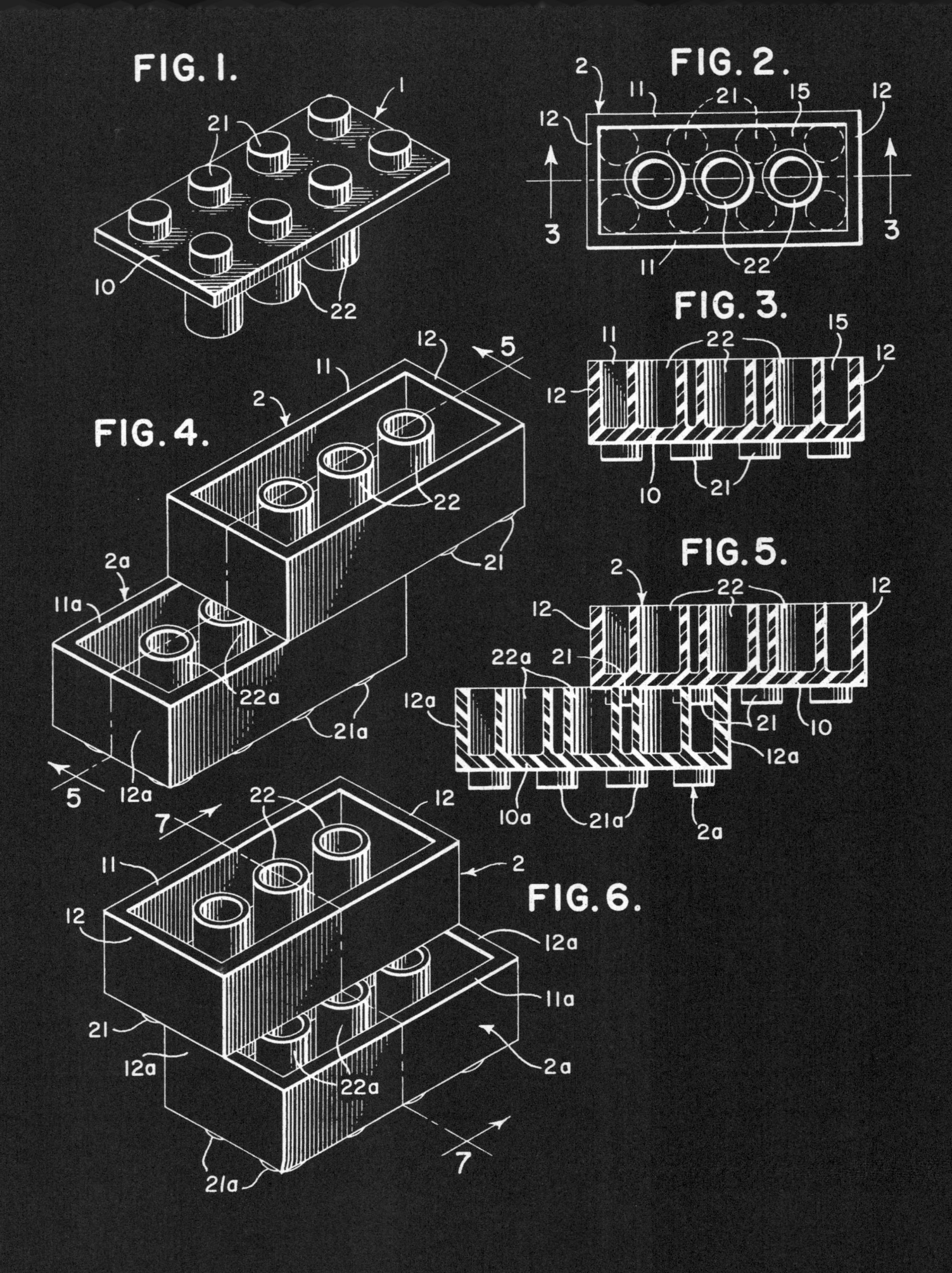

FIG. 1.

FIG. 2.

FIG. 3.

FIG. 4.

FIG. 5.

FIG. 6.